地方自治法と自治行政

〔補正版〕

後藤光男 〔編著〕
GOTOH Mitsuo

成文堂

補正版はしがき

　2005（平成17）年12月に初版を発刊したが，このたび補正版を送る。この間，多くの大学で教科書として採用していただき，最近では，総務省自治大学校でも取り上げていただいている。また，市民の地方自治の学習書としても活用していただいた。この3年間において，地方自治法に関する改正，地方自治関連法令の成立・改正（例えば，2007年の地方公共団体の財政の健全化に関する法律の施行など）を考慮して，各執筆者の担当部分について，目を通していただき，必要最小限の補正を施した。

　本来ならば地方自治法と自治行政に関する今日的問題点，地方自治関連法令・判例の紹介を行い，より具体的な地方自治が直面する課題を提示すべきであった。また，世界各国の地方自治，例えばドイツ等をはじめとしてより多くの国々の地方自治の制度と問題点について取り上げ検討すべきであったともいえるが，残念ながら今回は必要最小限度の補正にとどめざるを得なかった。この点については，他日を期したい。

　なお，本書の補正版を出版する機会をお与えいただいた成文堂の阿部耕一社長には深謝の意を表したい。また，編集部の相馬隆夫氏にはこのたびも周到なご配慮をいただいた。こころより厚く御礼申し上げたい。

　　2009年3月

後　藤　光　男

初版はしがき

　本書は，地方自治法とそれに基づく自治行政について，ひととおりの理解を得たい人のために書かれた本です。本書は2004年の地方自治法改正の内容を踏まえ，最近の地方自治をめぐる重要な動きについても言及されています。本書を読んでいただくことで，現在の地方自治法の全体像が理解でき，基本的知識と現在の動向が身につくよう配慮されています。また，コラムによって地方自治のトピックについて興味をもっていただくようにしました。本書は，先ず，大学の講義用教材として使っていただくことを目的とし，また，一般市民の方々に地方自治法について学習していただけるよう配慮しました。さらに，地方自治に関係されている実務家の方々にも利用していただければ幸いです。本書では，日本における地方自治だけではなく各国の地方自治について，具体的には，イギリス，アメリカ，フランス，大韓民国を取り上げました。この世界各国の地方自治については，いずれより多くの国の地方自治について検討し，充実させていきたいと考えています。

　本書は中堅，若手の研究者に執筆をお願いしました。従来の類書では手薄に感じられた「公の施設と地方公営企業」「地方公共団体の外部監査」に関して，それを専門とされているシンクタンク浜銀総合研究所主任研究員の佐藤裕弥氏にお願いをして充実をはかりました。ただ残念なのは，本書の中核である「地方公共団体の事務」と「ドイツの地方自治」について執筆を依頼していた柳眞弘教授（元札幌大学教授，国士舘大学講師）が，2004年9月に滞在先ドイツで逝去されたことです。執筆を相当に進められていましたが，最終原稿を確認することができず，パートナーである小林麻理教授（早稲田大学大学院公共経営研究科教授）と相談して，見送らざるをえませんでした。執筆のご快諾をいただき紙価を高めるものと楽しみにしていただけに本当に残念です。今はただ先生のご冥福を祈るのみです。出版の時間的制約もあり，

編者が地方公共団体の事務について代筆し，ドイツの地方自治については割愛せざるをえませんでした。

　本書は企画からはじまって，執筆者との連絡，調整をしていただいた成文堂編集部の相馬隆夫氏に今回も大変お世話になりました。㈱成文堂と相馬氏にはいつも暖かいご援助をいただいております。執筆者を代表してこころから御礼を申し上げたいと思います。また，本書の初校を見ていただき適切なアドバイスをしていただいた早稲田大学社会科学部助手の青山豊氏にも深くお礼申し上げます。

　本書の不十分な点については読者諸賢のご批判と叱正を乞い，執筆者の協力のもとに補正の機会をもち充実させていきたいと考えています。本書は出版が当初の予定よりも相当に遅れてしまいました。早くに原稿をいただいた諸先生に大変ご迷惑をおかけすることとなり，深くお詫び申し上げます。

　2005 年 8 月

後 藤 光 男

目　次

はしがき

第1部　日本における地方自治 ……………………………………………… 1

第1講　憲法と地方自治 …………………………………… 北原　仁 … 2
　第1節　地方自治制度の意義 ……………………………………………… 2
　　　　1　代議制と地方自治 (2)　2　「充実した地方自治」(4)
　第2節　日本の地方自治制度の歴史 ……………………………………… 5
　　　　1　明治憲法と地方自治 (5)　2　日本国憲法と地方自治 (11)
　第3節　現代の地方自治 …………………………………………………… 13
　　　　1　中央集権と地方自治 (13)　2　現代の地方自治の課題 (15)

第2講　日本における地方自治の展開 …………………… 高島　穣 … 19
　第1節　日本における地方自治の歴史 …………………………………… 19
　　　　1　明治憲法下の地方自治制度との比較 (19)
　　　　2　自由主義原理と地方自治 (20)　3　地方自治の意義 (21)
　　　　4　地方自治の内容 (21)
　　　　5　地方自治における法律主義の採用 (22)
　第2節　今日的展開 ………………………………………………………… 22
　　　　1　構造改革特区 (22)
　　　　2　特区の規制緩和策の全国展開の可能性 (23)
　　　　3　住民投票 (24)　4　合併特例法 (25)

第3講　地方公共団体の種類 ……………………………… 平岡章夫 … 27
　第1節　地方公共団体の定義 ……………………………………………… 27
　第2節　普通地方公共団体 ………………………………………………… 29
　　　　1　市町村 (29)　2　都道府県 (30)

       3 市町村と都道府県との関係 (31)
       4 大都市に関する特例 (32)
   第3節 特別地方公共団体 …………………………………………34
       1 特別区 (34)   2 地方公共団体の組合 (34)
       3 財産区 (36)   4 地方開発事業団 (36)

第4講 地方公共団体の組織(1)——議　会 …………三浦一郎…38
   第1節 議会の組織 ………………………………………………38
       1 議会の設置 (38)   2 議会の議員 (39)
   第2節 議会の権限 ………………………………………………40
       1 議決権 (40)   2 選挙権 (42)   3 監視権 (42)
       4 意見表明権 (43)   5 自律権 (44)
   第3節 議会の活動 ………………………………………………44
   第4節 議会の性格 ………………………………………………46

第5講 地方公共団体の組織(2)——長 ………………三浦一郎…48
   第1節 長の地位 …………………………………………………48
       1 長の地位 (48)   2 長と執行機関の関係 (49)
   第2節 長の権限 …………………………………………………51
       1 地方公共団体の事務の処理 (51)
   第3節 補助機関 …………………………………………………52
       1 副知事・副市町村長 (52)   2 会計管理者 (52)
       3 職員 (54)
   第4節 議会との関係 ……………………………………………54
       1 長と議会の関係 (54)   2 再議又は再選挙に関する制度 (55)
       3 長の不信任に関する制度 (57)   4 長の専決処分 (58)

第6講 地方公共団体の組織(3)——行政委員会等…三浦一郎…60
   第1節 行政委員会の概要 ………………………………………60
       1 行政委員会の役割と特徴 (60)   2 行政委員会の種類 (62)

第2節　教育委員会 …………………………………………62
　　第3節　公安委員会 …………………………………………63
　　第4節　選挙管理委員会 ……………………………………64
　　第5節　監査委員 ……………………………………………65
　　第6節　その他の委員会 ……………………………………66
　　　　1　人事委員会・公平委員会　(66)　2　地方労働委員会　(67)
　　　　3　農業委員会　(67)　4　収用委員会　(68)
　　　　5　海区漁業調整委員会　(69)　6　内水面漁場管理委員会　(69)
　　　　7　固定資産評価審査委員会　(70)
　　第7節　附属機関 ……………………………………………70

第7講　地方公務員と地方公務員法 ……………………村山貴子…73
　　第1節　地方公務員とは誰か ………………………………73
　　　　1　地方公務員法の意義　(73)　2　地方公務員の意義　(74)
　　第2節　公務員関係 …………………………………………75
　　　　1　公務員関係の成立　(75)
　　　　2　任命権者および人事行政機関　(76)
　　　　3　公務員の要件と欠格事由　(76)　4　勤務関係の法的性質　(77)
　　第3節　地方公務員の権利と義務 …………………………79
　　　　1　地方公務員の権利　(79)　2　地方公務員の義務　(79)

第8講　住民の参政権 ……………………………………山本克司…83
　　第1節　序　論 ………………………………………………83
　　　　1　はじめに　(83)　2　住民の意義　(84)
　　　　3　住所の意義　(84)
　　第2節　住民の参政権の歴史と主体 ………………………85
　　　　1　住民の参政権の歴史　(85)　2　定住外国人の参政権　(86)
　　第3節　政治に参与する住民の権利 ………………………87
　　　　1　選挙権　(87)　2　被選挙権　(88)

第4節　直接請求権 …………………………………………………88
　　　　　1　条例の制定または改廃請求　(89)　　2　事務の監査請求　(90)
　　　　　3　議会の解散請求　(91)
　　　　　4　議員・長・主要役職員の解職請求　(92)

第9講　直接民主制 ……………………………………山本克司…95
　　　第1節　直接民主制の意義と制度趣旨 ………………………………95
　　　　　1　直接民主制の意義　(95)　　2　直接民主制の制度趣旨　(96)
　　　第2節　直接民主制を具体化する制度 ………………………………97
　　　第3節　日本国憲法上の直接民主制と地方自治法上の直接民主制…98
　　　第4節　住民投票 ………………………………………………………99
　　　第5節　住民監査請求・住民訴訟 ……………………………………101
　　　　　1　住民監査請求　(101)　　2　住民訴訟　(101)
　　　第6節　公聴会・請願 …………………………………………………102
　　　　　1　公聴会　(102)　　2　請願　(103)

第10講　情報公開と個人情報の保護 …………村山貴子・後藤光男…105
　　　第1節　地方公共団体の情報公開と個人情報の保護 ………………105
　　　　　1　地方公共団体の情報公開　(105)
　　　　　2　地方公共団体の個人情報保護　(106)
　　　第2節　情報公開制度 …………………………………………………108
　　　　　1　情報公開制度化の問題点　(108)
　　　　　2　情報公開条例における情報公開手続　(108)
　　　　　3　情報公開における救済方法　(112)
　　　第3節　個人情報保護制度 ……………………………………………113
　　　　　1　個人情報保護の目的　(113)　　2　保護の対象と実施機関　(113)
　　　　　3　個人情報の収集，保存，利用　(113)
　　　　　4　開示請求と訂正請求の手続　(114)
　　　　　5　個人情報保護の救済方法　(115)

第11講　行政手続の保障 ……………………………………後 藤 光 男…118
　第1節　行政手続保障 ……………………………………………………………118
　　　　1　手続保障の意義　(118)　　2　憲法と適正手続　(119)
　第2節　行政手続法 ………………………………………………………………121
　　　　1　行政手続法の目的　(121)　　2　適用範囲　(121)
　　　　3　申請に対する処分　(122)　　4　不利益処分　(123)
　　　　5　行政指導と届出　(124)
　第3節　行政手続条例 ……………………………………………………………125
　　　　1　行政手続法と行政手続条例の関係　(125)
　　　　2　自治体行政手続の運用　(126)

第12講　普通地方公共団体の事務 ……………………後 藤 光 男…128
　第1節　1999年地方自治法改正前までの地方公共団体の事務 …128
　　　　1　地方公共団体の事務（自治事務）　(128)
　　　　2　機関委任事務　(129)
　　　　3　1999年地方自治法改正までの動き　(130)
　第2節　1999年地方自治法改正と地方公共団体の事務 ……………131
　　　　1　地方公共団体の事務　(131)
　　　　2　自治事務と法定受託事務　(132)
　第3節　国の行政機関と地方公共団体の行政機関の関係 …………134
　　　　1　関与の基本類型　(134)　　2　関与の基本原則　(135)
　　　　3　自治事務および法定受託事務に共通する関与　(135)
　　　　4　自治事務に関する関与　(136)
　　　　5　法定受託事務に関する関与　(137)
　　　　6　関与の手続保障　(139)　　7　行政機関による紛争処理　(141)
　　　　8　裁判所による紛争処理　(143)

第13講　条例制定権 ……………………………………………高 島　穣…146
　第1節　条例の意義 ………………………………………………………………146

第 2 節　条例制定権の範囲と限界 ……………………………147
 1　地方公共団体の事務　(147)
 2　条例の地域間格差と平等　(149)
 3　法律と条例との関係　(150)　**4**　条例と基本的人権　(152)

第14講　公の施設と地方公営企業 …………………佐藤裕弥…156
第 1 節　地方自治と給付行政 …………………………………157
第 2 節　公の施設 ………………………………………………157
 1　公の施設の意義　(157)　**2**　公の施設の設置・廃止　(158)
 3　公の施設の管理　(160)　**4**　公の施設の利用関係　(166)
第 3 節　地方公営企業 …………………………………………170
 1　地方公共団体の企業活動　(170)
 2　地方公営企業の意義　(171)　**3**　地方公営企業の法制度　(171)
 4　地方公営企業制度の問題点と今後の方向性　(175)

第15講　地方公共団体の外部監査 …………………佐藤裕弥…179
第 1 節　外部監査制度導入の背景 ……………………………180
第 2 節　外部監査制度 …………………………………………181
 1　外部監査制度の概要　(181)　**2**　包括外部監査契約　(183)
 3　個別外部監査契約　(185)
第 3 節　外部監査制度の問題点 ………………………………188

第16講　財政と監査 ……………………………………青山　豊…192
第 1 節　自治体の財政収入 ……………………………………192
 1　地方公共団体の財源　(192)　**2**　予算執行と財産管理　(195)
第 2 節　監査と住民訴訟 ………………………………………197
 1　決　算　(197)　**2**　監査委員と監査制度　(198)
 3　住民訴訟　(199)

第17講　オンブズマン──簡易迅速な住民苦情救済制度と
　　　　行政内部的統制・監視……………………………大河原良夫…204
　　第1節　行政救済制度の中の自治体オンブズマン
　　　　　　──行政争訟等との比較 ……………………………………204
　　第2節　行政不服申立て，苦情相談からオンブズマンへ …………206
　　第3節　川崎市オンブズマン13年余の活動実績 ……………………209
　　　　　1　苦情申立ての処理件数　(209)
　　　　　2　苦情申立ての処理結果　(209)　　3　勧告・意見表明　(209)
　　第4節　オンブズマンによる苦情救済・行政監視の制度と実際 …212
　　　　　1　苦情申立ての処理手続の開始(申立て要件)──申立て段階　(212)
　　　　　2　オンブズマンによる調査──調査の段階　(212)
　　　　　3　処理結果──処理判断の段階　(214)

第18講　自 主 税 制 ………………………………………青山　　豊…218
　　第1節　法定外税制度 ……………………………………………………218
　　　　　1　地方分権と法定外税　(218)　　2　法定外普通税　(219)
　　　　　3　法定外目的税　(220)
　　第2節　主たる法定外税の事例 …………………………………………222
　　　　　1　神奈川県臨時特例企業税 (平成13 (2001) 年8月1日施行)　(222)
　　　　　2　河口湖町，勝山村及び足和田村（山梨県）遊漁税
　　　　　　（平成13 (2001) 年7月1日施行）　(223)
　　　　　3　東京都宿泊税(ホテル税) (平成14(2002)年10月1日施行)　(224)

第2部　各国の地方自治 ………………………………………………………227
1　イギリス：地方自治の再生と地方分権 …………村山貴子…228
　　はじめに …………………………………………………………………228
　　第1節　国会主権と地方自治 …………………………………………229
　　　　　1　複雑な地方構造　(229)　　2　中央政府との関係　(230)

第 2 節　住民自治再生に向けて ……………………………232
　　第 3 節　統合の中での分権 ……………………………234
　　　　1　重視されるようになった「地域」　(234)
　　　　2　分権の様相　(235)
　おわりに ……………………………237

2　アメリカ合衆国の「地方自治」：
　　連邦制と直接民主制の浸透……………………秋葉丈志…239
　はじめに ……………………………239
　第 1 節　連　邦　制 ……………………………240
　　　　1　連邦制における連邦政府と州政府の関係　(241)
　　　　2　連邦制の変容　(242)
　第 2 節　各州における地方自治制度 ……………………………243
　　　　1　州，郡と基礎自治体　(244)
　　　　2　自治体における直接民主制の発展　(246)
　第 3 節　現在の課題 ……………………………247

3　フランスの地方自治……………………………大河原良夫…250
　はじめに——分権化と集権化の間 ……………………………250
　第 1 節　1982 年以降の地方分権化改革 ……………………………251
　第 2 節　州・県・市町村制——分権自治体の三層構造 ……………………………252
　　　　1　市町村 (commune) の仕組み　(252)
　　　　2　県 (Département) の仕組み　(253)
　　　　3　州 (Région) の仕組み　(254)
　第 3 節　国と地方自治体 ……………………………255
　　　　1　地方における国の代表　(255)
　　　　2　国と地方自治体との関係　(256)
　第 4 節　2003 年憲法改正による更なる分権化改革 ……………………………257
　おわりに——中央集権伝統の中での地方分権改革：日仏比較 ……258

4 大韓民国の地方自治制度 …………………………………関　炳老…260
　第1節　はじめに ………………………………………………………260
　　　　　1　沿　革　(260)　　**2**　現行憲法規定　(260)
　第2節　地方自治団体の類型 …………………………………………261
　　　　　1　地方自治団体　(261)　　**2**　特別地方自治団体　(261)
　第3節　地方自治団体の機関 …………………………………………262
　　　　　1　地方議会　(262)　　**2**　地方自治団体の長　(263)
　　　　　3　地方教育自治機構　(264)
　第4節　地方自治団体の権限 …………………………………………264
　　　　　1　自治立法権　(265)　　**2**　自治行政権　(265)
　　　　　3　自治財政権　(266)　　**4**　住民投票回付権　(266)
　第5節　住民の権利と義務 ……………………………………………268
　　　　　1　住民の権利　(268)　　**2**　住民の義務　(269)
　第6節　地方自治と住民参与の拡大 …………………………………269

事 項 索 引 ………………………………………………………………271
判 例 索 引 ………………………………………………………………275

第 1 部

日本における地方自治

第1講

憲法と地方自治

●本講の内容のあらまし

　地方自治は,「民主主義の小学校」であるといわれる。地方自治に参加することによって住民は市民としての意識と知識を身につけることができるとされるからである。また,地方自治は,中央政府と地方公共団体との間の権力の分立を意味すると主張される場合もある。この言い方には,国政こそが大人の政治参加の場であるとも読み取ることができる。地方自治と国政は,いずれも基本的には代表者を通じて政治決定に参加する点では同じである。しかし,地方自治制度を国民主権原理に立脚して,国民主権を補完し,充足するものと捉える立場と,フランス型の人民主権論から「充実した地方自治」を実現しようとする見解とがありうる。

第1節　地方自治制度の意義

1　代議制と地方自治

　憲法前文には,「そもそも国政は,国民の厳粛な信託によるものであり,その権威は国民に由来し,その権力は国民の代表者がこれを行使し,その福利は国民がこれを享受する。これは人類普遍の原理」であると謳われている。この意味するところは,リンカーンの有名なゲティスバーグの演説にある「人民の,人民による,人民のための政治」であると説明されている。「その権威は国民に由来し」とは,統治の正当性の根拠を示し（「人民の」に当たる),「その権力は国民の代表者がこれを行使し」とは,国民の政治決定

への参加を意味し（「人民よる」に当たる），「その福利は国民がこれを享受する」とは，政治目的が国民の福利であることを指している（「人民のための政治」に当たる）。リンカーンは，オハイオ州コロンバスでの演説で，次のように人民主権を説明している。「本当の人民主権の定義」とは，「各人が自分自身について，また，自己に関わるのであればあらゆることを望むままになすということである。この原理を政府に適用すると，これは，中央政府は，自己に属する事柄をなし，地方政府は，自己に関わるあらゆる事項を尊重して自ら好むままになすべきだということである」と。したがって，リンカーンの人民主権論は，国民の政治参加に力点が置かれているといえる（ただし，リンカーンのゲティスバーグでの演説の内容が地方自治にもそのまま適用できるかについては，疑問がないわけではない。リンカーンの人民主権論は，奴隷制を肯定するダグラスの主張に論駁するために用いられているからである）。

しかしながら，憲法前文には，「その代表者がこれを行使し」と述べられているから，これは国民の直接的な政治決定への参加ではなく代表民主制を意味している。この代表民主制の理解の仕方には，①政治的代表（特定の選挙区の代表ではなく全国民の代表，選挙母体の訓令には拘束されない。国民代表を意味する），②社会学的代表（国民意思と代表者意思との事実上の類似），③半代表（議会は人民の意思をできるかぎり代表すべきという理論-直接民主制の代替物としての代表概念）および④人民代表制（「人民」の意思を代表するものとして，議員が原則として「人民」の単位としての選挙区の有権者集団の意思に従属することを建前とする－フランス型の人民主権論に基づく考え）がある。日本国憲法におけるこの代表民主制は，具体的には国の政治制度を意味するが，一方では，日本国憲法第 8 章には「地方自治」の諸規定がおかれ，地方公共団体の「議事機関として議会」が設置される（93条）ことも考え合わせると，前文に言う「人類普遍の原理」には，地方自治制度をも含むと解される余地がある。

2 「充実した地方自治」

「地方自治の本旨」とは，団体自治と住民自治を意味するというのが通説・判例の立場である。初期の通説的見解では，この原則を具体化する程度については，次の諸点を考慮して決すべきだと説明されていた（宮澤俊義『日本国憲法』(有斐閣，1955年) 760頁)。

(1) 地方公共団体も国家統治体制の一側面にほかならず，国の監督から完全に独立した地方公共団体というものは，ことの性質上考えられない。
(2) 地方自治は，要するに，民主主義を実行するひとつの形式にすぎず，国の政治体制が民主化の程度を高めるとともに，国による地方自治体に対する監督もまた民主的な性格を有することになるから，地方公共団体を国に従属させること（中央集権）が必ずしも無条件で非民主的というわけではない。
(3) 交通・通信機関の発達や社会生活の進化とともに，国民生活の生活領域は拡大し，古典的な「地方自治」は修正されざるをえない。
(4) 社会国家の発展とともに，経済資源の能率的・総合的な確保と利用が要請され，多かれ少なかれ，中央集権的な施策が求められる。

しかしながら，その後の約半世紀にわたる地方自治の経験から，今日では，次のような批判がある。(1)は，地方自治を国家統治の一翼を担う制度と理解するから，特に団体自治がないがしろにされる。(2)は，地方自治は，国の民主化という課題に吸収できるのではないかという見解にほかならず，結局，「地方自治の本旨」の意義，特に住民自治を無視することになる。(3)は，公共事業や犯罪の抑止・捜査などについて妥当するとしても，地方自治の修正が必ずしも，中央集権化につながるとはいえない。(4)についても，経済資源の能率的利用については，かえって分権化した地方公共団体に一定の事務を委ねたほうが適切である。

さらに，今日では，「充実した地方自治」を目指すという見解から，議会制民主主義の欠陥も指摘されている。中央政府の政治は，国民代表を原則とせざるをえないが，現代の国民代表制では，直接民主的な「人民による政

治」が困難である。また，中央政府の政治は，一般抽象的な法規範に基づかなければならないから，各地域の自然的・社会的条件を無視せざるをえず，その点で「人民のための政治」が困難である（杉原泰雄『地方自治の憲法論』（勁草書房，2002年）42-5頁）。そこで，「充実した地方自治」には，次のような原則が認められなければならないという（前掲，52-4頁）。

(1) 「充実した住民自治」の原則（人民主権原理を前提として住民代表制は直接民主主義の代替物としての内実を必要とする），
(2) 「充実した団体自治」の原則（地方公共団体が法人格を有し，自治事務を中央政府から独立して処理する），
(3) 「市町村優先・都道府県優先の事務配分」の原則（国民生活に身近な地方公共団体に事務配分を優先する），
(4) 「自主財源配分」の原則（事務配分に見合った財源を確保する原則），
(5) 「地方政府としての地方公共団体」（地方公共団体は単なる行政団体ではなく立法権を有する統治団体・地方政府である），という諸原則である。

これらの諸原則の背景にある原理は，人民主権論である。したがって，地方自治制度の原理的理解のためには，主権概念と地方自治との関係を考察することが不可欠である。

第2節　日本の地方自治制度の歴史

1　明治憲法と地方自治

近代立憲主義の誕生と発展は，中央集権化の過程と不可分であった。イギリスの議会主権は，地方自治制度が議会制定法を前提とすることを意味する。フランスにおける国民主権原理も，法律による地方自治を意味した。イギリス・フランスと対置され，「上からの改革」によって生まれたとされるのがドイツの立憲主義であり，日本の明治の立憲主義もこの類型の一つとして論じられることが多い。そこで，日本の地方自治制の成立過程を歴史的にたどってみる。

表1 明治初期の憲法草案とその地方自治制度

憲法草案の作成主体	地方自治の内容の例
(1) 自由党左派系	植木枝盛の「日本國々憲案」は，連邦制度を定める。
(2) それ以外の自由党系	筑前共愛会の「憲法見込書（甲号案）」は，民選議会を置く。
(3) 改進党系	交詢社（福沢諭吉が設けた結社）の「私擬憲法案」は，地方自治に関する規定を置かない。
(4) 御用新聞記者	東京日日新聞（福地源一郎）の「国権意見」である。福地は，伊藤博文や木戸孝允との関係から御用記者と批判されるが，地方自治に関する主張は，意外に分権的である。
(5) 民権運動に反対する民間人	菊池虎太郎らによる「大日本帝國憲法」であるが，府県を地方自治ではなく地方行政と考えている。
(6) 政府官僚	元老院の「國憲按（第二次案）」・同「第三次案」があるが，これは，地方自治を立法事項とする。

　明治憲法（大日本帝国憲法）制定以前にさまざまな官民の憲法草案があったことはよく知られている。特に，明治13（1880）年以降の国会開設請願運動の昂揚にともなって多くの憲法草案が構想された。これらの憲法草案には，地方制度を規定したものが多く見受けられる。地方制度の理解の仕方は，立憲主義自体をどのように把握するのかという問題と不可分である。そこで，憲法草案の作成主体を基準にすれば，当時の憲法草案を以下のように分類できる（表1参照）。

　自由民権運動の中核を担った自由党系の憲法草案が，分権的地方自治制度を説いている。自由民権運動は，後述の三新法の成立にある程度の影響を与えたともいわれる。しかし，結局，地方自治制度は，明治憲法に記載されなかった。政府案を準備した井上毅（こわし）は，帝国憲法の起草過程において地方自治を法律事項とする考えを支持したが，最終的には地方自治に関する規定は，憲法案から削除されたからである。

　大日本帝国憲法が1850年のプロシア憲法の影響を受けたことはよく知られているが，プロシア憲法では地方自治は法律事項とされた。グナイストは，伊藤博文に憲法の講義を行い，さらに，明治政府の法律顧問となった教

え子のモッセを通じて，間接的に憲法起草に大きな影響を与えた。かれは，明治憲法の発布について，「ドイツにおいて君主制の往時の権威を恢復（かいふく）せしめたるは，また衆民の自由の再興するの用を弁ぜり」と述べ，ドイツの制度も往時のカール大王時代の事物を再往したものだとして，日本の王政復古を前提とする憲法制定を高く評価している。日本においても，ドイツと同じように封建制を克服する過程において，地方制度を再編し，中央集権化の道をたどったのである。日本の王政復古以降，戊辰戦争に勝利して権力基盤を固めた明治政府は，近代国家建設のためには，地方制度改革が不可避であることを認識し，藩政改革に着手した（表2参照）。

明治維新においては，西欧諸国の市民革命と違って議会が主権を担うのか否かという論争ではなく，政治を担うのは，将軍なのか天皇なのかという問題を中心に政治論争が展開された。日本では，西欧諸国と異なり，中世的な人民主権論は存在せず，これを近代的な主権論に読み替えようという主張も誕生しようがなかった。1868年の明治天皇による王政復古の宣言後に，戊辰戦争が勃発し，各藩内で政策の対立や藩士の分裂を生んだだけでなく，各藩の財政は，巨額の軍事支出によって極度に悪化した。版籍奉還は，領主階級にとってこうした危機的状況を脱する好機でもあった。太政官政府（明治政府）は，藩主の世襲制を廃して知藩事とし，その家禄を藩収入の10分の1とし，地方制度を改め，府・藩・県の3種類とした。1871年7月14日，廃藩置県の詔勅が発せられ，3府302県が設けられ，同時期の太政官制の改革と併せて，中央集権国家の枠組みができあがった。

1878年7月，郡区町村編制法，府県会規則および地方税規則といういわゆる新三法が公布された。府県会規則によって，各県に府県会が設けられ，これが日本で初めての民選議会であった。地方税規則は，地方税を(1)地租5分の1以内，(2)営業税および雑種税，(3)戸数割の3目に分けて徴収すると定められ，組織的・体系的な地方財政制度ができあがった。1880年には，区町村会法が制定された。

1888年4月憲法草案は，枢密院の諮詢に付され，同年プロイセンになら

表2　日本における地方自治制度の展開

西暦(和暦)	国　政	地方制度
1867年 (慶応3年)	10.15 大政奉還勅許の沙汰書	
1868年 (明治元年)	1.13 太政官が置かれる（その後，1.17に改革）。1.15 王政復古　2.3 官制を改め3職8局の制とする。3.14 五箇条の御誓文　4.21 政体書を定め，立法・行政・司法の三権に分け，議政官（立法府に当たる―上局と下局があった）以下の7官両局の制とする（これらが太政官と総称された）。	10.28 藩治職制（府・藩・県の三治一致）
1869年	7.8 官制改革により民部以下6省を管轄する省庁として太政官が置かれた（二官六省制）。	6.23 版籍奉還　府・藩・県の三種類となる。 6.17 版籍奉還を勅許（知藩事任命） 6.25 諸務変革11ヶ条（大名家臣を「士族」とし，藩に付属させた）
1870年	8.2 山県有朋，欧州より帰国，軍政改革に着手。	大蔵省が地方官に苛酷な貢租の徴収を命ずる。諸藩で藩制改革が行われる（家格制度を廃止し士族身分に平均化）。
1871年	7.29 天皇が親臨する正院，各省の長・次官が行政事務を審議する右院，立法を議する左院という太政官3院制が成立。	7.14 廃藩置県　3府302県
1873年	7.28 地租改正条例公布	4.9 庄屋・名主・年寄等を廃止し，戸長・副戸長を置く。
1875年	4.14 立憲政体の詔書　左右両院廃止―正院の下に元老院と大審院を設置。	11.30 府県職制・事務章程を定める。
1877年	1.18 正院廃止―内閣が中枢機関に。	
1878年	7 金禄公債証書発行	7.22 郡区町村編成法・府県会規則・地方税規則（新三法）

え子のモッセを通じて，間接的に憲法起草に大きな影響を与えた。かれは，明治憲法の発布について，「ドイツにおいて君主制の往時の権威を恢復（かいふく）せしめたるは，また衆民の自由の再興するの用を弁ぜり」と述べ，ドイツの制度も往時のカール大王時代の事物を再往したものだとして，日本の王政復古を前提とする憲法制定を高く評価している。日本においても，ドイツと同じように封建制を克服する過程において，地方制度を再編し，中央集権化の道をたどったのである。日本の王政復古以降，戊辰戦争に勝利して権力基盤を固めた明治政府は，近代国家建設のためには，地方制度改革が不可避であることを認識し，藩政改革に着手した（表2参照）。

　明治維新においては，西欧諸国の市民革命と違って議会が主権を担うのか否かという論争ではなく，政治を担うのは，将軍なのか天皇なのかという問題を中心に政治論争が展開された。日本では，西欧諸国と異なり，中世的な人民主権論は存在せず，これを近代的な主権論に読み替えようという主張も誕生しようがなかった。1868年の明治天皇による王政復古の宣言後に，戊辰戦争が勃発し，各藩内で政策の対立や藩士の分裂を生んだだけでなく，各藩の財政は，巨額の軍事支出によって極度に悪化した。版籍奉還は，領主階級にとってこうした危機的状況を脱する好機でもあった。太政官政府（明治政府）は，藩主の世襲制を廃して知藩事とし，その家禄を藩収入の10分の1とし，地方制度を改め，府・藩・県の3種類とした。1871年7月14日，廃藩置県の詔勅が発せられ，3府302県が設けられ，同時期の太政官制の改革と併せて，中央集権国家の枠組みができあがった。

　1878年7月，郡区町村編制法，府県会規則および地方税規則といういわゆる新三法が公布された。府県会規則によって，各県に府県会が設けられ，これが日本で初めての民選議会であった。地方税規則は，地方税を(1)地租5分の1以内，(2)営業税および雑種税，(3)戸数割の3目に分けて徴収すると定められ，組織的・体系的な地方財政制度ができあがった。1880年には，区町村会法が制定された。

　1888年4月憲法草案は，枢密院の諮詢に付され，同年プロイセンになら

表2 日本における地方自治制度の展開

西暦(和暦)	国　政	地方制度
1867年 (慶応3年)	10.15 大政奉還勅許の沙汰書	
1868年 (明治元年)	1.13 太政官が置かれる（その後、1.17に改革）。1.15 王政復古　2.3 官制を改め3職8局の制とする。3.14 五箇条の御誓文　4.21 政体書を定め，立法・行政・司法の三権に分け，議政官（立法府に当たる一上局と下局があった）以下の7官両局の制とする（これらが太政官と総称された）。	10.28 藩治職制（府・藩・県の三治一致）
1869年	7.8 官制改革により民部以下6省を管轄する省庁として太政官が置かれた（二官六省制）。	6.23 版籍奉還　府・藩・県の三種類となる。 6.17 版籍奉還を勅許（知藩事任命） 6.25 諸務変革11ヶ条（大名家臣を「士族」とし，藩に付属させた）
1870年	8.2 山県有朋，欧州より帰国，軍政改革に着手。	大蔵省が地方官に苛酷な貢租の徴収を命ずる。諸藩で藩制改革が行われる（家格制度を廃止し士族身分に平均化）。
1871年	7.29 天皇が親臨する正院，各省の長・次官が行政事務を審議する右院，立法を議する左院という太政官3院制が成立。	7.14 廃藩置県　3府302県
1873年	7.28 地租改正条例公布	4.9 庄屋・名主・年寄等を廃止し，戸長・副戸長を置く。
1875年	4.14 立憲政体の詔書　左右両院廃止―正院の下に元老院と大審院を設置。	11.30 府県職制・事務章程を定める。
1877年	1.18 正院廃止―内閣が中枢機関に。	
1878年	7 金禄公債証書発行	7.22 郡区町村編成法・府県会規則・地方税規則（新三法）

1880 年	3.17 愛国社,国会期成同盟と改称。	4.8 区町村会法制定
1888 年	4.30 枢密院設置	4.25 市制町村制公布（89.4.1 より順次施行）
1889 年	2.11 大日本帝国憲法発布	
1890 年	7.1 第一回総選挙	5.17 府県制・郡制各公布
1899 年	11.20 第 14 回議会召集	3.16 府県制・郡制改革（府県の法人格を明記・「公共事務」「団体委任事務」・議員の直接選挙制）
1911 年（明治 44 年）	1.18 大逆事件死刑判決	4.7 市制・町村制公布（市長村長の地位と権限を強化・議員は全部改選制・「公共事務」「機関委任事務」を明確化）
1926 年（大正 15 年）	12.25 大正天皇没－昭和と改元	1921 年・22 年の参政権の資格要件の緩和に続いて，6.24 府県制・市制・町村制改正公布（男子普通選挙制採用）。
1929 年（昭和 4 年）	3.5 治安維持法改正緊急勅令を衆議院が事後承認。	府県に条例制定権が認められる。
1943 年（昭和 18 年）	4.18 連合艦隊司令長官山本五十六戦死。 10.25 第 83 臨時議会召集	3.20 改正府県制・市制・町村制公布（地方議会の権限縮小）
1945 年（昭和 20 年）	8.14 ポツダム宣言受諾	
1946 年	11.3 日本国憲法公布	10 改正府県制・市制・町村制
1947 年	5.3 日本国憲法施行	4.17 地方自治法公布

った市制町村制が公布された。明治憲法は，1889 年 2 月 11 日，発布された。1890 年には府県制と郡制が制定された（ただし，郡制は，1921 年の法律により廃止される）。市制町村制においては，選挙権・被選挙権は，満 25 歳以上の一定額以上の納税者に限られ，市長は，任期 6 年で，市会の推薦する 3 名の候補者の中から内務大臣が天皇の裁可を得て任命するものとされ，町村長は，任期 4 年で，町村会が満 30 歳以上の「公民」から選挙するものと

された。市町村は，市町村に関する一切の事務および法令によって委任された事務を処理し，市町村会は，こうした事務について議決することができたが，市町村条例の制定と改正には内務大臣の許可が必要とされるなど様々な制約を被っていた。さらに，「機関委任事務」（法令によって機関としての市町村長が処理すべきとされる事務）については，市町村会も干渉できず，市町村長は，中央官庁から直接指揮監督を受け，中央官庁に責任を負う立場におかれていた。

府県制と郡制においては，府県知事，郡長およびその主要機関は，地方吏員でなく勅令の「地方官制」によって定められる国の官吏であった。府県会は，選挙された議員で構成されることになっていたが，一種の間接選挙であった。

市制町村制および府県制・郡制の法案を準備した元勲山県有朋は，後年回顧して，「故ニ国家ノ基礎ヲ鞏固（きょうこ）ニセント欲セハ必先町村自治ノ組織ヲ立テサルヲ得ス」と述べている。明治憲法を自由主義的に解釈しようとした美濃部達吉も，府県会規則の意義を次のように評している。「府県会，区町村会は，何れも国会開設に至るまでの準備であって，先ず民撰議院の制を地方に施き，徐々にこれを国家に及ぼそうとした」（現代表記に改めた）と解説している。明治政府は，1889年に発布された大日本帝国憲法に先立って着々と地方制度を築きあげていたのである。つまり，憲法制定に当たって，政府は，地方自治を事実上法律事項として取り扱っていたのである。

1911年には，市制町村制が改革され，1921年には，市町村会の選挙について，納税額の要件が緩和され，市町村税を納入するすべての男子に選挙権・被選挙権が認められた。1926年には，その前年に衆議院議員選挙に男子普通選挙制が導入されたことを承けて，市町村会と府県会の議員にも普通選挙制度が採り入れられた。1929年には，府県に条例制定権が認められ，議員にも議案の発議権が認められ，さらに，府県会議員に議会招集請求権が認められた。

以上のような地方制度改革は，時代とともに地方自治の強化に向っていたといえるが，官治行政（官僚による行政）の枠を超えることはなかった。しかしながら，1940年の主要な地方税を廃止した地方税法に象徴されるように，第二次世界大戦とともに地方自治は，崩壊していった。

2　日本国憲法と地方自治

　国務・陸軍・海軍三省調整委員会が1946年1月7日に承認し，同月11日に合衆国太平洋総司令官（ダグラス・マッカーサー）に送付された「日本の統治体制の改革」の「結論」において，「都道府県の職員は，できる限り多数を，民選するかまたはその地方庁で任命するものとすること」と述べ，改革が望ましいものとして地方自治をあげている。「例えば，都道府県議会および市町村議会の強化，不正な選挙慣行を排除するための選挙法の改正等が，それである。なお，地方議会を強化する措置および選挙制度の全面的改革をもたらす措置は，この文書において詳細に述べられた諸改革によって樹立されることが確保されている，真に国民を代表する東京の中央政府に，これを委ねても心配ないし，またその方がよりよいと信ずる」と。

　しかし，日本側の作成した憲法改正案であるいわゆる「松本案」は，地方自治に関する条文を欠いていた。松本案は，全般的に保守的すぎるとして総司令部によって拒否され，1946年2月13日，総司令部の民政局が作成した憲法草案（いわゆるマッカーサー草案）が，総司令部から日本側（吉田外務大臣・松本国務大臣）に手渡された。草案には，その第8章に「地方政治（Local Government）」として地方自治制度が規定されていた。

　このマッカーサー草案から出発して，総司令部民政局と日本側との間で憲法案を巡り幾度か交渉がもたれて，最終的に日本国憲法の表現に落ち着いた。地方自治に関して総司令部から日本国憲法にいたる条文の変遷を要約すれば，次のように指摘できよう。(1)総司令部案ではLocal Governmentという表題は，「地方自治」とされた。「地方自治の本旨」に関する総則的規定が第八章の最初に置かれるにいたった。さらに，地方議会について独立の項が

設けられた。(2)総司令部案では,「首都地方,市及町ノ住民」は,「法律ノ範囲内ニ於テ彼等自身ノ憲章ヲ作成スル權利」を有すると規定された。しかし,結局,「憲章」は,「条例」に置き換えられた。

　戦後の地方自治制度の改革は,1946年10月の市町村制・府県制の改正法から始まった。改正法は,憲法改正と同じ帝国議会で審議されたが,男女普通選挙制や地方団体の長の直接選挙,長その他の解職請求権・地方議会解散請求権などの直接民主主義的諸制度が導入された。しかしながら,知事は直接選挙で選ばれながらも,官吏であるという矛盾した制度であったため,新憲法と同時に施行された地方自治法では,一切の地方官官制が廃止され,府県は地方自治団体とされた。さらに,第1・第2国会において,地方自治法が改正され,地方公共団体の「行政事務」と条例の罰則が認められた。

　しかし,地方自治体の事務権限や財源についてはあいまいであったため,実際には地方自治体の運営に対して中央各省が関与,統制し,地方自治体も中央政府に依存しがちであり,三割自治などとも呼ばれた。地方に対する国の財政援助は,1960年代以降の高度経済成長政策によって推進されたが,高度経済成長政策は,一面では,都市の過密化や環境悪化などの問題を生じさせ,地方自治体の施策の内容や運営に対する批判・改善を求める住民運動が激増した。1970年代になると,地方自治に新しい動きも生じ,集権的な行財政の仕組みを分権化させようとする見解も支持を得ていった。1980年代は,国も地方自治体も深刻な財政危機から脱するため,いままでの施策の内容や処理方式の見直しが進められ,1990年代になると,地方自治制度の具体的改革が日程に上るようになった。地方分権推進法に基づいて「地方分権推進委員会」が設置され,分権委員会の勧告に基づいて地方分権推進計画が策定された（閣議決定）。そして,1999年7月には,地方自治法改正を中心とする「地方分権一括法」が制定された。さらに,分権委員会は,2001年6月14日『最終報告書』を提出した。

　報告書では,地方税財源問題の提案に加えて,今後の課題として,(1)分権社会にふさわしい地方税財政の再構築,(2)自治体の事務と執行体制に対する

義務づけ・枠づけの大幅緩和，(3)道州制論・連邦制論などの新たな自治制度の仕組みの検討，(4)「補完性原則」に基づく事務の移譲，(5)制度規制の緩和と住民自治の拡充（アメリカ合衆国の自治憲章制度（Home Rule Charter System）に言及されている），(6)「地方自治の本旨」の具体化が挙げられている。

　上記の項目のうち特に，(6)「地方自治の本旨」において，分権委員会の地方自治制度の姿勢を窺うことができる。憲法92条の「地方公共団体の組織及び運営に関する事項は，地方自治の本旨に基づいて，法律でこれを定める」という規定については，「地方自治の本旨」を重視する憲法解釈が積み重ねられてきたが，この規定は，「地方自治制度の制度設計はあげて国会の立法に委ねられているかの誤解を招きかねない」と評している。

第3節　現代の地方自治

1　中央集権と地方自治

　近代立憲主義は，封建制から資本主義体制へと移行する過程で誕生し，政治体制の中央集権化を促進した。この過程で，イギリス・フランス型の下からの資本主義的発展とドイツ・日本型の上からの資本主義的発展という違いが見られ，後者の型では中央集権化が顕著であると言われる（ただし，近年では，日本の近代化が西欧諸国の歴史経験を基準にして説明できるのかについては疑問視されている）。しかし，アメリカ合衆国は，何れの型でもなく中央集権化を免れたという見解がある。アメリカ合衆国の地方自治は，トクヴィルが『アメリカにおける民主主義』の第1巻第4章で次のように描いたように，人民主権と地方自治とが密接に関連していたというのである。人民主権は，植民地時代には「この原理を法律の中に明確に具体化することは不可能だった。そのためこの原理は，縮小されて，地方の集会の中に，とりわけ市町村の中に隠されていた。この原理は，そこでひそかに伸張していたのである。……アメリカ革命が勃発すると，人民主権の定説は市町村から飛び出し，政府を奪い取った。あらゆる階級がこの人民主権の主張に妥協するよう

になった。人々は，人民主権の名の下に戦い，勝利した。それは，法律の中の法律となったのだった」と。

　しかしながら，アメリカ合衆国において，「人民主権」が誕生したのは，中央政治から住民と地方政治を遠ざけようとするためであるという見解がある。アメリカ合衆国の建国の父の一人であるジェームズ・マディソンは，合衆国憲法の制定にあたって，イギリスの思想家ヒュームの「完全な国家という考え（Idea of a Perfect Commonwealth）」を読んで，共和国は大きな国に向いているというヒュームの主張に魅せられた。マディソンは，州では小さすぎて，特定の利害によって政治が左右されるが，領土が広大であれば，利害は多様であるから，少数者が保護されると考えた。大きさが鍵であって，大きければ，多数派の形成が妨げられるばかりでなく，官職を満たすのに依拠すべき才能の貯水池を利用できると考えたのである。つまり，アメリカ合衆国においては，「人民主権」は，地方的利害に束縛されない代表制を生みだすために創造されたのである。

　建国後，地方自治は，州の主権の問題とされた。アメリカ合衆国憲法に地方制度に直接言及する条項は存在しないが，合衆国においては，州は主権団体とみなされるから，州の主権を重視する見解に立てば，地方制度は，州の立法事項とみなされることになる。実際，19世紀前半においては，市の「憲章」は州法であって，市政の内容が州法によって決められたのである。しかし，このような動向に反発して，都市自治権の擁護と拡大を目指す運動が興り，これは，ホーム・ルール原則に結実した。すなわち，1875年ミズーリ州では，新憲法に「人口10万以上の市は，自主的な憲章（a charter for its own government）を制定することができる」と規定されるに至り，自治憲章に基づく地方自治が可能となったのである。その後，多くの州がこの原則を採り入れた。しかし，地方団体は州立法部の創造物であるという原則は揺るがず，行政事務は地方的側面と同時に全州的な側面をも併せ持つものであるから，地方事務とそうでない事務との区別に立脚するホーム・ルール運動は退潮していった。アメリカ合衆国においても，現代の複雑な行政的要求を

満たしつつ，自治を維持していくのかという課題に直面したのである。

2 現代の地方自治の課題

20世紀末から，欧米や日本ばかりでなく，世界的に地方自治制度を充実させようとする潮流が生まれ，中央と地方の関係について具体的な原則が示されるようになった。たとえば，1985年6月27日にヨーロッパ評議会閣僚委員会で採択されたヨーロッパ自治憲章は，地方自治の原則を協定のかたちで保障した世界初の多国間条約であり，(1)地方自治体の権利の承認，(2)補完性原則，(3)自主組織権，(4)自主財政権等が掲げられている。国と地方との間での事務配分の原理として，(5)補完性原則が注目されている。

補完性原則とは，1891年5月15日に教皇レオ13世が公布した労働者階級の状態に関する回勅「新しき事柄（Rerum Novarum）」（カトリック的団体主義による社会問題の解決を説いた文書）の発表40周年を記念して出されたピウス11世の回勅「40周年（Quadragesimo anno）」において明らかにされた原理である。その第80段落は，次のように規定する。「状況の変化によって，まず小さな団体が実行しなければならないとしても，多くの事柄が大きな団体によらなければもはや処理できないというのは，全く真実であり，歴史の示すところでもある。しかし，それでも社会哲学における最も重要な次の原理は確固として変わらない。つまり，個人が自己の発意と努力で獲得できるものを個人から奪って，これを共同体に委ねることが違法であるのと同じように，小さな下位の共同体でできるものをより大きな上位の社会に移譲することも不正である。これは，正しい社会秩序に対する重大な侵害であるとともにその紊乱でもある。社会へのあらゆる干渉の本質的な目的というのは，社会の構成員を補充的に（in manera suppletiva）援助することであって，構成員を破壊することでも，吸収することでもないからである」と。これは，個人が社会を形成するのではなく，社会は諸々の団体によって構成されているという団体主義的な思想を表しているが，ヨーロッパ自治憲章では，この考えを地方自治制度の原理に翻案し，「公的な責務は，一般に，市民に

最も身近な当局が優先的に遂行するものとする。他の当局への責務の配分は、その任務の範囲と性質及び効率性と経済性の要請を考慮して行わなければならない」(4条3項)と定められた。ただし、この規定で補完性原理が効率性と経済性という基準と組み合わされているように、補完性原理自体がそれほど明確に事務配分を決める基準たりうるかについて疑問視する見解もある。

さらに、「世界自治憲章」が2001年6月の国連特別総会で採択される予定であったが、結局上程されず、引き続き検討されることになった。これも、ヨーロッパ自治憲章とほぼ同じ原則を謳っている。

現在の地方自治制度の改革を理解するためには、代議制民主主義における国民主権または国民代表と地方自治との関係をまず考察しなければならない。オーストリアの法思想家ケルゼンは、国民代表のイデオロギー的性質を剔出し、これは、「民主的進化がさらに発展することを阻止するのにきわめてよく役立つ」と批判している。代議制民主主義（国民代表）を直接民主主義の代替物と考えるならば（現代の大きな人口を抱える国では、直接人々が政治に参加するのは不可能であるから）、本来的には直接民主主義が優れており、これに近い制度としてフランス型の半代表、さらには人民主権が唱えられることになる。特に、人民主権説では、地方自治に人民主権の実現を見ようとする。しかしながら、代議制民主主義の方が優れているという思想も、古くから存在する。フランス革命に先立ち国民主権を理論化したシーエスは、直接民主主義を実行するのが不可能であるというだけでなく、代議制民主主義を分業論から正当化しようとした。つまり、政治に携わるだけの優れた能力がある者が政治に参加すべきだというのである。前述のマディソンの見解もこれと認識を共有しているといえるし、イギリスのジョン・スチュワート・ミルも「地方代議機関」の事務処理能力に疑問を呈している。

このような考えは、現代でも、かたちを変えて存在する。「ある国の歴史的・文化的に形成された共通価値が保持されるとすべきだとすれば、そこには、その国の歴史的・文化的な価値を意識的に担おうとする『中核的な集

団』が存在することになるであろう」(佐伯啓思『国家についての考察』(飛鳥新社，2001年) 296頁)し，国家は，この「中核的な集団」が担うべきだというのである（ただし，政治の担い手そのものとは区別されている）。確かに，20世紀の全体主義を経験した後に，直接民主主義を無条件に礼賛することはできないだろう。人々は政党や結社などの媒介なしに政治に参加することはできないし，こうした団体が全体主義を志向する場合もありうるからである。

　中央政府と地方団体の関係は，行政の効率的運営を目指すという協力関係と，住民の地方における政治決定への参加の増大という民主政の保障という原則に立脚している。前述の半代表と社会学的代表では，伝統的な代議制民主主義を修正しつつ，これを是正・補完する機能が地方自治に求められる。ヨーロッパ自治憲章や世界地方自治宣言草案も，分権分立的・分業的な目的からの改革を求める文書であり，地方自治制度は，国民主権・国民代表論と矛盾するものではなく，むしろそれを補充・補完するものとみなすこともできる。

> **コラム　植木枝盛（えもり）と道州制**
> 　植木枝盛の「日本国国憲按」では，「日本連邦ハ日本各州ニ対シ其州ノ自由独立ヲ保護スルヲ主トスヘシ」(9条)と規定され，連邦の権限に抵触しない限り，州は「独立シテ自由ナルモノトス」(29条)とされた。植木の連邦制は，アメリカ合衆国の影響を受けて構想されたものと思われるが，アメリカ合衆国のように「人民主権」を謳っているわけではない。「日本国ハ日本国憲法ニ循（したがい）テ之ヲ立テ之ヲ持ス」と規定し，「日本国」が主権を有するという規定の仕方である。アメリカ合衆国憲法修正10条は，州の主権につき，「この憲法によって合衆国に委任されず，また，州に対して禁止されていない権限は，それぞれの州または人民に留保される」と規定している。したがって，植木の考えにおける連邦と州との関係は，日本国内での権限の配分という発想によるものであり，分権的地方自治制度に基づくものといえる。
> 　2004年5月6日に提出された地方制度調査会の『中間報告書』では，道

州制論，連邦制論が提案されている。基礎自治体が住民に最も身近な総合的行政主体となり，道州は，基礎自治体を包括する広域自治体として，産業振興，雇用，国土保全，広域防災等の分野を担うものと位置づけられる。また，「道州制の導入に伴い，道州に対する国の関与，基礎自治体に対する道州の関与についてはいずれも必要最小限度とする」。

市町村合併が促進されれば，現在の都道府県の位置づけも変化せざるを得ず，『中間報告書』は，都道府県を合併した「道州制」に一定の理解を示している。都道府県は，「基本的な地方公共団体」である市町村と国とを媒介する中間的な団体であり，都道府県と市町村というこの二層構造を維持するならば，都道府県を「道州制」に再編するか否かは，学説上立法政策の問題だと解されている。州の主権を前提とするアメリカ型の連邦制を導入するためには，憲法改正は避けられないから，現在の道州制の議論は，意外に植木の連邦制に近い考えかもしれない。

文中以外の主要参考文献

樋口陽一ほか共著『注釈日本国憲法上巻』（青林書院新社，1984年）

Lincoln: Speeches and Writings 1859-1865, The Liberty of America, New York, 1989.

樋口陽一『比較憲法［全訂第3版］』（青林書院，1992年）

グナイスト「伊藤博文宛書簡」『読本憲法の100年明治編』（作品社，1989年）

長濱政寿『地方自治』（岩波書店，1952年）

美濃部達吉『憲法撮要・改訂第5版』（有斐閣，大正13（1924）年）

高柳賢三他編著『日本国憲法制定の過程 I 原文と翻訳』（有斐閣，1972年）

A・トクヴィル／井伊玄太郎訳『アメリカの民主主義・上』（講談社学術文庫，1987年）

杉原泰雄他編『資料現代地方自治』（勁草書房，2003年）

Edmund S. Morgan, Inventing the People: The Rise of Popular Sovereignty in England and America, Norton, New York, 1988.

Quadragesimo anno: Introduzione e Parti I-II, www.monasterovirtuale/Dottrina_sociale/quadragesimo12.html

J. S. ミル／水田洋訳『代議制統治論』（岩波文庫，1997年）

（北原　仁）

第2講 日本における地方自治の展開

●本講の内容のあらまし

　明治憲法の下では，地方自治制度は憲法上保障された制度ではなく，地方の政治は中央から派遣された知事を通じておこなわれていた。日本国憲法は，そのような中央による地方のコントロールを否定し，住民が自らの意思に基づき地方の実情に応じた政治をおこなう地方自治制度を保障した。地方自治は，ある意味で地方と中央における権力分立の具体化であり，それは自由主義を体現する制度の一つであるといえる。近年，地域固有の問題を，住民の意思で直接決定しようとする住民投票制度が活発化している。しかし，住民投票の結果と地方議会の意思は対立することが多く，ここに，地方政治における民主主義の意味を問う問題が新たに生じている。

第1節　日本における地方自治の歴史

1　明治憲法下の地方自治制度との比較

　日本国憲法第八章は地方自治制度について保障する。日本国憲法における地方自治制度は明治憲法における天皇主権主義を基盤とする中央集権体制に対立するかたちで生じたものである。

　明治憲法において，地方自治制度は憲法上保障された制度ではなく，基本法規は議会開会前に制定された「府県制」「市制」「町村制」などと呼ばれた法典であり，それは，明治末期に議会を通過した法律に変えられた。また，内容としても現在のような住民自治，団体自治という観念自体存在していな

かった。

　明治時代の地方制度は，江戸時代の藩と村から出発していた。それは明治維新後何度も改正され，明治23（1890）年秋，最初の議会が召集される直前に，山県有朋内務大臣のもとで，ドイツにならった府県・郡・市町村という三段構造の地方自治制度が確立し，その各々に議会が設置された。原案を起草したのは，内閣顧問アルバート・モッセである。

　県は，自治的な団体としての一面は持っていたが，それは本質的には国の行政区画にすぎず，府県知事は政府による任命制であった。府県知事の大部分はその土地と関係のない内務官僚で，何年か勤めたあと，他府県に移っていき，代わりに他の県から別の内務官僚がやってくるのが常であった。郡長・郡議会なども最初は設けられたが，大正期に廃止され，三段構造は，実質上府県・市町村の二段構造に変化して現在に至っている。また，府県は市町村を監督するという上下の関係があった。

　明治期には，市長は市会が提出する三人の候補の中から内務大臣が選び，町村長は町村会で選ぶが知事に拒否権がある，というような制度がおこなわれ，議員選挙にも複雑な規定がいろいろあったが，帝国議会議員選挙に男子普通選挙が実現したことに対応して，大正15（1926）年男子普通選挙に改められた[1]。

　このように，明治憲法における地方自治制度は中央集権的性格の強いものであった。これを否定したところに成立したのが日本国憲法の地方自治制度である。（詳しくは，第1講第2節「日本の地方自治制度の歴史」参照）。

2　自由主義原理と地方自治

　日本国憲法における地方自治制度の意義は自由主義の本質から考えていかなければならない。近代市民憲法は，自由主義をその基本原理とする。自由主義を確保するために憲法は国政のさまざまなレベルにおいて自治の領域の存在を認める。国政上の自治の領域，つまり，自らの事柄を自律的に規律する領域は憲法によってさまざまな形で保障されている。

個人レベルでは多様な自由権を保障することで個人の自律的領域の確保がはかられている。また，国政は権力分立の思想により，立法・司法・行政に区分され，それぞれ国会，内閣，裁判所という異なった機関に分属される。そして国会，内閣，裁判所の各国家機関は，それぞれ自律的領域を確保している。地方自治は，各地方における自律的領域の存在をみとめ，各地方の実情に応じた政治の実現を可能にさせるものである。それは同時に，中央の政治権力と地方の政治権力における権力分立制度と考えることができる。

3　地方自治の意義

地方自治は，地方の政治，行政を住民の意思に基づいて，その責任と負担において行うことを意味する。地方ごとに政治が行われる時，国政レベルの政治と同様，さまざまな問題が生じることが予想される。

憲法が地方自治を保障したのは，各地方に生じた問題はその地方の実情にあった方法で解決されることが望ましいと考えたからである。その問題が人権侵害であるなら，最終的にそれは司法権を行使する裁判所によって解決されるが，それ以外の問題である場合には，その解決は，その地方の住民の意思によって自律的に解決されるべきであって中央政府が介入すべきではない，という発想がある。このように地方自治の背景には自由主義への確信があるといえる。

4　地方自治の内容

憲法92条は「地方公共団体の組織および運営に関する事項は，地方自治の本旨に基づいて，法律でこれを定める。」と規定する。ここで地方自治の本旨とは①住民自治，②団体自治をいうものとされる。

①住民自治とは地方の政治や行政は，それぞれ地方の住民の意思に基づいて行われるべきである，という観念である。これは，英米法の観念である。特に，イギリスでは地方において自治が確立し，それが後に中央に及ぶという経緯がある。②団体自治とは，地方ごとに地方の政治や行政を行う地方公

共団体を設け，中央の国政から地方の政治を独立させようとする観念である。このように確保した地方の行政が住民の意思に基づいて行われることになる。したがって，①住民自治と②団体自治では，住民自治が基礎的な観念であると考えることができる。

5 　地方自治における法律主義の採用

　明治憲法における地方自治は，中央集権的なシステムがとられ，地方公共団体の組織及び運営に関する事項はいずれも行政府の命令や訓令で定めることができた。訓令とは，上級官庁が下級官庁を監督し指揮，命令するために設定する規範を言う。それは，国民の権利義務には直接にかかわりのない，いわば行政機関の内部規範であり，それに反する場合でも職務違反は問題とされるが，国民とのあいだで違法の問題は生じない，とされた。これは，地方の行政権は，国の行政権の一環にすぎず，当然国の監督下に服すべきである，という考え方を背景とするものであった。日本国憲法92条が「地方公共団体の組織及び運営に関する事項は法律で定めなければならない」と規定したのは，このような明治憲法下でみられた，中央集権的な思考を排除し，地方分権化を徹底させる点で大きな意義を有している。

　(1)　長尾龍一『憲法問題入門』（筑摩書房，1997年）176頁

第2節　今日的展開

1 　構造改革特区

　日本では，地方自治体や民間企業が，地域の特色を生かして新しい事業を始めようとする時，法律や政令，省令などによる全国一律の規制が妨げになることが少なくない。そこで，まず，地域を限定しそのような規制を緩め，地方ごとの創意工夫を生かした取り組みを試せるようにした仕組みが特区である。

ジャンルは農業，教育，物流，研究開発などさまざまである。平成16 (2004) 年5月には5回目の特区計画認定申請があり，数はさらに増加した。ただ，地域別に見ると，最も多い長野県が23ヶ所なのに対し，6県は2ヵ所にとどまるなど，地域差はある。

特区を導入した目的は，一つには，現行の規制の中には，古くなり実態に合わなくなっているものがあるので，そうした規制をなくして，支障がないかどうか試してみることである。また，地域の特性に応じた産業集積や新規産業の創出を促すことで，回復の遅れが指摘される地方経済を活性化する狙いもある。

たとえば，農地の権利取得に関する規制が緩和された神奈川県相模原市の新都市農業創出特区では，農業参入した有限会社が生産，販売しているダチョウ肉が話題になった。国際物流特区に取り組んでいる北九州市には，平成14 (2002) 年4月に構想を策定してから8社が立地を表明している。

もっとも，地方自治体や民間業者に不満がないわけではない。特区はあくまでも規制緩和を生かしたアイデア勝負の政策だが，自治体側には「新しい挑戦には金がかかる」と，国からの財政支援への期待が根強い。

2 特区の規制緩和策の全国展開の可能性

特区スタートに当たって地域限定の規制緩和にも相当の抵抗を見せた各省庁が，全国展開をすんなり認めるか，が問題である。政府は，2004年2月に「効果が認められた規制緩和策の全国展開に反対する場合，弊害を立証する必要がある」と閣議決定して，一応，クギを刺している。だが，各省庁が規制による既得権を維持したい業界団体や与党議員と連携して抵抗する可能性もある。

特区の規制緩和策に効果があったかどうか，全国展開すべきかどうかの判断は，政府の構造改革特区推進本部が最終的な結論を出す（以上，朝日新聞平成16年5月1日記事を参考にした）。

3　住民投票

　住民投票は地方公共団体における直接民主制の一方式として設けられる制度である。代表民主制の欠陥を補い，住民自治の趣旨を徹底するため，または特別地域の住民に利害関係の深い問題について当該地域の住民の意思を反映させるため，一般の地方公共団体の長，議会の議員等の選挙のほかにも，投票のかたちで一定の重要事項を決定するものである。最近では法律上の制度ではないが，自治体の条例制定権を根拠として特定の施設や公共事業，政策の是非をめぐって住民投票を実施する条例を制定しようとするケースが目立っている。そのおよそ八割は住民の直接請求によるものであるが，そのうち議会で可決，成立したものとしては，新潟県巻町の原発（96年可決），岐阜県御嵩町の産業廃棄物処分場（97年可決），沖縄県名護市のアメリカ軍ヘリ基地建設（97年可決），徳島市の吉野川可動堰建設（2000年1月可決），新潟県刈羽村の東京電力柏崎刈羽原子力発電所でのプルサーマル計画（01年可決）などがある。また秋田県岩城町では，全国で初めて，18，19歳の投票権を認めて，合併先の自治体を選ぶ住民投票を行った（02年10月29日）。さらに03年5月11日に行われた長野県平谷での合併の賛否を問う住民投票では，投票者が中学生以上にまで拡大されている[2]。

　このように，住民投票は，住民の意思を直接政策に反映させることができる制度である。しかし，住民投票には次のような問題点もある。

　まず，住民投票をおこなうための住民投票条例は，議会で否決されるのが通例であり，実際に実施された例は一部に過ぎない。1990年以降，住民投票案件数123件に対して，実施された住民投票はわずか12件であり，約一割という低い実施率となっている。制度的に見ると，住民投票ができるか否かの最終決定権は議会が握っていて，議会は通常自分たちと反対の政策を主張している住民に投票させたくない。そのような議会を相手に住民投票条例案を通すことは，きわめて困難である。

　次に，仮に住民投票が実施されたとしても，その決定には首長や議会を従わせるだけの法的拘束力がない。首長や議会は住民投票の決定を完全に無視

することもできるのである。吉野川可動堰に対する民意の表明に対し，当時の中山建設大臣が「住民投票は民主主義の誤作動だ」と述べたことに象徴されるように，厳密に言えば，無視されればそれまでの制度ともいえるのである[3]。

4　合併特例法

市町村合併特例法の改正法が1995年4月1日より施行に入った。同法は①市町村長に合併協議会の設置を直接請求できる住民発議制度の創設，②議会議員の定数・在任特例措置の期間延長，③合併後の街づくりへの財政支援の大幅拡充，などが盛り込まれるとともに，合併過程での調整など都道府県側の新たな役割も明記した。

このうち①の新たに創設された住民発議制度は，自治体間の合併協議会設置という合併のための手続きを市町村長に義務づけるもので，各地の市民団体の草の根の動きをくみ上げるためのものであるが，それが成立するには条例の制定・改廃の直接請求制度と同様，有権者の5分の1以上の署名が必要である。合併特例法は2005年3月末で期限が切れるが，それ以降も財政支援のない形で自主的な合併を促していくという[4]。

(2)　『現代用語の基礎知識』（自由国民社，2004年）380頁
(3)　五十嵐敬喜『市民の憲法』（早川書房，2002年）28頁
(4)　『現代用語の基礎知識』（自由国民社，2004年）378頁

コラム　GHQと日本の地方自治

日本の戦後の地方自治制度の確立はGHQの指導の下でおこなわれたが，日本人として主導的な役割を果たした田中二郎博士が地方制度の確立に尽力したGHQのチルトン少佐とのやり取りについて，大変興味深い述懐をしている。田中博士はチルトン少佐に初めて会ったときのことを次のように語っている。「初めにこれだけは頭に入れておいて欲しいといって，日本ではアメリカと違い，地方自治は不完全で，地方行政の大部分が官治政治として行われているということを話したのです。これにはびっくりしたよ

うで，内務省はそういう説明はしなかったといって，その場で電話で担当官に出席を命じていました。」ただ，日本政府の関係者の頭は固く，戦前のように地方官官制に相当するものを設け，中央が地方をコントロールするという発想から抜けることは難しかった。「チルトンはいっていました。日本の地方行政は，本当の地方行政ではない，自治行政ではない，完全に国の支配するままになっている，日本はどうみても，官僚国家であり，警察国家である，これを民主国家にしなければならない，その一環として，地方行政は地方自治行政にしなければならないというのです。そう指摘されるまでもなく，特に戦時中のわが国は警察国家と非難されても仕方のない状態でしたから，そういう制度は根本的に改めさせようというGHQの態度ももっともだったわけです。」田中二郎『日本の司法と行政』336頁（有斐閣，1982年）

参考文献

後藤光男『共生社会の参政権』（成文堂，1999年）
五十嵐敬喜『市民の憲法』（早川書房，2002年）
兼子仁『自治体・住民の法律入門』（岩波書店，2001年）
松本英明『入門地方自治法』（学陽書房，2003年）
小林武『地方自治の憲法学』（晃洋書房，2001年）

（高島　穣）

第3講 地方公共団体の種類

●本講の内容のあらまし

「地方公共団体」という言葉は，日常用語としてしばしば耳にするが，その定義や種類は意外に複雑である。地方自治法上の「地方公共団体」の全てが，そのまま日本国憲法上の「地方公共団体」とみなされるわけではない。本講ではまず第1節で，日本国憲法上の地方公共団体の定義について概観し，それに関連して，東京23特別区の性格をめぐる最高裁判例を紹介する。次に第2節では，地方自治法上の地方公共団体のうち，普通地方公共団体としての市町村と都道府県について，その権限や組織的特徴を解説する。その上で，市町村と都道府県との間の関係や，大都市について設けられている制度的特例（指定都市・中核市・特例市）について触れる。そして最後に第3節で，特別地方公共団体として地方自治法に規定されている，特別区・地方公共団体の組合・財産区・地方開発事業団について，それぞれの特徴を簡単に解説することになる。

第1節　地方公共団体の定義

日本国憲法には，第8章「地方自治」の各条文（憲法92～95条）において「地方公共団体」という用語が用いられているが，地方公共団体そのものの具体的な定義付けはなされていない。その点は，地方自治法においても同様である。

地方公共団体の成立要件としては，論者によって用語の違いはあるが，国家の成立に領土・国民・国家主権の3要件が必須であるのと対応する形で，

一定の区域（空間的要件）・住民（人的要件）・自治権（法制度的要件）の3要件を必須とするのが一般的である。この点を踏まえて地方公共団体を定義するならば，「国の領土内の一定の領域と，当該領域内の住民とを構成要素とし，住民の意思に基づいて，当該領域内における包括的な公共的役務を実施する自治権を持つ団体」ということになろう。日本国憲法が想定する地方公共団体も，こうした要件を備えたものを指すと考えるべきである。

　一方，地方自治法は，「地方公共団体は，普通地方公共団体及び特別地方公共団体とする」（自治法1条の3第1項）とした上で，普通地方公共団体として都道府県・市町村を，特別地方公共団体として特別区・地方公共団体の組合・財産区・地方開発事業団をそれぞれ挙げている（自治法1条の3第2・3項）。なお，これらの地方自治法上の地方公共団体は，いずれも法人である（自治法2条第1項）。

　このうち，普通地方公共団体としての都道府県・市町村が，憲法上の地方公共団体に該当することについては，おおむね学説上の争いはない。ただし，憲法が都道府県・市町村という二段階の地方自治制度を義務づけているのか否かについては，説が分かれている。もし，憲法は段階制について何も義務づけていないという立場をとるならば，道州制の導入はもちろん，都道府県を廃止して一段階制とする構想からも，憲法上の問題は生じない（立法政策上の是非論は別として）。筆者は，憲法制定過程での立法者意思をも勘案すると，日本国憲法は基本的に，都道府県・市町村という二段階制を想定していると考える。その上で，市町村よりも狭域の，あるいは都道府県よりも広域の段階を「追加する」ことも，住民自治・団体自治の実現に資する限りにおいて認められると解釈すべきだろう。

　一方，特別区を除く特別地方公共団体は，普通地方公共団体を基礎にして派生的に形成される団体であり，所管する事務も限定されるため，憲法上の地方公共団体に該当しないとするのが通説である。従って，これらの特別地方公共団体については，議会の設置や，長・議員の直接選挙（憲法93条第2項）などを命じた憲法の規定は適用されないことになる。

残る特別区については，それが憲法上の地方公共団体に該当するか否かが議論の対象となってきた。特別区の区長の選出方法は，第二次大戦後いったんは住民による直接公選が導入されたが，1952 年の地方自治法改正により，都知事の同意を得て区議会で選任される制度に変更された。さらに，この制度の合憲性が争点となった事件で，最高裁は「地方公共団体といい得るためには，単に法律で地方公共団体として取り扱われているということだけでは足らず，事実上住民が経済的文化的に密接な共同生活を営み，共同体意識を持っているという社会的基盤が存在し，沿革的にみても，また現実の行政の上においても，相当程度の自主立法権，自主行政権，自主財政権等地方自治の基本的権能を附与された地域団体であることを必要とする」「東京都の特別区についてこれをみるに，区は，……未だ市町村のごとき完全な自治体としての地位を有していたことはなく，そうした機能を果たしたこともなかった」として，特別区は憲法上の地方公共団体には該当しないと判示したのである（最大判昭和 38（1963）年 3 月 27 日刑集 17 巻 2 号 121 頁）。

　しかしこの判決の論理は，既に明治期から区会を有し，戦後も一度は区長公選制を経験したという，特別区の自治的伝統を無視していたように思われる。また，憲法が都道府県・市町村という二段階制を要求しているという説に立てば，東京 23 区内の住民のみが一段階の地方自治制度の下に置かれることは，不公平が生じていることになる。こうした最高裁判決への批判もあり，1970 年代に入るといくつかの特別区で区長準公選条例が制定されるに至った。そして 1974 年の地方自治法改正により，特別区の区長公選制が正式に復活したのである（自治法 283 条第 1 項）。そのため，特別区が憲法上の地方公共団体にあたるか否かの議論は，立法面では既に解決したものと言える。

第 2 節　普通地方公共団体

1　市町村

　市町村は，住民の日常生活に密着した「基礎的な地方公共団体」（自治法 2

条第3項）として，都道府県が処理すべきとされているものを除き，普通地方公共団体としての事務を一般的に処理する。

　地方自治法においては，その権能において市町村相互間に基本的な差異を設けてはいないが，市と町村との間には成立要件などで一線が画されている。市となるための要件は，①5万人以上の人口を有すること，②中心街地内の戸数が全体の6割以上，③商工業その他の都市的業態に従事する世帯の人口が全体の6割以上，④都市的施設その他の都市要件，の4点である（自治法8条第1項）。なお収入役について，従来は町村でのみ長または助役による事務の兼掌が認められていたが，2004年の法改正で，「政令で定める市」（人口10万人未満の都市を想定）についても市長または助役による兼掌が可能となった（自治法168条第2項）。大都市に関する特例については後述する。一方，町と村との間には，町となるためには「当該都道府県の条例で定める……都市としての要件」を備えるべきこと（自治法8条第2項）が定められている以外，それほど大きな違いはない。

　都道府県をまたがない市町村の廃置分合や境界変更については，関係市町村が議会の議決を経てする申請に基づき，都道府県知事が当該都道府県の議会の議決を経てこれを定め，その旨を総務大臣に届け出るという手順になっている（自治法7条第1・6項）。一方，都道府県をまたぐ場合については，関係市町村及び都道府県が議会での議決を経てする申請に基づき，総務大臣がこれを定める（自治法7条第3項）。

2　都道府県

　都道府県は，「市町村を包括する広域の地方公共団体」として，普通地方公共団体が処理すべき事務のうち，広域にわたる事務，市町村に関する連絡調整事務，及び「その規模又は性質において一般の市町村が処理することが適当でないと認められる」事務を処理する（自治法2条第5項）。

　47都道府県の内訳は，1都1道2府43県となっているが，都・道・府・県相互の間には，歴史・沿革面は別として，権能面において基本的な差異は

みられない。ただ，特別区との関係で都が特例を有しており（自治法281条〜283条），また議員定数や内部組織について都・道のみに適用される原則がある（自治法90条第2項，155条第1項）。

都道府県の廃置分合や境界変更をしようとする場合は，「法律でこれを定める」とのみ規定されていたが（自治法6条第1項），都道府県の合併については，都道府県議会での議決を経た申請に基づき，内閣が国会の承認を経て決定することも，2004年の法改正で可能となった（自治法6条の2）。なお，都道府県の境界にわたって市町村の区域が変更されたときは，都道府県の境界も自動的に変更されることになる（自治法6条第2項）。

3　市町村と都道府県との関係

普通地方公共団体としての市町村と都道府県は，基本的に対等・平等の関係で，制度の上で前者が下位・後者が上位という位置付けにはなっていないとされている。むしろ地方自治の一層の充実を目指す立場からは，松下圭一のように，基礎自治体としての市町村に「基礎行政」の担い手として高い存在意義を認め，広域自治体としての都道府県はあくまでも「補完行政」に徹するべきだとする見解があった。現行地方自治法においても，都道府県が処理すべきと特に定められた事務を除いて，普通地方公共団体の事務は市町村が一般的に処理する旨定められている（前述）。

しかし都道府県は，「市町村に関する連絡調整」事務一般を管轄しているし（自治法2条第5項），市町村に対する都道府県知事などの関与を認めた諸規定や（自治法245条以下），都道府県条例に違反した市町村の行為を無効とする規定も存在する（自治法2条第16・17項）。その意味で，都道府県と市町村との間に，いかなる法制上の権力関係も存在しないとは言い難い。

なお，「都道府県及び市町村は，その事務を処理するに当っては，相互に競合しないようにしなければならない」（自治法2条第6項）との定めもあるが，この規定を機械的に解釈し，たとえば社会教育施設などの重複設置をいたずらに排斥するのは妥当でないだろう。

4　大都市に関する特例

地方自治法は普通地方公共団体について，都道府県と市町村の二層構造を採用している。しかし，市の中でも人口が多く，特に優れた行財政能力を有する大都市については，これを事務権限などの面で優遇する制度が設けられている。

(1)　指定都市

指定都市制の前身は，1947年の地方自治法制定時に，当時の五大都市（横浜・名古屋・京都・大阪・神戸）の要求によって導入された特別市制である。しかしこの制度は，特別市の区域を都道府県の区域から切り離すというものだったため，関係府県の反対が強く，結局実際の指定は行なわれなかった。その代わりに，1956年の法改正によって導入されたのが指定都市制である。2008年4月現在，17市が指定されている（横浜・名古屋・京都・大阪・神戸・北九州・札幌・川崎・福岡・広島・仙台・千葉・さいたま・静岡・堺・新潟・浜松）。指定要件については，自治法には「政令で指定する人口50万以上の市」としか記載がないが，現実の運用では，「人口100万程度（または近い将来これに達する見込み）」などのより厳しい基準が設けられてきたとされる。

指定都市は，社会福祉・保健衛生・都市計画などに関連した都道府県事務（自治法252条の19第1項に列挙）の全部または一部で政令で定めるものを，市の事務として処理することができるほか，国道管理・産廃監督など，多くの事務が個別法によって指定都市の事務となっている（事務配分の特例）。また，通常の市町村では都道府県知事の関与（許認可，指示・命令）が必要な事務について，それらの制約から解放されたり，直接各大臣の関与を受けるといった行政監督の特例もある（自治法252条の19第2項）。

組織面では，指定都市はその区域を分けて「区」とし，それぞれの区に区役所・区長・区選管を設けることが義務付けられている。その際，区長は事務職員の中から任命されることになる（自治法252条の20）。

(2)　中核市

中核市制度は，指定都市に次ぐ分権政策の受け皿として，1994年の地方

自治法改正によって新設された。中核市とは，①人口30万以上，②人口50万未満の場合は面積100平方キロメートル以上，という二つの要件を備えた市のうち，政令で指定されたものをいう（自治法252条の22・23）。指定のための手続きとしては，市議会と都道府県議会の議決を経て，当該市が総務大臣に申出をすることが必要である（自治法252条の24）。

　中核市は，指定都市が処理できる事務のうち「都道府県がその区域にわたり一体的に処理することが中核市が処理することに比して効率的な事務」「その他の中核市において処理することが適当でない事務」以外の事務で政令で定めるものを，市の事務として処理することができる（自治法252条の22第1項）。すなわち，事務配分の特例が認められる範囲は指定都市よりも狭くなるが，それでも中核市指定に伴い，身体障害者手帳の交付・飲食店営業の許可といった事務が都道府県から移管されることになる。また，行政監督の特例も自治法上は設けられているが（自治法252条の22第2項），実際には，これが認められているのは福祉分野の事務についてのみである。また，指定都市と異なり「区」の設置は認められておらず，保健所が必置とされるほかには組織面での特例はない。

　2008年4月現在，中核市には旭川市など39市が指定されている。

(3)　特例市

　特例市は，1999年の地方自治法改正によって新設された制度で，人口20万人以上の市のうち政令で指定されたものをいう（自治法252条の26の3第1項）。指定のための手続きは，中核市のそれに準じる（自治法252条の26の4）。

　特例市は，中核市が処理できる事務のうち「都道府県がその区域にわたり一体的に処理することが特例市が処理することに比して効率的な事務」「その他の特例市において処理することが適当でない事務」以外の事務で政令で定めるものを，市の事務として処理することができる（自治法252条の26の3第1項）。事務配分の特例が認められる範囲は，中核市よりもさらに縮小されるわけである。なお，行政監督の特例についても，中核市の場合に準じた

規定があるが（自治法252条の26の3第2項），現時点ではそれを具体化した政令はなく，空文化しているのが実情である。

2008年4月現在，特例市には函館市など43市が指定されている。

第3節　特別地方公共団体

1　特別区

特別区＝東京23区については，第1節で概観したように，それが憲法上の地方公共団体に当たるか否かについて論争があった。現在も，依然として特別区は特別地方公共団体の一つと位置付けられている。しかし，1998年の地方自治法改正で特別区は「基礎的な地方公共団体」（自治法281条の2第2項）と明記され，法的には他の市町村と名実共に同格となったといえる。実際，地方自治法における「市」についての規定は，原則として特別区にも適用される（自治法283条第1項）。むしろ，財政自主権や教育行政権などが強化され，平均的市町村を凌ぐ「力強い」自治体となったという評価もできよう。

もっとも，特別区相互間や，都と特別区との間で行財政調整を行なうための規定は残っている。具体的には，都知事による助言・勧告（自治法281条の7），都区協議会の設置（自治法282条の2），及び特別区財政調整交付金（自治法282条）についての諸規定である。このうち，特別区財政調整交付金については，固定資産税など3税の一定割合が，都から特別区に交付されることとなっている（自治法282条第2項）。

2　地方公共団体の組合

地方公共団体の組合としては，一部事務組合・広域連合・全部事務組合・役場事務組合の4種類が定められている（自治法284条）。このうち全部事務組合と役場事務組合は，1959年10月以降設置されていないので，前二者についてのみ解説する。

(1) 一部事務組合

普通地方公共団体及び特別区が，その事務の一部を共同処理するために設けるものである。この制度には戦前以来の伝統があり，主にごみ処理・し尿処理・消防などの事務を処理するため積極的に活用されてきたが，近年は漸減傾向にある。

一部事務組合の設置には，関係地方公共団体が議会の議決を経てする協議により規約を定め，都道府県が加入する場合は総務大臣，その他の場合は都道府県知事の許可を得る必要がある（自治法284条第2項・290条）。組合が設置されると，組合での処理の対象となった事務は，関係地方公共団体の事務から除外される。

組合の機関としては，管理者（または理事会）と議会が設けられるが，管理者（または理事）と議員については関係地方公共団体の長や議員との兼職が認められている。しかもその選出方法は，組合規約で自由に定めることができるため（自治法287条第1項），任命や互選による場合が多い。このため，組合の運営に民主的コントロールが及びにくいという弊害が指摘されている。

(2) 広域連合

1994年の地方自治法改正によって新設された。広域連合は，普通地方公共団体及び特別区が，その事務で広域にわたり処理することが適当であると認めるものに関し，「広域計画」に基づく処理を行なうため設置する組織である（自治法284条第3項）。設置の手続きは，一部事務組合と同様である。

連合の長や議会議員は，関係地方公共団体の長や議員との兼職が認められているものの，その選出方法について，住民公選か，関係団体の長・議員による間接選挙のいずれかが義務付けられている点で一部事務組合の場合と異なる（自治法291条の5）。また，条例制定やリコールなどに関して，普通地方公共団体における直接請求の規定が準用されているのも特徴である（自治法291条の6）。これらは広域連合の民主的側面と言えよう。

しかし反面では，都道府県を含む広域連合の設置・規約の変更・解散には総務大臣の許可が必要であり，その際総務大臣に国の関係行政機関の長との

協議を義務付けた規定もある（自治法284条第4項など）。このことは，たとえば広域連合を基礎に「道州制」を目指そうとする試みに，国家による管理が忍び込む危険性を示している。

3　財産区

財産区は，市町村や特別区の一部で財産を有し，もしくは公の施設を設けているものがある場合，または市町村の廃置分合などのため市町村や特別区の一部でそうした状態が生じた場合に，その財産・公の施設の管理を行う目的で設置される（自治法294条第1項）。具体的には，山林・温泉・公民館などが財産区の管理下に置かれることがある。

財産区には通常独自の議事機関・執行機関は設置されず，当該市町村（特別区）の長と議会がその任に当たるが，必要に応じて議会または総会を設けることができる（自治法295条）。また，議会・総会ともに設けられていない場合のみ，財産区管理会を設けることができる（自治法296条の2）。

4　地方開発事業団

地方開発事業団は，複数の普通地方公共団体が，総合的な地域開発計画に基づいて広域的な開発事業を行う場合に，その実施を委託する目的で設置される（自治法298条第1項）。設置の手続きは，一部事務組合や広域連合と同様である。事業団には議会は置かれず，理事長・理事会が受託事業を実施し（自治法304・305条），事業終了後は解散する（自治法317条）。実際には，手続きが複雑であるなどの理由により，この制度の利用はあまり活発でない。

> **コラム　指定都市制の問題点**
>
> 本文中にも記した通り，「指定都市」の地方自治法上の定義は，「政令で指定する人口50万以上の市」（自治法252条の19）で，他に特別の要件は規定されていません。しかしそれ以上に奇妙なのは，中核市や特例市の場合には指定に必要な手続き（市議会や都道府県議会の議決など）が法的に規定されているにもかかわらず，指定都市への移行については，そうした規定が

一切存在しないことです（その背景には，この制度が，旧五大市の指定を特に想定して作られたものだったことがあるでしょう）。

　最近のさいたま市の例では，3市合併による市の成立後，市議会と県議会での意見書議決・総務大臣への要望書提出といった手続きを経て，閣議決定から政令の公布に至るという流れでした。しかしこれらはあくまでも慣行に従ったに過ぎないため，手続きの中で国による裁量が入り込む余地が大きく，その不透明さが指摘されています。

　そもそも，現在「指定都市」制によって行われているような重大な自治体の組織変更（区の設置など）を，特別法でなく政令によって行うことには，憲法の趣旨から見ても疑問があります。憲法95条には「一の地方公共団体のみに適用される特別法は，法律の定めるところにより，その地方公共団体の住民の投票においてその過半数の同意を得なければ，国会は，これを制定することができない」という規定がありますが，「政令」による指定を行うことで，ここで義務付けられた住民投票が回避される仕組みになっているからです。これは，住民自治の原理を空洞化するものではないでしょうか。

　その他にも指定都市制は，内部に設けられる「区」には公選区長も区議会も設置されない点など，様々な問題点・矛盾を抱えています。最近の市町村合併の動きの中で，やみくもに指定都市を目指す動きが散見されますが，疑問と言わざるを得ません。

参考文献

原田直彦『地方自治の法としくみ（新版）改訂版』（学陽書房，2005年）
室井力・原野翹編『新現代地方自治法入門（第二版）』（法律文化社，2003年）
初村尤而『政令指定都市・中核市と合併——そのしくみ・実態・改革課題』（自治体研究社，2003年）
後藤光男・猪股弘貴編著『憲法』（敬文堂，1999年）
兼子仁『新　地方自治法』（岩波新書，1999年）
松下圭一『日本の自治・分権』（岩波新書，1996年）
別冊ジュリスト168号『地方自治判例百選（第三版）』（有斐閣，2003年）
ジュリスト増刊『あたらしい地方自治・地方分権』（有斐閣，2000年）

（平岡　章夫）

第4講

地方公共団体の組織 (1)——議　会

●本講の内容のあらまし

　日本国憲法93条1項は，地方公共団体について，「法律の定めるところにより，その議事機関として議会を設置する」ことを義務付け，憲法93条2項は，その議会の議員は「その地方公共団体の住民が，直接これを選挙する」ことを要請している。これを受けて地方自治法89条に地方公共団体の議会設置が明記されているが，まず，①議会の組織やその構成員たる議員について整理し，②議会の権限を通して議会の機能を概観し，③議会活動のありかたに触れた後に，④国会と比較しながら地方公共団体の議会の性格を考察していく。

第1節　議会の組織

1　議会の設置

　地方公共団体には，住民が直接選挙で選出する（自治法17条）議員で構成される議事機関としての議会が設置される（自治法89条）。このように，地方自治法は，間接民主制を基本とするが，技術的に直接民主制の実現が可能である町村について，その可能性を否定していない。すなわち，地方自治法94条は「町村は，条例で，第89条の規定にかかわらず，議会を置かず，選挙権を有する者の総会を設けることができる」と規定し，その場合は，町村の議会に関する規定を準用する（自治法95条）としている。但し，現在，町村総会が設置されている地方自治体は存在していない。確かに，間接的な議

会よりも町村総会の方が、住民自治の実現において、より直接的な形成過程の参加が見込まれるかもしれないが、広汎、複雑かつ専門的な行政の議決に住民がそのつど参加するのは、住民の規模が少なくても事実上は困難であろう。

2 議会の議員

　地方公共団体の議会の議員の被選挙権は、「普通地方公共団体の議会の議員の選挙権を有する者で年齢満25年以上のもの」（自治法19条1項）で選挙権は「日本国民たる年齢満20年以上の者で引き続き3箇月以上市町村の区域内に住所を有するもの」（自治法18条）とされている。

　議員は、①衆議院議員又は参議院議員（自治法92条1項）、②他の地方公共団体の議員（自治法92条2項）、③地方公共団体の常勤の職員（自治法92条2項）、④地方公共団体の長（自治法141条2項）、⑤行政委員会等の委員（例えば、都道府県公安委員会の場合の警察法42条2項や教育委員会の場合の地方教育行政の組織及び運営に関する法律6条等）、⑥裁判官（裁判所法52条）等との兼職が禁止され、また、当該普通地方公共団体に対し請負をする者及びその支配人又は主として同一の行為をする法人の無限責任社員、取締役、執行役若しくは監査役若しくはこれらに準ずべき者、支配人及び清算人たることができない（自治法92条の2）と兼業が禁止されている。

　議員の任期は4年で（自治法93条）、国会における衆議院の憲法7条解散のように地方公共団体の長の政治的判断で解散がなされることはない。

　議員の身分が喪失されるケースとしては、任期の満了の場合を除くと、①議員の辞職（自治法126条）、②選挙の無効又は当選無効の確定、③兼職を禁止された職への就職した場合いずれかの職の失職、④兼業禁止規定に該当していると議会に決定された場合、⑤被選挙権の喪失（自治法127条1項）、⑥議員定数の8分の1以上の者の発議により、議会の議員の3分の2以上の者が出席し、その4分の3以上の者の同意を得た懲罰である除名（自治法135条）、⑦住民（選挙権者）による議員の解職請求の成立（自治法80, 83条）、

⑧住民（選挙権者）による議会の解散請求の成立（自治法76，78条），⑨長による議会の解散（自治法178条1項），⑩議会の自主解散（地方公共団体の議会の解散に関する特例法），⑪廃置分合による地方公共団体の消滅（もっとも，議員の在任期間については市町村合併特例法7条等により配慮がなされている），⑫議員の死亡が挙げられる。

　また，議員の定数についてであるが，平成11（1999）年の地方自治法改正までは，地方自治法自身が人口区分に従って，段階ごとに定数を定める「法定定数制度」が維持されてきた（自治法旧90条1項，旧91条1項）。従って，地方公共団体は，いわゆる「定数減数条例」を制定して定数削減のみを行うことが出来るとされていた（自治法旧90条3項，旧91条2項）。

　しかし，地方公共団体の権限を拡大させて自主性・主体性を発揮させる観点から，地方分権一括法による地方自治法改正により，議員定数は各地方公共団体が条例で定める「条例制定制度」へと変更がなされ，平成15（2003）年1月1日から施行された。もっとも，改正施行後においては，地方公共団体の議会は，必ず，議員定数を条例で定めなければならないのであるが，地方自治法において人口区分ごとの定数の上限数（自治法90条2項，91条2項）が設けられており，全くの自由に定数が条例で定められる訳ではない。

第2節　議会の権限

1　議決権

　民主的に選出された地方公共団体の議会の権限において特に重要な内容は，議決事件について議決権を行使して地方公共団体の団体意思を決定することである。議決事件とは議会の議決事項のことで，地方自治法96条1項に列挙された15項目，ならびに法定受託事務に係るものを除いた条例で定められた地方公共団体に関する（自治法96条2項）事項を指す。

　すなわち，具体的内容は以下の通りである。

① 条例を制定して改廃すること
② 予算を定めること
③ 決算を認定すること
④ 地方税の賦課徴収又は分担金，使用料，加入金若しくは手数料の徴収に関すること
⑤ その種類及び金額について政令で定める基準に従い条例で定める契約を締結すること
⑥ 条例で定める場合を除くほか，財産を交換し，出資の目的とし，若しくは支払手段として使用し，又は適正な対価なくしてこれを譲渡し，若しくは貸し付けること
⑦ 不動産を信託すること
⑧ その種類及び金額について政令で定める基準に従い条例で定める財産の取得又は処分をすること
⑨ 負担付きの寄附又は贈与を受けること
⑩ 権利を放棄すること
⑪ 条例で定める重要な公の施設につき条例で定める長期かつ独占的な利用をさせること
⑫ 普通地方公共団体がその当事者である審査請求その他の不服申立て，訴えの提起，和解，あっせん，調停及び仲裁に関すること
⑬ 法律上その義務に属する損害賠償の額を定めること
⑭ 普通地方公共団体の区域内の公共的団体等の活動の総合調整に関すること
⑮ その他法律又はこれに基づく政令（これらに基づく条例を含む）により議会の権限に属する事項
⑯ 条例で普通地方公共団体に関する事件（法定受託事務に係るものを除く）

これらの案件について議会が個別に地方公共団体の意思を形成することに

よって，執行機関の専断を防ぐ目的があると考えられる。但し，法令上等，専ら，やはり民主的に選出された長の権限により処理されるべき事項については，議決事件にすることは出来ないし，議決事件であっても，発案権が法令にいより長に専属するものについては修正権について限界があると解されている。例えば，予算については，予算を調製し，及びこれを執行することが長の専属するもの（自治法149条2号）であり，さらに，予算の増額修正の可否については，地方自治法97条2項が「議会は，予算について，増額してこれを議決することを妨げない」とする一方で，「但し，普通地方公共団体の長の予算の提出の権限を侵すことはできない」とも規定しているので，どのような修正権が長の予算提出権を侵害するのかの判断は難しい。

もっとも，議事事件も法定されている内容であり，執行機関が，議会の議決を経ないことは許されないし，議決を経ないでした行為をした場合は，議会が事後に追認的議決をしなければ，法律上無効とされる。

2 選挙権

普通地方公共団体の議会は，法律又はこれに基く政令によりその権限に属する選挙を行わなければならない（自治法97条1項）とされている。選挙権の具体的内容は，議長や副議長の選挙（自治法103条1項）という内部組織に関するものと，選挙管理委員及び補充員の選挙（自治法182条1項・2項）というような議会の外部の構成員に関するものがある。

なお，議会における選挙は広義の「議事」に該当するので定足数を欠く選挙は無効になるが，議決事件についての表決とは異なり，議長の議員としての投票権を否定しない。

3 監視権

地方公共団体の権限の監視権としては，「当該普通地方公共団体の事務（自治事務にあつては地方労働委員会及び収用委員会の権限に属する事務で政令で定めるものを除き，法定受託事務にあつては国の安全を害するおそれがあるこ

とその他の事由により議会の検査の対象とすることが適当でないものとして政令で定めるものを除く。）に関する書類及び計算書を検閲し，当該普通地方公共団体の長，教育委員会，選挙管理委員会，人事委員会若しくは公平委員会，公安委員会，地方労働委員会，農業委員会又は監査委員その他法律に基づく委員会又は委員の報告を請求して，当該事務の管理，議決の執行及び出納を検査することができる」（自治法 98 条 1 項）という検査権と，監査委員に対し，当該地方公共団体の事務に関する監査を求め，監査の結果に関する報告を請求することができる（自治法 98 条 2 項）という監査請求権が挙げられる。これらの権限は，共に住民の直接選挙で選出された民主的な議会と長の相互の牽制と，均衡と調和の考え方に基づくものであり，議会に優越的な監督権を認めたものではないが，執行機関の事務の執行をチェックするという議会の監視的機能は重要であるといえる。

　また，これらの直接的な監視的機能のみならず，その地方公共団体の事務の執行状況に関する「事務調査」等を内容とする議会の「調査権」（自治法 100 条），議会の常任委員会がその部門に属する当該地方公共団体の事務に関する調査を行なう事務調査権（自治法 109 条 3 項），長が選任する副知事及び副市町村長の議会の「同意権」（自治法 162 条），長の専決処分の承認（自治法 179 条 3 項）での「承認権」や，職を失わせるという手段で監視的機能を実現するという長に対する「不信任決議権」（自治法 178 条）等も広い意味では議会の監視的機能を果していると考えられる。

4　意見表明権

　意見表明権とは，民主的な地方公共団体の議会が，一定の事項について，機関としての意思や見解等を表明する権限である。具体的には，当該普通地方公共団体の公益に関する事件につき意見書を国会又は関係行政庁に提出することができる（自治法 99 条）という「意見書提出権」，長の諮問に対しての「諮問答申権」（自治法 229 条 4 項，243 条の 2 第 12 項），また，具体的な民意を広く行政に反映させるための請願を受理する権限（自治法 124 条）等が

その内容となる。

　尚，請願と似て非なるものとして陳情があるが，地方公共団体への要望という点では共通点があるが，こちらは単なる事実行為であり，法的な拘束力を持たない。しかし，請願が，執行機関により必ず処理されるという法的拘束力を持つものでないことや，一定の様式と手続が定められている点で陳情の方が住民にとって身近な行為である側面は否定できない。また，地方自治法109条4項は「常任委員会は，その部門に属する当該普通地方公共団体の事務に関する調査を行い，議案，陳情等を審査する」と規定し，結局のところ，陳情も請願と同じように処理される旨を多くの議会が会議規則で定めているようである。

　さらに，近年，議会への請願や陳情とは別に執行機関のなかに，学者などの専門家を配した市民オンブズマンを設置する地方公共団体が増えている。いわば，議会の陳情や請願の処理機能とは別の執行機関による市民からの苦情処理等を含む陳情窓口的役割であるが，両者の区分や適切な役割分担が問題になろう。

5　自律権

　地方公共団体の議会にも，当然，自らその組織及び運営に関して，国家機関や地方公共団体の執行機関等からの関与を排除して，自立的に決定して処理し得る権限である「自律権」が認められる。

　具体的には，会議規則の制定権（自治法120条），会期の決定権（自治法102条6項），紀律権や懲罰権（自治法129条〜137条），自主解散権（地方公共団体の議会の解散に関する特例法1条・2条）等が挙げられる。

第3節　議会の活動

　議員の集合によって構成される合議体である議会は招集によって活動を開始する。議会の招集の権限は地方公共団体の長に属する（自治法101条1

項)。議会の会期には，毎年，4 回以内において条例で定める回数招集される定例会と必要がある場合においてその事件に限り招集される臨時会がある（自治法 102 条）。また，議会運営委員会の議決を経た議長や議員定数の 4 分の 1 以上の議員は，会議に付議すべき事件を示して臨時会の招集を請求することができる（自治法 101 条 2，3 項）。

そして，議員の中から選挙で選ばれた（自治法 103 条 1 項）議会の議長は，議場の秩序を保持し，議事を整理し，議会の事務を統理し，議会を代表する（自治法 104 条）というように議会の議事の運営は議長が主宰する。

本会議は，議員の定数の半数以上の議員が出席しなければ，会議を開くことができない（自治法 113 条）とされ，原則公開の議事について議長又は議員 3 人以上の発議により，出席議員の 3 分の 2 以上の多数で議決したときは，秘密会を開くことができる（自治法 115 条）とされている。

また，議会の活動は，構成員全員をもって構成される本会議を中心として営まれるが，議会運営を効率且つ専門的な審議事項に対応させるために内部組織として部門ごとに条例で委員会を置くことが認められている。すなわち，議員が任期中在任する常任委員会（自治法 109 条），特定の事件を審査する特別委員会（自治法 110 条）及び議会の運営に関する事項等を審査する議会運営委員会（自治法 109 条の 2）である。なお，これらの委員会は，予算を除いて，議会の議決すべき事件のうちその部門に属する当該普通地方公共団体の事務に関するものにつき，議会に議案を提出することができる（自治法 109 条 7 項・109 条の 2 第 5 項および 110 条 5 項）。

さらに，2006 年（平成 18 年）の地方自治法改正により，議会の思索立案能力を高めるために，議会は，議案の審査又は当該普通地方公共団体の事務に関する調査のために必要な専門的事項に係る調査を学識経験を有する者等にさせることができるようになった（自治法 100 条の 2）。

第4節　議会の性格

　地方公共団体の議会は，その住民から民主的に選出された議員により構成され，条例を制定し予算を審議し，一定の自律権を確保して，広い権限を持つ調査権が認められているように，立法機関である国会とその役割が非常に似ている。しかし，立法作用以外の執行機関についての監視的権限など多くの行政的機能を担っている点で立法機関ではなく議事機関であるとされる。

　また，やはり，民主的に選出された長とは対等の関係に立ち，議会は執行機関に対して包括的な監督権を持つことではなく，相互の抑制均衡のうえで法定された権限を分担されることが予定されている。つまり，議決事件について地方公共団体の意思を形成するのであるが，政治的，美称的にも地方公共団体の最高機関たる性格は認められない。

> **コラム　百条調査権**
>
> 　国会における「国政調査権」（憲法62条）と対比される地方公共団体のいわゆる百条調査権は，地方自治法100条に調査権の規定があることからそのように呼ばれている。議会が調査権を行使するには議決が必要で，その範囲は地方公共団体の事務に関するものでなければならない（自治法100条1項）。但し，その権限は強力且つ広範なもので，調査権の行使としては，関係者の出頭や証言，記録の提出などを求めることができ，正当な理由なしに拒否した者には処罰規定まで設けられている（自治法100条3項）。調査権は，より具体的には，現に議題になっている問題の基礎資料の収集等のための調査である「議案調査」，当該地方公共団体の事務の対象になる世論的にも注目されているような事件の実情を明らかにする調査である「政治調査」，及びその他地方公共団体の重要な事務の執行状況に関する調査である「事務調査」に分類できる。つまり，百条調査権は，議会の権限としては，通常，監視権に分類されるものであるが，その権限は，執行機関に対する監視作用のみならず，議会が議決を行なう際の補助作用，さらには住民の世論を喚起したり住民の知る権利に対応する作用なども含まれていると考えられる。もっとも，百条調査権はその範囲が広範であるために，

政治的，党派的利害の対立に利用されたり，百条委員会が設置されても具体的な内容が不明のままに終ってしまう危険性も否定できない。今後に於いて，百条調査権が，より実質的に機能するように期待されることも，また，「国政調査権」に類似していると言えるかもしれない。

参考文献
原田尚彦『新版地方自治と法のしくみ』（学陽書房，2005年）
松本英昭『要説地方自治法［第5次改訂版］』（ぎょうせい，2007年）
田中二郎『行政法総論』法律学全集6（有斐閣，1957年）
妹尾克敏『新地方自治法の解説』（一橋出版，2005年）
川崎政司『地方自治法基本解説第3版』（法学書院，2008年）

（三浦　一郎）

第5講

地方公共団体の組織 (2)——長

●本講の内容のあらまし

　地方自治法96条は，地方公共団体の意思決定機関である議会の議決すべき事項を限定列挙しているが，これらの議会の意思決定した事項の執行のみならず，自らの権限に属する事項について意思決定をし，執行するという実際の地方公共団体のしごとを担当する行政機関が地方公共団体の執行機関であるといえる。地方自治法138条の2は「普通地方公共団体の執行機関は，当該普通地方公共団体の条例，予算その他の議会の議決に基づく事務及び法令，規則その他の規程に基づく当該普通地方公共団体の事務を，自らの判断と責任において，誠実に管理し及び執行する義務を負う」と執行機関の義務を明記している。そして，地方公共団体の執行機関の組織は，普通地方公共団体の長の所轄の下に，それぞれ明確な範囲の所掌事務と権限を有する執行機関によって，系統的にこれを構成される（自治法138条の3　1項）というように，地方自治法は長による執行機関全体の一体的運営の確保を予定している。

　本講では，①長の地位と執行機関の関係に触れ，②長の権限を具体的に概観し，③地方公共団体の執行機関の内部機関について説明し，④互いに民主的に選出された長と議会との関係について考察していきたい。

第1節　長の地位

1　長の地位

都道府県には知事が，市町村には市町村長が，というかたちで地方公共団

体には長が置かれ（自治法139条），長は，住民からの直接選挙において選出され（憲法93条2項，自治法17条），その任期は4年とされている（自治法140条）。この点，長の多選による弊害を是正するために，首長選における公約のレヴェルを越えて，条例による多選禁止の検討が，一部，なされているが，被選挙権の保障等の関係で条例による規制については問題も指摘されている。

　長の被選挙権は，都道府県知事にあっては年齢満30歳以上，市町村長にあっては年齢満25歳以上の，それぞれ，日本国民に与えられる（公職選挙法10条4項・6項，自治法19条2項・3項）。この点，長については，被選挙権の要件としてその地方公共団体の住民であることが議員の場合（自治法19条1項）と違って求められていない。

　また，長は，衆議院議員，参議院議員，地方公共団体の議会の議員また常勤の職員等との兼職は禁止され（自治法141条），一定要件を満たした第三セクター以外の当該地方公共団体に関連する諸企業の役員に就任するといった兼業も禁止されている（自治法142条）。

　長の身分が喪失されるケースとしては，①任期の満了（自治法140条），②退職（自治法145条），③選挙の無効又は当選の無効の確定，④兼職を禁止された職への就職，⑤兼業禁止規定への該当，⑥被選挙権の喪失（自治法143条1項），⑦住民（選挙権者）の総数の3分の1の数（平成14年度改正からは，その総数が40万を超える場合にあっては，その超える数に6分の1を乗じて得た数と40万に3分の1を乗じて得た数とを合算して得た数）についての解職の請求がなされ，住民の投票の結果，過半数の同意があった場合の罷免（自治法81条，83条），⑧議会による不信任決議による失職，⑨廃置分合による地方公共団体の消滅，⑩死亡，が挙げられる。

2　長と執行機関の関係

　国の統治機構が，議院内閣制であるのに対して，地方公共団体においては，長も議員も共に住民によって直接選挙で選出されるといういわば大統領

制が採用されている（もっとも両者の関係はアメリカの大統領制度とはかなり違う点に留意すべきである）。

　そして，長と地方公共団体の執行機関との関係は，第一に，地方公共団体の執行機関は，普通地方公共団体の長の所轄の下に，それぞれ明確な範囲の所掌事務と権限を有する執行機関によって，系統的にこれを構成しなければならない（自治法138条の3第1項）というように執行機関の組織構成が長を頂点とするピラミッド型の編成であることが原則とされている。

　第二に，地方公共団体の執行機関は，普通地方公共団体の長の所轄の下に，執行機関相互の連絡を図り，すべて，一体として，行政機能を発揮するようにしなければならない（自治法138条の3第2項）というように長を頂点にしつつ執行機関の総合性の確保がなされている。

　第三に，地方公共団体の長は，当該普通地方公共団体の執行機関相互の間にその権限につき疑義が生じたときは，これを調整するように努めなければならない（自治法138条の3第3項）というように首長に各機関における権限についての不明な場合の責務としての総合調整権を認めている。

　このように，地方自治法は，首長制をたてまえに，地方行政の総合性を長を頂点に確保し責任の所在を明らかにし，長を地方公共団体を代表する最高の執行機関としている。

　但し，地方行政の事務のなかには，公正な科学的判断，専門的知識，また，政治的中立性が確保されて実施されることが望ましいものもあり，首長から職務上独立した法定による委員会ないし委員をおくものとしている（自治法138条の4第1項）。このように，行政の事務を独立したいくつかの執行機関に分掌させて，それぞれの判断と責任で処理させるしくみを執行機関の多元主義という。

第2節　長の権限

1　地方公共団体の事務の処理

　地方公共団体の長は，地方公共団体を統轄し，これを代表し（自治法147条），地方公共団体の事務を管理し及びこれを執行する（自治法148条）権限を有する。このことは，法令等によって他の執行機関等の権限とされていない広範な地方公共団体の事務について長が自らの権限で処理することが出来るという首長制の特徴であると云える。

　地方自治法149条は長の担当すべき事務を次のように概括的に列挙している。

① 普通地方公共団体の議会の議決を経べき事件につきその議案を提出すること
② 予算を調製し，及びこれを執行すること
③ 地方税を賦課徴収し，分担金，使用料，加入金又は手数料を徴収し，及び過料を科すること
④ 決算を普通地方公共団体の議会の認定に付すること
⑤ 会計を監督すること
⑥ 財産を取得し，管理し，及び処分すること
⑦ 公の施設を設定し，管理し，及び廃止すること
⑧ 証書及び公文書類を保管すること
⑨ 前各号に定めるものを除く外，当該普通地方公共団体の事務を執行すること

　また，長は，補助機関たる副知事又は副市町村長を議会の同意を得て選任し（自治法162条），会計管理者やその他の職員を任免して指揮監督する（自治法154条）権限も有する。

第3節　補助機関

1　副知事・副市町村長

　地方公共団体の長の補助機関とは，法的には長の内部的機関であり，長が権限に属する事務を管理執行をするにあたってこれを補助する行政機関のことである。

　そして，いわば最高位の補助機関として，地方自治法は，都道府県に副知事を，市町村に副市町村長を置くものとし（自治法161条1項），その定数は条例で定められる（自治法161条2項）。

　副知事及び副市町村長は，普通地方公共団体の長が議会の同意を得てこれを選任する（自治法162条）とされ，発案権は長に専属するものであり，議会に認められるのは同意か不同意であり，修正権は認められない。

　副知事及び副市町村長の職務は，①長の補佐，②長の命を受け政策及び企画をつかさどること，③その補助機関である職員の担任する事務を監督，④自治法152条の規定により，長に事故があるとき，又は長が欠けたときにその職務を代理すること，⑤長の権限に属する事務の一部について，委任を受け，その事務を執行すること（自治法167条）である。つまり，副知事及び副市町村長は長に事故があった場合は法定により，長期間にわたる出張のような場合はもちろん，通常においても長の委任で，長の職務を代理することになるが，行政の一体性と統一性を確保される。

　なお，副知事及び市町村長の任期は，4年であるが，長は，任期中においても解職することができる（自治法163条）。それは，副知事及び副市町村長の職務内容が，いわば，長と二人三脚なものであり，長との信頼関係がなくしては成り立たないものであると考えられるからである。

2　会計管理者

　2006年（平成18年）の地方自治法改正により，都道府県と市町村に，そ

れぞれ置かれていた出納長および収入役は廃止され，普通地方公共団体には会計管理者が一人を置かれることとなった（自治法168条）。廃止の理由としては，出納事務の電算化の発達や監査制度の定着により，特別職たる出納長および収入役によらずとも適正な会計事務の確保されるようになったことが挙げられるが，その職務自体に大きな変化はない。

　すなわち，会計管理者の職務は，当該地方公共団体の会計事務であり（自治法170条1項），次のような事務が例示されている（自治法170条2項）。

① 　現金（現金に代えて納付される証券及び基金に属する現金を含む。）の出納及び保管を行うこと
② 　小切手を振り出すこと
③ 　有価証券（公有財産又は基金に属するものを含む。）の出納及び保管を行うこと
④ 　物品（基金に属する動産を含む。）の出納及び保管（使用中の物品に係る保管を除く。）を行うこと
⑤ 　現金及び財産の記録管理を行うこと
⑥ 　支出負担行為に関する確認を行うこと
⑦ 　決算を調製し，これを普通地方公共団体の長に提出すること

　なお，地方公共団体の長，副知事若しくは副市町村長又は監査委員と親子，夫婦又は兄弟姉妹の関係にある者は，会計管理者となることができず（自治法169条），在職中であっても要件が生じたときは，法律上当然にその職を失う（自治法169条2項）。

　もっとも，会計管理者は，普通地方公共団体の長の補助機関である職員のうちから，普通地方公共団体の長が任免（自治法168条2項）すればたり，議会の同意は必要ない。

　また，会計管理者の事務を補助させるため出納員その他の会計職員が置かれ（自治法171条1項），出納員その他の会計職員は，普通地方公共団体の長の補助機関である職員のうちから，普通地方公共団体の長により任免される（自治法171条2項）。

3　職員

　2006年（平成18年）の地方自治法改正まで，職員は吏員とその他の職員に分けられ，吏員は事務吏員と技術吏員に区別されていたが，人事の固定化を改めて適材適所化等を進める為に「職員」に一本化がなされた。

　職員は長により任免される（自治法172条2項）が，職員の定数は条例により定められ（自治法172条3項），職員に関する任用，職階制，給与，勤務時間その他の勤務条件，分限及び懲戒，服務，研修及び勤務成績の評定，福祉及び利益の保護その他身分取扱いに関しては，この法律に定めるものを除くほか，地方公務員法の定めるところによる（自治法172条4項）。

　また，地方公共団体は，学識経験者を常設又は臨時の専門委員を置くことができる（自治法174条）。

第4節　議会との関係

1　長と議会の関係

　地方公共団体の長と議会の議員は，それぞれ住民の直接選挙で選出され，独立して職務を遂行することが原則であるが，議会の議決する案件について長が議案を提出するように，それぞれの権限は均衡と調和によってなりたっており，事実上の共同作業である場合も多いといえる。例えば，長は説明のため議長から出席を求められたときは，議場に出席しなければならない（自治法121条）とされているが，このことは，議会の会期中に長をはじめとする執行機関の重要な役割を持つ職員等が議場に出席する義務を課すものではないが，事実上は法定の出席に限られていないといえよう。

　しかし，いずれか一方がその権限を越えて活動したり，双方の意思決定に違いが発生する場合は，相互の調整をしなければならない。つまり，お互いの適正なチェック機能の結果として，また，長と議会における与党が対立している場合においては，あらゆる局面において強制的に相互の抵触を解決しなければならない。

地方自治法は，長と議会が相互に相手方の活動を牽制する関係について，①再議又は再選挙に関する制度，②長の不信任に関する制度，③長の専決処分に関する制度という三つの規定を置いている。

2 再議又は再選挙に関する制度（長の拒否権）

再議又は再選挙に関する制度とは，議会がいったん議決または選挙した事項について，長が再度の議決又は選挙を求めることが出来る事実上の拒否権制度である。

長の拒否権には，任意的な付再議権である一般的拒否権と，異議の意思以外にも特別の要件を必要としながらも義務的な付再議権である特別的拒否権と財産上の拒否権がある。

① 一般的拒否権

地方自治法176条1項は「普通地方公共団体の議会における条例の制定若しくは改廃又は予算に関する議決について異議があるときは，当該普通地方公共団体の長は，この法律に特別の定があるものを除く外，その送付を受けた日から10日以内に理由を示してこれを再議に付することができる」と一般的拒否権を規定している。

再議に付された議決は当該議決の時に遡って，その一部分だけでなく全体が，その効力を有しないことになる。

但し，具体的な異議の理由が示されていなければならないし，議会の再議の結果，出席議員の3分の2以上の者の同意（自治法176条3項）で議会の議決が再議に付された議決と同じ議決がなされると，その議決は，確定する（自治法176条2項）ことになり，長はこれに従わざるを得ない。

なお，同意が得られない場合は議案は廃案になる。

② 特別的拒否権（違法な議決又は選挙に関する再議又は再選挙）

長は，議会の議決又は選挙が単に不当であるというのに留まらず違法であるとの判断をした場合は，議決された事項の執行をすることはより問題であるので，議会の議決又は選挙がその権限を超え又は法令若しくは会議規則に

違反するとの理由を示して，議会に対して再議に付し又は再選挙を行わせなければならない（自治法176条4項）。

それでも，議会の議決（この場合は特別多数決による必要はない）又は選挙がなおその権限を超え又は法令若しくは会議規則に違反すると長が判断する場合は，都道府県知事にあつては総務大臣，市町村長にあつては都道府県知事に対し，当該議決又は選挙があつた日から21日以内に，審査を申し立てることができる（自治法176条5項）とされ，審査の結果，議会の議決又は選挙がその権限を超え又は法令若しくは会議規則に違反すると総務大臣又は都道府県知事が認めるときは，当該議決又は選挙を取り消す旨の裁定をすることができる（自治法176条6項）と規定されている。

この点，長と議会は，双方とも，その裁定に不服がある場合は裁定のあった日から60日以内に，裁判所に出訴することができる（自治法176条7項）。この訴訟は，本来的には，当該地方自治体の長と議会が当事者であるはずであるが，裁定庁（この場合は総務大臣又は都道府県知事）を被告とする行政事件訴訟法の取消訴訟の規定が準用され（行政事件訴訟法43条1項），一種の機関訴訟ということになる。

なお，もし長が再議の手続をとらずに漫然違法な議決を執行したとしたらどうなるだろうか，この場合は，長にも執行責任者としての法的責任が発生すると考えられる。なぜなら，一連の地方自治法176条の長に与えられた単なる執行機関以上の権限は，いやしくも地方公共団体の長が違法な事務を処理することがないことを期されているものであり，その責任を果たしていないと考えられるからである。

③ 財産上の拒否権

地方自治法177条は，財産上の拒否権として，(i)収支執行不能議決に対する再議，(ii)義務費の削除・減額議決に対する再議，(iii)非常災害対策又は感染症予防費の削除減額議決に対する再議の3種類の付再議権を定めている。

(i) 収支不能議決に対する再議

長は，議会が収入又は支出に関し執行することができないものがあると判

断できるような議決をした場合は、理由を示してこれを再議に付さなければならない（自治法177条1項）。なお、議会が、再度、同じ議決をした場合については、長はもはや法的に対処する手段はなく、当該議決は有効に成立する。

　(ii)　義務費の削除減額議決に対する再議

　長は、議会が、生活保護費や国道の維持管理費等の法令により負担する経費、都市計画分担金等の法律の規定に基き当該行政庁の職権により命じられる経費、教育事業委託金や損害賠償金等のその他の普通地方公共団体の義務に属する経費について削除し又は減額する議決をしたときは理由を示してこれを再議に付さなければならない（自治法177条2項1号）。この点、生活保護費など住民福祉に必要な最低限度の経費が議会の判断とはいえ削減または減額されると住民福祉の実現は非常に困難になるので、議会の議決がなお経費を削除し又は減額したときには、長は、その経費及びこれに伴う収入を予算に計上してその経費を支出することができる（自治法177条3項）。このことを原案執行権と言う。

　(iii)　非常災害対策又は感染症予防費の削除減額議決に対する再議

　長は、議会が、非常の災害に因る応急若しくは復旧の施設のために必要な経費又は感染症予防のために必要な経費について削除し又は減額する議決をしたときは、理由を示してこれを再議に付さなければならない（自治法177条2項2号）。そして、このような費用は、通常の義務費と違って緊急性がある非常費であり、長と議会の対立に政治的に利用されることが、他の拒否権のケースと比してもより問題がある。そこで、長は、議会の議決がなお同号に掲げる経費を削除し又は減額したときは、その議決を不信任の議決とみなすことができる（自治法177条4項）とし、議会解散という対抗策を講じて、最終的には住民の民意に訴えることも可能である。

3　長の不信任に関する制度

　地方公共団体の執行機関たる長と議決機関たる議会は、共に民主的正当性

を有し，独立した立場で，相互に牽制し均衡と調和の下で運営が期待されるものであるが，両者の対立が話し合い等のレベルでもはや解決しなくなった場合等に，議会側には，長を信任しないという意思表示と共に首長を失職させる権限である不信任決議権が認められている。すなわち，議会は，議員数の3分の2以上の出席による，その4分の3以上の，同意で長の不信任の議決をすることが出来る（自治法178条1・3項）。

　これに対して，長は，不信任の議決の通知を受けた日から10日以内に議会を解散することができる（自治法178条1項）というように対抗手段として議会解散権が認められ，判断の決着を，選挙を通じて，住民の民意に委ねる機会が与えられている。

　但し，長が，通知を受けて10日以内に議会を解散しないときはその期間が経過した日に，又はその解散後初めて招集された議会において議員数の3分の2以上の者が出席し，その過半数の同意で再び不信任の議決があり，議長からその通知があったときは，その通知があつた日において，長はその職を失う（自治法178条2・3項）。

4　長の専決処分

　専決処分権とは，議会が議決すべき事件等に関して，必要な議決等をしない場合や，議会が解散中であったりして議会が成立しないとき，長が議会の議決すべき事件について特に緊急を要するため議会を招集する時間的余裕がないことが明らかであると認めるとき，または，議会において議決すべき事件を議決しないときに，補充的手段として，長が議会に代ってそれらの処分を行なうことが出来ることである（自治法179条）。つまり，専決処分は，法律の規定により，長が，法令上，議会の議決事項とされている内容について議会の議決を経ないで処分することであると言える。

　また，簡易な事項に関しては，議会の行政事務の処理上の便宜を図るために議会の委任による専決処分も認められている（自治法180条）。

コラム　長が事実上職務遂行不能になった場合

　2000年4月に，当時の小渕恵三首相が脳梗塞による昏睡という事実上の職務不能の状態になった時に，内閣法9条の「臨時に内閣総理大臣の職務を行なう」ことになる国務大臣の事前の指定が明確なかたちで行なわれていなかったことや憲法70条の「内閣総理大臣が欠けたとき」を根拠に内閣総辞職が行われたこと等が問題になった。

　この問題を地方公共団体の長の場合にあてはめてみるとどうだろうか。まず，代理を行なうものについては，地方自治法152条により首長に事故があった場合について副知事又は副市町村長がその職務を代理することが法定されているので，内閣総理大臣の場合の「あらかじめの指定」が問題になることはない。

　しかし，長が死亡しない限りはその地位が喪失することはなく，一身専属制の強い退職の申出を副知事等が行なうことは許されないと考えられる。

　そうであるとすると，長の事故が一時的なものでなく，自ら意思表示が不可能で，且つ，任期中に回復の見込みがないような場合でも，法律的には長の任期中は副知事などの代理権者が職務を代理することになる。

　しかし，長の職務の重要性や民主的正当性を考えると，長期の任期が残っているような場合について，そのような建前でよいかは疑問である。

　確かに，議会での不信任の議決など知事をやめさせる手段は他にもあるが，やはり，長が，意思能力を失って回復の見込みがないような場合については地方自治法184条の2における選挙管理委員の罷免のように，適正な手続により失職させることが明記された法律が必要であろう。

参考文献

原田尚彦『新版地方自治と法のしくみ』(学陽書房，2005年)
松本英昭『要説地方自治法［第5次改訂版］』(ぎょうせい，2007年)
田中二郎『行政法総論』法律学全集6 (有斐閣，1957年)
妹尾克敏『新地方自治法の解説』(一橋出版，2005年)
川崎政司『地方自治法基本解説第3版』(法学書院，2008年)

(三浦　一郎)

第6講

地方公共団体の組織 (3)——行政委員会等

●本講の内容のあらまし

　地方公共団体の事務はその長が統括し，事務権限の統合性が保たれているが，地方公共団体の執行機関には，長のもとに集約されたもの以外にも，法律の定めるところにより設置された執行機関たる委員会及び委員がある。このように，わが国の地方自治制度は，執行機関がひとつの機関に集中されることなく，特定の行政機能については特別の執行機関が設けられるという行政機関の多元主義が採用されている。

　通常このような長を頂点とする執行機関と補助機関の体系から独立した職務権限を行使する委員会及び委員のことを行政委員会といい，地方公共団体のみならず国にも同様の制度が存在している。

　ではなぜ，長から独立した行政委員会を定める必要性があるのだろうか。行政委員会制度の役割や問題点に触れた後に個別の行政委員会について概観したい。

　また，混同しやすい審議会，調査会，審査会といわれる附属機関との違いにも言及する。

第1節　行政委員会の概要

1　行政委員会の役割と特徴

　行政委員会制度の原型は，18世紀のアメリカの銀行委員会等であるとされるが，多義にわたる地方公共団体の事務のうちには必ずしも長の指揮監督の下で行なうことが適切ではない事務が存在する。例えば，住民の直接選挙

で選出され次期選挙にも立候補する可能性がある長が公職選挙の管理に関する事務の指揮監督にあたるのは公正・公平・中立性の見地から問題が生じよう。また，教育や人事等に関わる事務については政治的中立性や独断性の排除が要請されるだろうし，土地収用等の審判・裁定機能を持つものや漁業権のような利害関係の調整に関する事務は，中立公正さはもちろん，特殊な専門技術的判断が必要となる。

そこで，法は，地方公共団体の①政治的中立性及び独断性を排した公平・公正・中立性，②執行に関して専門技術的判断の必要性，③準司法的又は準立法的性格を有するような特有な事務について，長の部局から職務上独立した独立委員会といわれるような執行機関にあたらせるたてまえをとったのである（自治法138条の4）。

また，行政委員会は，長の指揮監督を受けることなく，合議制による（自治法199条11項等）独自の判断で事務を行なう執行機関であるのみならず，規則制定権も認められている（自治法138条の4第2項）。

但し，①普通地方公共団体の予算を調製し，及びこれを執行すること，②普通地方公共団体の議会の議決を経べき事件につきその議案を提出すること，③地方税を賦課徴収し，分担金若しくは加入金を徴収し，又は過料を科すること，④普通地方公共団体の決算を議会の認定に付すること，は行政委員会の権限ではない（自治法180条の6）。

また，長は，各執行機関を通じて組織及び運営の合理化を図り，その相互の間に権衡を保持するため，行政委員会の組織，事務局等に属する職員の定数又はこれらの職員の身分取扱について，行政委員会に必要な措置を講ずべきことを勧告することができ（自治法180条の4），行政委員会の予算の調製や執行，行政委員会の事務に関する議決案件の議会への提案などの権限を通して，間接的に行政委員会を事実上コントロールすることが可能である。

さらに，行政権力の集中の排除や，公正性の確保等の要請による行政委員会の役割を認めつつも，行政の合理化及び効率化等の見地から，行政委員会制度については批判もある。なるほど，事務内容の専門技術的判断の必要性

は長が事務を統括することと背理することではないし，行政委員会が合議制を採ることによって独断性は排除できても事務の公正性が確保される保証はない。また，手続の合議制をもってして行政の民主化の確保を標榜することにいたっては，そもそも長や議会の方が民主的正当性があり，民主的選出でない行政委員会の存在が行政の民主化と評価されることについては疑問をもたざるを得ない。

2　行政委員会の種類

　地方公共団体の執行機関たる委員会及び委員すなわち行政委員会は，法律の定めるところにより設置される（自治法138条の4第1項，180条の5）。具体的には，都道府県に設置されるものとして，①教育委員会，②選挙管理委員会，③人事委員会，④監査委員，⑤公安委員会，⑥地方労働委員会，⑦収用委員会，⑧海区漁業調整委員会，⑨内水面漁場管理委員会がある（自治法180条の5第1，2項）。

　また，市町村に設置されるものとしては，①教育委員会，②選挙管理委員会，③人事委員会又は人事委員会を置かない普通地方公共団体にあっては公平委員会，④監査委員，⑤農業委員会，⑥固定資産評価審査委員会がある（自治法180条の5第1，3項）。

第2節　教育委員会

　教育委員会は，「地方教育行政の組織及び運営に関する法律（以下，地方教育行政法）」により，学校その他の教育機関を管理し，学校の組織編制，教育課程，教科書その他の教材の取扱及び教育職員の身分取扱に関する事務を行い，並びに社会教育その他教育，学術及び文化に関する事務を管理し及びこれを執行する（自治法180条の8）。

　沿革的には，昭和23（1948）年の教育委員会法は教育行政の一般行政からの独立等を強調し，教育委員も公選制で選出されていたが，現行の地方教育

行政法においては5人の教育委員（条例で定めるところにより，都道府県若しくは指定都市又は地方公共団体の組合にあつては6人の委員，町村又は地方公共団体の組合のうち町村のみが加入するものにあつては3人）は，地方公共団体の長が，議会の同意を得て任命する（地方教育行政法4条）。

　また，教育委員の任期は4年（地方教育行政法5条）であるが，首長による委員が心身の故障のため職務の遂行に堪えないと認める場合又は職務上の義務違反その他委員たるに適しない非行があると認める場合の当該地方公共団体の議会の同意を得ての罷免（地方教育行政法7条），並びに住民による有権者の総数の3分の1（その総数が40万を超える場合にあつては，その超える数に6分の1を乗じて得た数と40万に3分の1を乗じて得た数とを合算して得た数）以上の者による委員の解職請求（地方教育行政法8条）が定められている。

第3節　公安委員会

　公安委員会は，「警察法」の定めるところにより，都道府県警察を管理する。具体的には，警察法38条3項で，「公安委員会は，都道府県警察を管理する」と規定されているほか，警察法で，警察本部長等の国家公安委員会の任免に対する同意（警察法50条1項），警察本部長の懲戒又は罷免に関する必要な勧告（警察法50条2項），警察庁または他の都道府県警察に対する援助要求（警察法60条）等の民意に関わる権限や，その他の法令の規定に基づく，例えば，運転免許の交付（道路交通法90条），風俗営業の許可（風営法3条），古物営業の許可（古物営業法3条），質屋営業の許可（質屋営業法2条），銃砲刀剣類等の所持許可（銃刀法4条），指定暴力団の指定（暴力団による不当な行為の防止等に関する法律3条）やストーカー行為等に対する禁止命令（ストーカー規制法5条）等の公正・中立が求められる権限を与えられている。

　また，公安委員は，その権限に属する事務に関し，法令又は条例の特別の

委任に基いて，都道府県公安委員会規則を制定することができる（警察法38条5項）とされ，国家公安委員会及び他の都道府県公安委員会と常に緊密な連絡を保つことが求められている（警察法38条6項）。

都及び指定都市の存在する道府県は5人，その他の県は3人とされる公安委員（警察法38条2項）は，当該都道府県の議会の議員の被選挙権を有する者で，任命前5年間に警察又は検察の職務を行う職業的公務員の前歴のないもののうちから，都道府県知事が都道府県の議会の同意を得て，任命される（警察法39条1項）。この点，破産者で復権を得ない者と禁錮以上の刑に処せられた者は委員となることはできず（警察法39条2項），委員の任命については，そのうち2人以上（都，道，府及び指定県にあつては3人以上）が同一の政党に所属することは認められない（警察法39条3項）。また，都道府県知事は，公安委員が心身の故障のため職務の執行ができないと認める場合又は委員に職務上の義務違反その他委員たるに適しない非行があると認める場合においては，当該都道府県の議会の同意を得て，これを罷免することができる（警察法41条2項）。

第4節　選挙管理委員会

選挙管理委員会は，法律又はこれに基づく政令の定めるところにより，当該普通地方公共団体が処理する選挙に関する事務及びこれに関係のある事務を管理する（自治法186条）。

4年の任期（自治法183条）で4人と定められた選挙管理委員（自治法181条2項）は，選挙権を有する者で，人格が高潔で，政治及び選挙に関し公正な識見を有するもののうちから，普通地方公共団体の議会において選挙によって選任される（自治法182条1項）。

また，選挙管理委員の失職については，従来は，①選挙権の喪失，②関係私企業との隔離規定への抵触，③公職選挙法違反等による欠格，という要件に該当するかは選挙管理委員会の自立的判断にのみ任せられていた（自治法

184条1項）が，平成3（1991）年の法改正により，議会は，選挙管理委員が心身の故障のため職務の遂行に堪えないと認めるとき，又は選挙管理委員に職務上の義務違反その他選挙管理委員たるに適しない非行があると認めるときは，議決によりこれを罷免することができる（自治法184条の2）こととなった。

第5節　監査委員

　監査委員は，地方公共団体の財務に関する事務の執行及び普通地方公共団体の経営に係る事業の管理を監査する（自治法199条1項）という「財務監査」のほか，必要があると認めるときは，地方公共団体の事務の執行の監査（自治法199条2項）という「行政監査」を行なう権限を持つ執行機関であるが，委員会と異なり，法定による合議制（例えば自治法242条8項，243条の2第9項）以外は各委員が権限を行使し得る。

　監査委員の定数は，都道府県及び人口25万人以上の市にあつては4人とし，その他の市及び町村にあつては2人とする。ただし，条例でその定数を増加することができる（自治法195条2項）。

　監査委員は，長が議会の同意を得て，①地方公共団体の財務管理，事業の経営管理その他行政運営に関し優れた識見を有する者と②議員の中から，これを選任し，議員のうちから選任する監査委員の数は，都道府県及び人口25万人以上の市にあつては2人又は1人，その他の市及び町村にあつては1人とするものとし（自治法196条1項），任期は識見を有する者のうちから選任される者にあつては4年とし，議員のうちから選任される者にあつては議員の任期による（自治法197条）。

　識見を有する者のうちから選任される監査委員の数が2人以上である普通地方公共団体にあつては，少なくともその数から1を減じた人数以上は，当該普通地方公共団体の常勤の職員の経歴を有さない者でなければならない（自治法196条2項）というように，OB職員の就任による馴れ合いを防いで

いる。

　長は、監査委員が心身の故障のため職務の遂行に堪えないと認めるとき、又は監査委員に職務上の義務違反その他監査委員たるに適しない非行があると認めるときは、議会の同意を得て、これを罷免することができるが、この場合においては、議会の常任委員会又は特別委員会において公聴会を開かなければならない（自治法197条の2第1項）。

　また、監査委員は、職務上知り得た秘密を漏らしてはならない（自治法198条の3第2項）。

　近年、特別職である出納長および収入役制度が廃止された分、益々、監査委員の役割への期待と責任は高まっていくものと思われる。

第6節　その他の委員会

1　人事委員会・公平委員会

　都道府県と政令で指定された人口50万以上の市である「指定都市」では人事委員会を（地方公務員法7条1項）、指定都市以外の人口15万以上の市及び特別区は人事委員会又は公平委員会を（地方公務員法7条2項）、人口15万未満の市、町、村及び地方公共団体の組合は公平委員会を、それぞれ条例で置かなければならない（地方公務員法7条3項）。

　人事委員会は、地方公務員法の定めるところにより、人事行政に関する調査、研究、企画、立案、勧告等を行い、職員の競争試験及び選考を実施し、並びに職員の勤務条件に関する措置の要求及び職員に対する不利益処分を審査し、並びにこれについて必要な措置を講じ（自治法202条の2第1項）、公平委員会は、やはり、地方公務員法の定めるところにより、職員の勤務条件に関する措置の要求及び職員に対する不利益処分を審査し、これについて必要な措置を講ずる（自治法202条の2第2項）。

　人事委員会又は公平委員会は、長が議会の同意を得て選任した（地方公務員法9条2項）4年の任期の（地方公務員法9条10項）3人の委員をもって組

織される（地方公務員法9条1項）。

　また，委員のうちの2人が，同一の政党に属する者となることとなってはならず（地方公務員法9条4項），長は，委員が心身の故障のため職務の遂行に堪えないと認めるとき，又は委員に職務上の義務違反その他委員たるに適しない非行があると認めるときは，議会の同意を得て，これを罷免することができるが，この場合においては，議会の常任委員会又は特別委員会において公聴会を開かなければない（地方公務員法9条6項）。

2　地方労働委員会

　地方労働委員会は，労働組合法等の定めるところにより，労働組合の資格の立証を受け及び証明を行い，並びに不当労働行為に関し調査し，審問し及び命令を発し，労働争議の斡旋，調停及び仲裁を行い，その他労働関係に関する事務を執行する（自治法202条の2第3項）。

　地方労働委員会は使用者を代表する「使用者委員」，労働者を代表する「労働者委員」及び公益を代表する「公益委員」の各同数をもつて政令で定められる各13人から5人で組織される（労働組合法19条の12第2項）。

　地方労働委員会は，都道府県知事の所轄の下に置かれ（労働組合法19条の12第1項），使用者委員は使用者団体の推薦に基づいて，労働者委員は労働組合の推薦に基づいて，公益委員は使用者委員及び労働者委員の同意を得て，都道府県知事により2年の任期で任命される（労働組合法19条の12第3項・4項による19条の5の準用）。

　また，都道府県知事は，委員が心身の故障のために職務の執行ができないと認める場合又は委員に職務上の義務違反その他委員たるに適しない非行があると認める場合には，地方労働委員会の同意を得て，その委員を罷免することができる（労働組合法19条の12第4項による19条の7の準用）。

3　農業委員会

　農業委員会は，農業委員会等に関する法律の定めるところにより，自作農

の創設及び維持，農地等の利用関係の調整，農地の交換分合その他農地に関する事務を執行するもので（自治法202条の2第4項），農地のない市町村には置かれない（農業委員会等に関する法律3条1項）。

農業委員は，一定面積以上の農地を耕作する農民等が選挙権・被選挙権をもつ（農業委員会等に関する法律8条）10人から40人の選挙によるところの選挙による委員（農業委員会等に関する法律7条）と，市町村長に選任された①農業協同組合及び農業共済組合が組合ごとに推薦した理事各1人と，②当該市町村の議会が推薦した農業委員会の所掌に属する事項につき学識経験を有する者5人以内の選任による委員がいる（農業委員会等に関する法律12条）。また，他の行政委員会のように兼職禁止規定がない。

農業委員の任期は3年（農業委員会等に関する法律15条）であるが，選挙による委員は農業委員会の委員の選挙権を有する者の2分の1以上の同意で解任され（農業委員会等に関する法律14条），選任による委員は推薦した団体又は議会から解任すべき旨の請求があつたときは解任される（農業委員会等に関する法律17条）。

4　収用委員会

収用委員会は，土地収用法の定めるところにより土地の収用に関する裁決その他の事務を行う（自治法202条の2第5項）。

収用委員会は，都道府県知事の所轄の下に（土地収用法51条），法律，経済又は行政に関してすぐれた経験と知識を有し，公共の福祉に関し公正な判断をすることができる者のうちから7人，都道府県の議会の同意を得て，都道府県知事より任命される（土地収用法52条3項）。

また，収用委員会には，就任の順位を定めて，2人以上の予備委員を置かなければならない（土地収用法52条2項）。

収用委員及び予備委員には，①破産者で復権を得ない者，②禁錮以上の刑に処せられ，その執行を終わるまで又はその執行を受けることがなくなるまでの者はなることができない（土地収用法54条）。

また，都道府県知事は，収用委員及び予備委員が，①収用委員会の議決により心身の故障のため職務の執行ができないと認められたとき，②収用委員会の議決により職務上の義務違反その他委員たるに適しない非行があると認められたときは，その収用委員及び予備委員を罷免しなければならない（土地収用法55条1項・2項）。

5　海区漁業調整委員会

　海区漁業調整委員会は，漁業法の定めるところにより漁業調整のため必要な指示その他の事務を行う（自治法202条の2第5項）。

　海区漁業調整委員会は，当該海区において漁業を営み又はこれに従事する者等から選挙された9人（指定海区では6人），学識経験がある者の中から都道府県知事が選任した者4人（指定海区では3人）及び海区内の公益を代表すると認められる者の中から都道府県知事が選任した者2人（指定海区では1人）の委員で組織される（漁業法85条3項）。

　海区漁業調整委員の任期は4年である（漁業法98条）が，都道府県知事は，特別の事由があるときは，選任した委員を解任することができる（漁業法100条）。

6　内水面漁場管理委員会

　内水面漁場管理委員会は，漁業法の定めるところにより漁業調整のため必要な指示その他の事務を行い（自治法202条の2第5項），当該都道府県の区域内に有する内水面における水産動植物の採捕及び増殖に関する事項を処理する（漁業法130条3項）。

　内水面漁場管理委員は，当該都道府県の区域内に存する内水面において漁業を営む者を代表すると認められる者，当該内水面において水産動植物の採捕をする者を代表すると認められる者及び学識経験がある者の中から都道府県知事により，10人選任される（漁業法131条）。

　内水面漁場管理委員の任期は4年であるが，都道府県知事は，特別の事由

があるときは，選任した委員を解任することができる（漁業法132条による100条の準用）。

7　固定資産評価審査委員会

固定資産評価審査委員会は地方税法の定めるところにより固定資産課税台帳に登録された価格に関する不服の審査決定その他の事務を行う（自治法202条の2第5項）。

固定資産評価審査委員会の委員は，当該市町村の住民，市町村税の納税義務がある者又は固定資産の評価について学識経験を有する者のうちから3年の任期で，条例の定めにより3人以上，当該市町村の議会の同意を得て，市町村長により選任される（地方税法423条）。

また，市町村長は，固定資産評価審査委員会の委員が心身の故障のため職務の執行ができないと認める場合又は委員に職務上の義務違反その他委員たるに適しない非行があると認める場合においては，当該市町村の議会の同意を得てその任期中にこれを罷免することができる（地方税法427条）。

第7節　附属機関

地方公共団体は，法律又は条例の定めるところにより，執行機関の附属機関として自治紛争処理委員，審査会，審議会，調査会その他の調停，審査，諮問又は調査のための機関を置くことができる（自治法138条の4第3項）。

附属機関は，執行機関の諮問にこたえて答申等を行なうのであり，独自の執行権を行使する行政委員会とは区別されなければならない。それゆえ，建築基準法94条の建築審査会の裁決権のような特段の定めのある場合以外は単独で行政上の決定をすることはなく，審議会の答申も法的には執行機関の決定を拘束しない。

ただし，実際には，法律や条例によらない行政慣習による要綱等に基づく審議会等のような附属機関に準じた機関が，専門性や民主性を名目に多数存

在し，公金による報酬を受け，長の私的諮問機関として活動している。

> **コラム　行政の民主化とは**
>
> 　地方公共団体において，多義にわたる行政の事務の中立・公正性や専門技術性の要請でいわゆる行政委員会が機能し，専門性や民主性を名目に審議会・調査会・審査会といったような附属機関が活動していることは本文で述べた。ここでは，独立委員会や審議会等において，時に，存在理由として語られる「行政の民主化」について，行政委員会の合議制という組織内の民主的機能を広い意味での行政の民主化と混同することなく考えてみたい。
>
> 　思うに，公選制であった以前の教育委員会や一部であっても委員が公選される農業委員会等の行政委員会には，一定の民主的正当性は認められよう。但し，これとて，当該の地域の住民が選挙権を行使できる訳でないので，長や議員の民主的正当性と比較すると限定的であることは否めない。
>
> 　特に，長が任命する法律や条例によらない要綱等に基づく学識経験者の審議会等が事実上権限を持つことは，単なる長の私的ブレインへの行政執行の丸投げであり，行政責任を不明確にするばかりか，不用な公金が使われ，民主的正当性のある議会の役割りを軽視する結果になる。
>
> 　そもそも，行政が判断して任命する人材に民主的正当性を期待すること自体おかしなことだし，こうした委員には期待されるはずである専門性とは無関係に，本来，過度に期待されるべきでない知名度だけを理由に選出されている委員も見受けられる。
>
> 　なるほど，官僚組織による行政の硬直化を防ぎ，住民の声を行政に反映させることは大事だけれども，その役割りを，本来的に非民主的な行政委員会や審議会等に負わせることは，法が予定した中立・公正性や専門技術性を曖昧にさせ，組織自体の形骸化を意味するのではないだろうか。
>
> 　行政の効率化が指摘されるなか，慣例的に運用される審議会等のあり方を見直し，法が予定する本来の行政の民主化がなされる行政システム，すなわち，民主的な長と議会の実質的なチェックアンドバランスが機能することが，何よりの行政の民主化であるといえよう。

参考文献

原田尚彦『新版地方自治と法のしくみ』(学陽書房，2005 年)

松本英昭『要説地方自治法［第 5 次改訂版］』（ぎょうせい，2007 年）
田中二郎『行政法総論』法律学全集 6（有斐閣，1957 年）
妹尾克敏『新地方自治法の解説』（一橋出版，2005 年）
川崎政司『地方自治法基本解説第 3 版』（法学書院，2008 年）

（三浦　一郎）

第7講 地方公務員と地方公務員法

●本講の内容のあらまし

　この講では地方公務員と地方公務員法について，憲法理論，行政法理論を踏まえて概観する。まず，地方公務員という場合に，それは誰なのか，どのような種類の公務員があるのか，関連法令を参照しながら明らかにする。次に，公務員関係はどのようにして成立するのか，任命権者は誰なのか，また，これをチェックする人事行政機関とはどういうものなのか，さらに，公務員の要件と欠格事由について，地方公務員法に言及しながら解説する。その際，勤務関係の法的性質について，学説の対立がある行政行為説と公法契約説について検討を加える。最後に，地方公務員の権利と義務について，憲法の原理から，地方公務員法を参照しながら具体的に明らかにする。

第1節　地方公務員とは誰か

1　地方公務員法の意義

　地方公務員法は，地方公共団体の民主的且つ能率的な運営を保障し，もって憲法に規定される地方自治の本旨の実現に資することを目的としており，地方公共団体の人事機関並びに地方公務員に関する根本基準（地公法1条）を定めている。

2 地方公務員の意義

　地方公務員とは地方公共団体によって任命され，その行政機関の地位において公務に従事する人のことをいう。地方公務員は，公共団体とは独立の人格を有し，これに対して一定の権利を有し，一定の義務を負う。任免を国家公安委員会が行っている警視正以上の階級にある地方警察官の場合，地方公共団体に勤務する職員ではあるものの，身分上は国家公務員である（警察法55条3項）。

　地方公務員については，日本国憲法93条2項が「地方公共団体の長，その議会の議員及び法律に定めるその他の吏員」として定めている。また地方自治法では，普通地方公共団体に議会とその議員（89-95条），普通地方公共団体の長としての知事および市町村長を置くこと（139条）が定められ，さらに職員（172条）が規定される（本書54頁参照）。地方公務員法では，2条の規定に地方公務員が，地方公共団体のすべての公務員として定められている。

　行政機関として担任している職務の範囲（これを「職」という）により，公務員は一般職と特別職に区別される（地公法3条）。地方公務員法は，成績主義による任用がなされる一般職について適用される法律であり，後者の特別職は同法の適用外である（地公法4条）。特別職は，別に法律により限定列挙されている。地方公務員では，選挙または議会の議決等を要する職，自由任用の職，臨時または非常勤の職等がこれに該当する（地公法3条3項）。

　人事院『平成14年度年次報告書』によると，公務員総数432万人のうち地方公務員は約322万人であり，さらにその97.6％を占める約314万4千人が地方公務員法の適用をうける一般職地方公務員である。残り約7万5千人が特別職である。法律上，地方公共団体の仕事は議会ならびに長その他委員会などによって企画・決定され，その名と責任で実施されることになっているが，実際には，これらの機関を補佐する職員が非常に重要な役割を担っていることが，数の上からも推測されよう。

　公務員はさらに現業公務員と非現業公務員とに分けられることがある。こ

の区別は労働関係法令の適用についての制限の有無によるものである。地方公務員の場合，地方公営企業の職員（地公企法39条）および単純労務職員（地公法57条）が前者の現業公務員に該当し，労働関係法令の適用がある。一方，後者の非現業公務員であるところの一般職公務員では，労使交渉，就業規則等に関する労働基準監督は人事委員会または長が行う。地方公務員法は非現業地方公務員に関して規定する法律ともいえる。

第2節　公務員関係

1　公務員関係の成立

特定の者を公務員の職に就けることを任用という。職員の任用は，その者の受験成績，勤務成績またはその他の能力の実証にもとづいて行わなければならない（地公法15条）。これを成績主義という。現行公務員法は人事管理の客観性の確保に意を用いている。

任用には，①未だ職に就いていない者を新たに職に任命する「採用」，②現に職に就いている者をそれより上級の職に任命する「昇任」，③現に職に就いている者をそれより下級の職に任命する「降任」，④現に職に就いている者をそれと階級を同じくする外の職に任命する「転任」の4種が法定（地公法17条）されている。採用および昇任は，すべて6か月の条件附である。この期間を良好な成績で遂行した時，はじめて正式採用となる（地公法22条）。条件附の期間内は身分保障規定（同27，28条）は適用されず（同29条の2），任命権者は，裁量でその職を解くことができる。しかしこれは自由裁量ではなく，客観的に合理的な理由を主張しえる場合に限られる。一方，降任は本人が同意した場合のほか，その意に反しても行うことができる場合がある。転任に関しては，通説は本人の同意を不必要とし，一方的に命じ得るとしている。

これらの4種類の任用形態の例外として，期間を定めて臨時に職員を任用する「臨時的任用」がある。緊急を要する場合，臨時の職に関する場合，任

用候補者名簿がない場合に限られ，人事委員会の承認の下に，任期は6月以内，一回限り6月の期間をもって更新することができる。さらに，「兼職」（併任），「充て職」（法令上の兼職），「職務命令に基づく事務従事」，「出向」（任命権者が異なる職への任用を承認すること）等も，任用形態として事実上許容されている（自治法180条の3等）。

2　任命権者および人事行政機関

　国家公務員制度においても地方公務員制度においても，人事機関として任命権者とこれをチェックする中立的な第三者機関とが分立，併存している。

　地方公務員の任命権は，長・議会の議長・選挙管理委員会・代表監査委員・教育委員会・人事委員会または公平委員会・警視総監または道府県警察本部長・消防長，その他法令または条例の指定するものに属する。この任命権者とは別に，独立の第三者人事機関として，地方公共団体には人事委員会・公平委員会が設置されている。前者は国家公務員制度上の人事院と同様の行政権限，準立法的権限，準司法権限を有している。すなわち，職員採用のための試験の実施，給与に関する勧告の実施，不利益処分に関する不服申立および勤務条件に関する措置要求の審査等である。人事委員会を擁する地方公共団体は，都道府県のほか政令指定都市や，政令指定都市以外でも人口が15万人以上のものおよび都の特別区のみであり，大多数の地方公共団体では，後者の公平委員会を単独または共同で設置，もしくはその事務を人事委員会に委託している。小規模な市町村に置かれる後者の公平委員会の事務は，人事委員会と比較すればずっと限定された準司法的権限の行使であり，その内容は不利益処分に対する不服申立の審査，勤務条件に関する措置要求の審査および職員団体の登録関係事務のみとなっている。

3　公務員の要件と欠格事由

　公務員たる地位は広く国民に門戸が開かれ，国民は平等に競争試験や選考を経て公務につくことができる（地公法13条）。この目的を達成するために

採用は、もっぱら能力の実証による成績主義（メリット・システム）にもとづく公正な競争試験または選考によって行われる（地公法15, 18条）。人事委員会を置く地方公共団体にあっては、人事委員会が競争試験を実施し、試験の結果、採用候補者名簿に記載された上位5名の候補者のなかから、任命権者がその裁量において一名を選出採用する（同21条）。任命権者とは、それぞれの部局の長であり、具体的には、自治体の首長、議会の議長、各行政委員会、地方公営企業の管理者などがこれにあたる（地公法6条、自治法172条、地公企法15条）。

公務員になるための要件としては、能力要件と、特定の職に任用されるために必要な資格要件がある。これらの要件はすべての国民について平等であることを要し、人種・信条・性別・門地または政治的意見もしくは所属によって差別されることはない。

現行法上、能力要件を欠くとされる者は、禁治産者および準禁治産者、禁固以上の刑に処せられその執行を終わりまたは執行を受けることがなくなるまでの者、懲戒免職の処分を受けて二年を経過しない者、人事委員会または公平委員会の委員の職にあって人事院に関し罪を犯し刑に処せられた者、日本国憲法またはその下に成立した政府を暴力で破壊することを主張する政党その他の団体を結成しまたはこれに加入した者である（地公法16条）。能力要件を欠く者の任命は、法律上、無効である。外国人が公務員となる能力を有するかについて、直接の規定はないものの、通説はこれを否定している。しかし外国人の公務就任能力を認める「国立および公立大学における外国人教員の任用に関する特別措置法」（昭57（1982））がある。

資格要件については、試験任用が原則で、例外として選考任用が認められている。

4 勤務関係の法的性質

勤務関係の法的性質に関しては、とりわけ任用について行政行為説と公法契約説という二説が対立する状況にある。これは、任命行為の法的性質を行

政行為とみるか否かにより生じる相違であるが，行政行為説は任用を「同意を要する行政行為」とみる。すなわち，①公務員の勤務関係上の権力義務は地方公務員法によって詳細に法定されており，当事者によって取り決められる余地はほとんどない，②公務員は公権力の行使にあたる地位にあり，その勤務関係は伝統的に特別権力関係とみなされてきた，③現行法の規定を全体的に見ると，不利益処分（懲戒・分限処分）だけでなく公務員の地位にかかわる措置はすべて行政庁の一方的な命令によって決定するしくみになっているように読めることがその論拠である。判例通説はこの立場を採る。

　一方，契約説は，①日本国憲法28条により公務員も勤労者であり，その勤務関係は民間労働者と同じ労務提供関係であり，よって任用も一般の労働契約と基本的に変わらない，②不利益処分は地方公務員法上，「行政処分」に該当するのは確かだが，任命その他の行為については，地方自治法が任命権の所在を示しているに過ぎず（自治法172条），これを行政処分として扱う旨の明示的規定はない，と論じる。契約説はさらに公法契約説および労働契約説にわけられるが，前者は公務の特質や公務員の法的地位の特質などを強く意識した見解であるのに対し，後者は公務員と民間企業者の勤務関係の同質性を強調する点で異なっている。

　伝統的行政法学においては，特別権力関係論を前提として，同意に基づく行政行為説が通説とされてきた。特別権力関係とは，法律上の根拠なしに，一方の当事者が他の当事者に対して，その特別の目的に必要な範囲内で命令・強制をなし得，憲法上の基本権もその目的達成に必要な合理的範囲内で法律上の根拠を要することなく制限可能な包括的な支配・服従の関係であり，私企業にみられる対等な労使関係とは本質的に異なる。公務員の採用が志願に基づいて成立することのみを理由として，その勤務関係を国民主権・民主主義の現代において民間のそれと本質的に区別する理由は，今日の法律状態と価値観に照らせば見当たらないと思われる。

第3節　地方公務員の権利と義務

1　地方公務員の権利

　地方公務員の権利は，分限上の権利，保障請求権および経済的権利に大別できる。

　分限上の権利というのは，公務員がその身分を保障され，その職務遂行を行い得る権利である。定年による退職（地公法28条2項）を別にすると，法律または条例が定める事由がなければ，その意に反して免職，休職および降任（地公法27条以下）されないこととされている。これが身分保障の意義である。

　さらに，降任，免職，休職，降給を内容とする分限処分（地公法28条）と，戒告，減給，停職，免職をその内容とする懲戒処分（地公法29条）という不利益処分に対しては，行政不服審査法の定めに従い，処分から60日以内に，人事委員会あるいは公平委員会に対して審査請求をすることができる（地公法49条2項・3項）。人事委員会の採決に不服がある場合には，職員はさらに裁判所に不利益処分の取消を求めて出訴することができる。以上が保障請求権である。

　経済的権利としては，労働の対価として有する給与請求権，公務員という特殊な身分に基づいて与えられる恩給請求権などがある。さらに公的傷害に対する補償などもこれに含まれる。職員の給料，手当，旅費の額および支給方法は，いずれも条例で定められる（給与条例主義。自治法204条及び，204条の2）。給与の額は，職務の内容と責任に応じたもので，かつ当該地域の生計費，国や他の地方公共団体その他民間事業の従事者の給与と均衡したものでなければならない（地公法24条）とされるが，具体額は，各地方公共団体の判断にゆだねられている。

2　地方公務員の義務

　住民全体の奉仕者であり，一部の奉仕者ではない（憲法15条2項）地方公

共団体の職員は，つねに中立かつ公正な立場で公務に専念し，住民の福祉に貢献しなければならない。この職責を全うさせるために，地方公務員法は，職務専念義務，政治的行為の制限，営利企業からの隔離，公務員倫理の保持，服務宣誓義務，法令および上司の命令に従う義務，争議行為の禁止，信用失墜行為の禁止，秘密保持義務などの様々な義務を要請している。

　このうち，服務の根本基準となるのが職務専念義務である。その内容は，公共の利益のために勤務し，かつ，職務の遂行に当たっては全力をあげてこれに専念すること（地公法30条）および，その勤務時間および職務上の注意のすべてをその職務遂行のために用いること（地公法35条）である。

　公務員はまた，任命権者の許可なしに私企業に関与したり，報酬をともなう事業等に従事することも許されていない（地公法38条＝営利企業からの隔離）。兼業許可の基準は，人事委員会規則によって具体的に定められているが，許されるのは，職員の職と営利事業との間に特別の利害関係がなく，事業に関与しても職務の遂行に支障がないと認められる場合のみであって，例外的な許可である。

　法令および上司の命令に従う義務（法令遵守義務）については地方公務員法32条に定められている。法律による行政の原理に基づき，行政作用（公務）を担う公務員は，その職務を行うについて，憲法以下の法令を遵守（憲法99条）する義務を負う。公権力の行使が恣意的に行われることになれば，国民の権利利益の保護は危うくなるからである。公務員は，さらに上司（任免権者または職務上の指揮監督権者）の職務命令に忠実に従わねばならない。一つの組織体として行政運営を行う組織体である国または地方公共団体では，意思の一体性や体系性が不可欠である。しかも，公務の遂行においては，公正・適切かつ平等な行政運営が求められるとともに，行政の責任も明確でなければならない。上司の職務上の命令に従う義務は，戦前の官吏制度の下では無制限・無制約であった。しかし現代の公務員制度の下では，必ずしもそうではない。上司と部下の関係は市民的自由を考慮して，公務員の人格的自由を前提として，身分上の上下関係ではなく，職務上のそれに過ぎな

いと位置付けられているからである。それゆえ、この二つの義務が公務員の一身において衝突する、服従義務の限界と称せられる問題については、職務命令が適法であるためには、権限ある上司が発し、それが受命者の職務に関するものであっても、法律上も事実上も可能なものであるか、以上3点が問われる。

次に、守秘義務（地公法34条）と呼ばれるものがある。公務員は、職業上の秘密や業務上知り得た秘密を漏らすことは許されない。行政上の情報のなかには個人のプライバシーに関する事象や、また公務運営上守秘しておくべきものがある。問題は、何が秘密に該当するかであり、形式説と実質説がある。前者は内容を問わずに所掌権限者が秘密と限定したものを秘密とする見解であり、従来の通説であった。しかし情報公開の要求から、近時に至っては後者が有力説となっている（最決昭和52（1977）年12月19日刑集31巻7号1053頁）。

コラム　公務員の政治的行為と労働基本権

憲法15条2項は公務員について「全体の奉仕者であって、一部の奉仕者ではない」と規定している。これは公務員が常に公共の利益のために行動しなければならないことを意味する。

公務員のなかの事務職員は、政治的には中立の立場に立って職務の中立性・継続性を確保する必要がある。このため公務員には、一定の政治的行為を行うことが制限されている（国家公務員法102条、人事院規則14-7、地方公務員法36条）。しかし、公務員も国民であるので、表現の自由・政治的活動の自由は尊重される必要がある。公務員の政治的行為を制限する場合には慎重さが要求される。

また、公務員は、労働力を提供して職務を行っている労働者であるから、憲法28条の「勤労者」に含まれる。しかし、「全体の奉仕者」であるため、労働基本権が制限されている。警察・消防職員は団結権、団体交渉権、争議権のすべてが否定されている。事務職の非現業公務員（管理部門の一般事務を行う）は、団結権のみが認められ、現業公務員は団結権と団結交渉権が認められている。なお、争議権はすべての公務員に否定されている。

後藤光男『憲法』（ナツメ社、2004年）100頁、138頁参照

参考文献

宮田三郎『現代行政法入門』(信山社, 2003年)

松井直『現代行政法総論』(法律文化社, 2001年)

鹿児島重治「地方公務員と国家公務員－制度的比較を中心に－」ジュリスト増刊総合特集『地方の新時代と公務員』No.22 (1981年)

大浜啓吉「地方公務員法の成り立ちと論点」(特集；自治体で働くということ)月刊自治研 (96年7月)

鵜養幸雄「イギリスの公務員制度的改革の状況について」(特集；自治体で働くということ)月刊自治研 (96年7月)

原田尚彦「第三章 III. 補助職員－地方公務員の地位」『地方自治の法としくみ [全訂三版]』(学陽書房, 2001年)

青木宗也・室井力編『別冊法セミ基本法コンメンタール No.109 新版地方公務員法』(日本評論社, 1999年)

新藤宗幸「異議あり公務員制度改革－官僚支配を越えて－」岩波ブックレット No.608 (岩波書店, 2003年)

(村山　貴子)

第8講 住民の参政権

●本講の内容のあらまし

　住民の参政権は，地方自治の本旨である「住民自治」を実現する手段として重要である。本講では，第一に住民の参政権の概要と主体である住民について概説する。第二に，住民の参政権の歴史と主体について触れる。日本には，歴史的な経緯から多くの定住外国人が居住しているので，この問題にも言及する。第三に，住民の選挙に参与する権利として選挙権と被選挙権について概説する。選挙権・被選挙権は私たちの政治の原則である代表民主制にとって重要な制度である。そこで，あわせて選挙に関連する公職選挙法についても触れる。最後に，直接請求権について述べる。直接請求権は，住民の政治参加が形骸化している現代社会において，政治における住民の「個人の尊重」原理を確保するのに重要である。そこで，手続きを詳細に説明する。以上の点を概観し，住民の参政権を通して「住民自治」の実現の意義が説かれる。

第1節　序　　論

1　はじめに

　住民の参政権としては，選挙に参与する権利（選挙権・被選挙権）と直接請求権を主なものとしている。その他，住民監査請求や住民訴訟などがある。住民が地方公共団体の政治に参加する方法には，直接その意思を表明する制度と，選挙により選出した代表者を媒介として間接的に参加する方法がある。直接請求権や住民監査請求・住民訴訟あるいは住民投票は前者であ

り，選挙に参与する権利は後者である。住民自治の理念からすると直接意見を表明する制度が優れているが，今日の複雑な地方行政運営上この制度を中核とすることは事実上困難である。ここから，地方自治法は，間接的に意見を表明する方法を原則形態としながらも，直接参政権を補完的制度として採用している[1]。

2　住民の意義

　地方公共団体は，政治に疎遠になりがちな住民に，より生活に密着した政治参加の機会を与えるためにつくられた制度である。その制度は地方自治の本旨（憲法92条）である住民自治の理念に基づき，当該区域内に生活の本拠を有する住民の福祉の増進を目的としている。住民は，地方公共団体の単なる人的構成要素であるにとどまらず，住民自治の運営主体としての地位を有している。明治憲法下においては義務主体であったのが日本国憲法においては，権利主体に転換したところに重要な意味がある[2]。

　地方公共団体の主体としての住民とは，当該地方公共団体の区域内に「住所を有する者」（自治法10条）をいう。当該市町村に住所を有するという事実行為のみで，住民の地位を取得する。国籍・性別・行為能力等は問わず，また，自然人・法人の区別も問わない。しかし，選挙に参与する権利の主体としての住民は，「日本国民たる普通地方公共団体の住民」（自治法11条）となっているので，法人や外国人は除外される。

　現在，住民に関する記録は「住民基本台帳法」により行われているが，これに記載されていなくても，地方自治法10条1項の「住民」が否定されることはない。

3　住所の意義

　行政法において，自然人の住所についての一般規定は存在しないので，民法21条が類推適用される。「生活の本拠」については，定住の意思などを基準とする（意思主義）よりも，客観的な継続的生活事実をもって基準とした

（客観主義）の方が，現実的であるのみならず，各場合に好都合なことが多い[3]。現在の通説は，客観主義に加えて，その者の主観的な意思も補足的に考慮して総合的に判断している[4]。

住所は，住民が選挙権を行使する際の要件となる（公選法9条2項）。住民の住所の認定で問題が発生したときは，住民基本台帳法33条で解決を図るが，生活の本拠が競合する場合には，実務上憲法22条（居住・移転の自由）を尊重し，住民自身に決定させている。

(1) 俵静夫『地方自治法』（有斐閣，1990年）96頁以下参照。
(2) 室井力＝兼子仁編『基本法コンメンタール　地方自治法［第4版］』（日本評論社，2001年）44頁参照。
(3) 近江幸治『民法総則［第三版］』（成文堂，2001年）62頁参照。
(4) 宇賀克也『地方自治法概説』（有斐閣，2004年）14頁参照。

第2節　住民の参政権の歴史と主体

1　住民の参政権の歴史

日本国憲法においては日本人である「住民」は，明治憲法時代に比べ，広く地方自治行政に参加する権利が保障されている。しかし，明治憲法下の地方自治では，住民は議会制度を通してしか地方自治行政に参加できなかった。しかも，1925年に「普通選挙制度」が実施されるまで，参加できる住民には一定の納税要件が課されていた。女性については，戦後の1945年まで参政権をもつことすらできなかった。また，地方の首長については，道府県知事は官吏として国の任命制の下にあり，市町村長は市町村会による間接選挙制が採用されていたので，住民は選挙に参加することができなかった[5]。

1946年の日本国憲法制定とこれを受けた地方自治法の制定により住民の参政権は拡大した。具体的には地方自治は憲法上の保障となり（第8章），一定の要件を具備した公民のみに付与されていた被選挙権・選挙権は国民固

有の権利となり，女性の参政権も保障された（憲法15条1項・3項）。また，新しく長の直接選挙権（93条2項）や地方自治法上の直接請求権も認められた。

2　定住外国人の参政権

　定住外国人とは日本社会に生活の基盤があって，社会的生活関係が日本人とまったく同じであるものの，日本国籍をもっていない外国人をいう。具体的には，①日本の植民地支配によって直接・間接を問わず渡日を余儀なくされた韓国・朝鮮人と中国・台湾人で，生活の基盤が日本にある者，②前項の人々の子孫で，日本で生まれ日本で育った者，および③日本に居住して3年以上生活の基盤があって納税の義務を果たす，その他の外国人をいう。2007年度末における在留外国人は，215万2973人であり，永住者は86万9986人である。このうち，①・②に該当する特別永住者は，43万9757人である[6]。

　これらの人に，国レベル・地方自治体レベルともに，選挙権・被選挙権を否定する全面的否認説が通説である。この見解は，国民主権原理を根拠としているが，「国民主権」だから当然に「外国人」が排除されるという論理が成立するか問題がある。最近の有力説は，地方公共団体のうち，市町村レベルでの選挙権を認めている[7]。

　金正圭地方参政権訴訟最高裁判決（最判平成7（1995）年2月28日民集49巻2号639頁）によると，「公務員を選定罷免する権利を保障した憲法15条1項の規定は，外国人には及ばない」とし，「地方選挙権を日本国民たる住民に限定した地方自治法11条・18条などの現行法規は，憲法に違反しない」とした。一方，「我が国に在留する外国人のうちでも，永住者等であってその居住する区域の地方公共団体と特段に密接な関係を持つに至ったと認められる者について，法律をもって，地方公共団体の長，その議会の議員等に対する措置を講ずることは，憲法上禁止されているものではない」としている。

(5) 室井力＝兼子仁編『基本法コンメンタール　地方自治法［第4版］』(日本評論社, 2001年) 62頁参照。
(6) 法務省2007年度統計参照。
(7) 後藤光男『共生社会の参政権』(成文堂, 1999年) 154頁以下参照。

第3節　政治に参与する住民の権利

1　選挙権

　地方公共団体の住民が，地方公共団体の長及び議会の議員について，直接選挙することは，憲法上の保障である (憲法93条2項)。また，地方自治法では，地方公共団体の議会の議員及び長の選挙権を有するためには，日本国民たる年齢20歳以上の者で，引き続き3ヶ月以上市町村の区域内に住所を有する者でなければならない (自治法18条) とされている。「日本国民」とは，判例によれば，日本国籍を有する者をいう。これは，憲法15条が「公務員を選定し，及びこれを罷免することは，国民固有の権利である」という規定を根拠としている。

　地方自治法は，地方公共団体の議会の議員及び長の選挙権について，国会議員の選挙にはない「3ヶ月」の居住要件を定めている (自治法18条)。これは，住民が，日常生活において最も深い結びつきをもつ土地の地方公共団体の政治に参加するについて，自らの代表者である候補者を的確に認識し，より適切な選挙権の行使を期待しているからである。ただし，同一都道府県内において，同一区域内にある市町村から他の市町村に住居を移した者は，「3ヶ月」の要件を満たさなくても引き続き都道府県知事と議員の選挙権を有する (公選法9条4項)。

　しかし，成年被後見人，禁錮以上の刑に処せられ，その執行が終わるまでの者など一定の欠格条項に該当する者は，選挙権を有せず (公選法11条1項・2項) 公職選挙法の定める選挙犯罪で刑に服した者は，一定期間その選挙権が停止される (公選法252条)。また，選挙権の取得の要件を満たしても，

選挙人名簿に登録しなければ選挙権を行使することができない（公選法42条）。

2 被選挙権

被選挙権は，選挙に立候補し，選挙権を有する者の指名を受けて，当該公務に就任する資格であり，選挙権と並び住民の参政権の中核である。一般に被選挙権は，権利ではなく権利能力であり，国民全体の奉仕者である公務員となることができる資格であるとされる。それゆえ，被選挙人の資格はすべて法律の規定するところに委ねられている[8]。普通地方公共団体の議会の議員については，住所要件を具備することが必要であるが，長については，住所要件は必要とされていない（自治法19条，公選法10条）。これは長については地方行政を担う有為な人材の獲得を当該地方公共団体に限定しないで，広く求めようとする趣旨からである。

都道府県議会の議員と市町村議会の議員については，それぞれの選挙権を有する者で年齢25歳以上の者は被選挙権を有する。都道府県知事は，年齢30歳以上の者，市町村長は，年齢25歳以上の者に被選挙権がある。ただし，欠格条項に該当する者は被選挙権を有せず（公選法11条）選挙犯罪で刑に服した者には，一定期間被選挙権が停止される（公選法252条）。

また，人類の歴史上多くの差別的な選挙が行われ，国民の参政権が侵害された教訓から，人種・信条・性別・社会的身分・門地・教育・財産または収入による差別は憲法上禁じられている（憲法44条）。

---

[8] 室井力＝兼子仁編『基本法コンメンタール　地方自治法［第4版］』（日本評論社，2001年）64頁参照。

第4節　直接請求権

直接請求権とは，選挙権を有する住民が一定数以上の連署を要件として，地方公共団体に対して，特定の行動を求める権利である。

直接請求権は国においては存在せず，地方公共団体特有の制度である。この制度趣旨は，地方政治における代表民主制を補い，住民の政治参加と恒常的コントロールを制度化することにより，もって住民自治を実現するところにある。

地方自治法は，直接請求権として，①条例の制定改廃請求（自治法12条1項），②地方公共団体の事務の監査請求（自治法12条2項），③地方公共団体の議会の解散請求（自治法13条1項），④地方公共団体の議会の議員・長・主要公務員の解職請求（自治法13条2項・3項）を認めている。直接請求権は有権者の権利であるが，有権者個人で権利行使できるものではなく，一定の人数を要件とすることから，住民監査請求・住民訴訟と異なり，合同行為としての性質をもつ[9]。

1　条例の制定または改廃請求

条例の制定または改廃は，本来地方議会の議決事項であり，その発案権は長と議員にある。しかし，議会が住民の民意を十分に反映しないときは，住民はその総数の50分の1以上の者の連署をもって，その代表者から，地方公共団体の長に対して条例（地方税の賦課徴収並びに分担金，使用料及び手数料の徴収に関するものを除く）の制定または改廃の請求をすることができる（自治法12条1項・74条1項）。連署する者は，すべて選挙権を有する者でなければならない。また，請求権の内容は，地方公共団体の条例の制定権の範囲に限られる。

この請求は，住民が議会に対して直接的に条例の発案を行うことができることを規定しただけであり，自らが条例の制定改廃を行う権限までもつものではない。また，その請求は議会に対して，法的拘束力をもつものではない。

ところで，地方自治法制定当時には地方税の賦課徴収ならびに分担金，使用料及び手数料の制限規定はなかった。しかし，これら住民の負担軽減については安易に受け入れられ，濫用され，地方公共団体の財政基盤を損なうお

それがあった。そこで，条例の制定または改廃請求について，地方税の賦課徴収並びに分担金，使用料及び手数料の徴収に関するものは除かれたのである。この規定は1948年の地方自治法改正で規定されたものであるが，請求がなされても議会で付議されるので，条例制定権の範囲の事項に限り，議会による合理的判断を信頼して対象を限定する必要はないとする学説もある[10]。

　条例の制定または改廃請求があると，当該普通地方公共団体の長は，直ちにその請求の要旨を公表するとともに，請求を受理した日から20日以内に議会を招集し，意見を付けて議会に付議し，議決の結果を請求代表者に通知し，これを公表しなければならない（自治法74条2項・3項）。

2　事務の監査請求

　選挙権を有する者は，その総数の50分の1以上の連署をもって，その代表者から，地方公共団体の監査委員に対し，当該地方公共団体の事務の執行に関し，監査の請求をすることができる（自治法12条2項・75条1項）。これは，地方公共団体の事務執行の公正と能率を確保するために作られた制度である。

　明治憲法下の地方制度においては，地方公共団体の公正な運営のために，国は強力な監督権を持っていた。これに対して，戦後の地方自治法では，地方公共団体における公正かつ能率的な行政運営を確保するため，監査委員による自主的な監査委員制度がつくられた。しかし，自主的な監査では，十分に監査目的を達成できない場合もあるので，住民の直接請求権のひとつとして事務の監査請求を規定している[11]。

　監査の対象は，当該地方公共団体の自治事務・法定受託事務に及び，財務監査事務から長の交際費などの一般の事務執行全般にまで及ぶ。この請求があると監査委員は直ちに請求の要旨を公表し，かつ請求事項を監査し，その結果に関する報告を決定し，これを代表者に送付し，公表するとともに，議会と長及び関係のある委員会・委員に提出しなければならない（自治法75条2項・3項）。

この制度は，住民監査請求（自治法242条）と同じく地方公共団体の事務運営の公正と能率を確保する制度である。しかし，事務監査を活用するには有権者の50分の1以上の連署という厳格な要件が定められているので，住民が単独でできる住民監査請求に比べて利用されていない[12]。

3　議会の解散請求

　議会の解散請求は，議会の行動が住民の意思から離れ，住民の利益に反するような場合にそれを是正するために，住民自身に直接請求による議会解散請求の手段を認め，住民投票の結果によって議会を解散させる制度である。地方自治法上，長に対する不信任決議に対して，長の議会解散権を規定しているが，住民に直接議会の解散権を認めることにより一層，住民自治の徹底を図っているのである。

　議会の解散請求は，その地方公共団体の有権者総数の3分の1以上の連署をもって，その代表者から地方公共団体の選挙管理委員会に対して行う。なお，その総数が40万を超える場合にあっては，40万を超える数に6分の1を乗じて得た数と40万に3分の1を乗じた数とを合算して得た数が連署の要件となる（自治法76条1項）。これは有権者の多い地方公共団体の連署の困難性を考慮したものである。

　この請求があったとき，選挙管理委員会は，直ちに請求の要旨を公表し，これを選挙人の投票に付さなければならない（自治法76条2項・3項）。そして，その結果が判明したときは，それぞれ代表者と議会の議長に通知し，公表し，都道府県では知事，市町村では，市町村長に報告しなければならない（自治法77条）。解散投票が行われた日をもって，議会が解散される（自治法78条）。

　なお，直接請求権の濫用を防ぎ，責任ある参政権行使を実現するため，議員の一般選挙があった日及び，解散請求に基づく選挙人の投票があった日から1年はこれを行うことができない（自治法79条）。

4 議員・長・主要役職員の解職請求

議員・長・主要役職員の解職請求は，憲法15条が保障する公務員の選定罷免権を地方公共団体において具体化し，リコール制を認めたものである。

(1) 地方公共団体議会の議員・長の解職請求

選挙権を有する者は，所属の選挙区における総数の3分の1以上の連署（その総数が40万を超えるときは，40万を超える数に6分の1を乗じて40万に3分の1を乗じた数を加えた連署）をもって，代表者から地方公共団体の選挙管理委員会に対して当該選挙区選出議員解職を請求できる（自治法13条2項，80条）。

解職請求があると，選挙管理委員会は，直ちに請求の要旨を公表し，当該選挙区の選挙人（選挙区がないときはすべての選挙人）の投票に付さなければならない（自治法80条2項・3項）。投票の結果が判明したときは，直ちに代表者と議員と議長に通知し，関係庁に報告しなければならない（自治法82条1項）。この結果，過半数の同意があれば，解職の対象となった議員は失職する（自治法83条）。

なお，議会の解散請求権同様，直接請求権の濫用防止の趣旨から，議員の就職の日から1年及び，解職の投票の日から1年間は，解職請求することができない（自治法84条）。

長の解職請求について，解職請求の要件・住民投票の要件・解職請求の制限の要件は，選挙区のない地方議会議員の解職請求の場合と同じである（自治法13条2項・81条1項・84条）。投票の結果，過半数の同意があれば，議員と同様に失職する（自治法83条）。

(2) 主要公務員の解職請求

選挙権を有する，原則として総数の3分の1以上（ただし，その総数が40万を超える場合には，他のリコールと同様の要件緩和がある）の者の連署をもって，代表者から長に対して，副知事・助役，出納長・収入役，選挙管理委員，監査委員，公安委員会委員について解職請求できる（自治法86条1項）。請求があった場合には，長は，直ちに請求の要旨を公表するとともに，議会

にこれを付議し，議会議員の3分の2以上の者が出席し，その4分の3以上の者の同意があった場合には，その職を失う（自治法86条2項・3項，87条）。議員や長と同様に直接請求濫用の防止として，副知事・助役，出納長・収入役については，就職の日から1年及び，解職議決の日から1年間，選挙管理委員などの委員については6ヶ月間，解職請求できない（自治法88条）。

この他，住民の監査請求・住民訴訟が住民の参政権としてあるが，詳細は第9講と16講に譲る。

(9) 南博方＝原田尚彦＝田村悦一『行政法(3) 地方自治法［第3版］』（有斐閣，1999年）66頁参照。
(10) 宇賀克也『地方自治法概説』（有斐閣，2004年）191頁参照。
(11) 俵静夫『地方自治法』（有斐閣，1990年）112頁参照。
(12) 檜垣正巳『地方自治法の要点』（学陽書房，2002年）29頁参照。

コラム　外国人の公務就任と国籍条項－東京都管理職選考受験訴訟－

外国籍住民が地方自治体の公務員になれるかどうかについて，法律は特に規定をおいていない。そこで外国籍住民の公務就任がどこまで認められるかが問題となる。一般職の公務員については「国籍条項」で排除されてきたが，しかし，保健師などの専門職については認められてきた。それでは専門職の場合，管理職になることは可能であろうか。このことが争われた事案が東京都管理職試験選考受験訴訟である。

1996年5月16日，東京地裁は，日本国籍を有しないことを理由に受験を拒まれた在日韓国人の保健師，鄭香均（チャン・ヒャンギュン）さんの受験資格確認と慰謝料を求める訴えを退けた。

逆に，1997年11月26日，東京高裁は，外国籍の職員から管理職選考の受験機会を奪うことは，昇任の途を閉ざすものであり憲法に違反する違法な措置であるとした。憲法第8章の地方自治に関する規定の趣旨にかんがみれば，特別永住者などその居住する区域の地方公共団体と特段に密接な関係を有する地方公共団体の公共的事務の処理に反映させ，また自らこれに参加していくことは望ましいというべきである。地方公務員のなかでも，管理職は，地方公共団体の行う統治作用に関わる蓋然性の高い職であるから，当然に管理職に任用される権利を保障されているとすることは，国民主権の原理に照らして問題がある。しかし，管理職であっても公権力を行

使することなく、また、公の意思の形成に参画する蓋然性が少なく、地方公共団体の行う統治作用に関わる程度の弱い管理職も存在する。こうした管理職の公務就任については、国民主権の原理に反するものではなく、憲法22条1項、14条1項の規定によって保障されると判示した。

　この上告審において、最高裁大法廷は、2005年1月26日、「職員として採用した外国人を国籍を理由として勤務条件で差別をしてはならないが、合理的理由があれば日本人と異なる扱いをしても憲法に違反しない」と述べ、「重要な決定権を持つ管理職への外国人の就任は日本の法体系の下で想定されておらず、憲法に反しない」と判示して、二審判決を破棄、原告の請求を退ける逆転判決を言い渡した（朝日新聞2005年1月27日）。

参考文献

南博方＝原田尚彦＝田村悦一編『行政法(3)　地方自治法［第3版］』(有斐閣, 1999年)

室井力＝兼子仁編『基本法コンメンタール　地方自治法［第4版］』(日本評論社, 2001年)

俵静夫『地方自治法』(有斐閣, 1990年)

川崎政司『地方自治法基本解説』(法学書院, 2004年)

松本英昭『要説　地方自治法』(ぎょうせい, 2004年)

金子芳雄『地方自治法』(成文堂, 1997年)

檜垣正巳『地方自治法の要点』(学陽書房, 2002年)

鹿兒島重治『地方自治体法』(ぎょうせい, 1983年)

後藤光男『共生社会の参政権』(成文堂, 1999年)

宇賀克也『地方自治法概説』(有斐閣, 2004年)

　　　　　　　　　　　　　　　　　　　　（山本　克司）

第9講

直接民主制

●本講の内容のあらまし

　直接民主制は，私たちの政治制度の中核である間接民主制を補完する働きをもっている。本講では，まず，直接民主制の意義と制度趣旨に触れ，直接民主制の制度を概観する。二番目に，直接民主制を具体化する一般的な制度について説明し，地方自治を学ぶ上で必要な重要な語句を説明する。三番目に，地方自治法上の直接民主制を具体化した制度を簡単に説明し，四番目に住民投票の制度と現代社会での運用について説明する。五番目に，住民監査請求・住民訴訟の概略を説明し，六番目に，その他の直接民主制を具体化する制度として，公聴会と請願について触れる。以上の点を概観し，直接民主制のもつ代表民主制の補完機能の重要性と地方自治の本旨である「住民自治」の強化の意義を説く。

第1節　直接民主制の意義と制度趣旨

1　直接民主制の意義

　直接民主制とは，国民が長や議員など自分たちの代表者に政治を任せるのではなく，国民自身が国家あるいは地方公共団体の政治上の意思の決定と行政を遂行する過程に参加する制度をいう。代議制，代表民主制，間接民主制に対する概念である。

　直接民主制の歴史は，古代ギリシアの都市国家にまで遡る。しかし，これは現代のようにすべての自然人を対象にした制度ではなく，奴隷制に基礎を

置き，主体的に直接政治に参加することができたのは，市民と呼ばれる一部特権身分の者たちに過ぎなかった。近代においては，18世紀から19世紀にかけてのアメリカ合衆国におけるタウン・ミーティングやスイスの諸カントン（州）における市民投票などにも直接民主制が採用されていた。

　一般に，直接民主制が具体化されるための条件は，まず集団が小規模であること，さらに利害の同質性，あるいは少なくとも共通の利害がきわめて明瞭な形で存在していることである[1]。地方公共団体は国と比べて，規模が小さく，政治の意思決定と執行過程において住民共通の利害が明瞭に対立することが多いので，直接民主主義的な制度を導入しやすい。

2　直接民主制の制度趣旨

　民主制は，国民が政治に参加することにより国民自身の基本的人権を守る働きがある。そこで，自分たちの代表者に政治を任せるのではなく，住民全員がその属する地域の政治に直接参加することが民主制の本来の趣旨に沿っている。しかし，私たちの社会において，人口は飛躍的に増大し，資本主義の発達とともに行政需要は拡大し，かつ専門化してきた。ここに，国民自らが政治に直接参加することは事実上不可能となり，直接民主制の限界があった。そこで，国民は選挙を通して，長や議員を選び，彼らを通して間接的に政治に参加する代表民主制（間接民主制）が近代民主政治の中核的な制度となったのである。

　この代表民主制においては，代表者は国民の民意を政治に十分に反映できるというお互いの意見の同質性があることが制度の前提となっている。しかし，現代社会においては，政治の場における政党や圧力団体の活動，あるいは大衆の価値観の多様化などにより，代表民主制の下では，国民と政治を担当する代表者との同質性を維持することが困難となっている。だが，国民の権利・自由に直接関係する重要な事項については，国民または住民自身に直接意思決定を求めることが基本的人権保障に役立つ場合も少なくない。ここから代表民主制を補完するする制度として，直接民主制が採り入れられてい

(1) 阿部斉＝寄本勝美編著『地方自治の現代用語』（学陽書房，1988年）216頁。

第2節　直接民主制を具体化する制度

　直接民主制を具体化する制度として，レファレンダム（国民投票・住民投票），イニシアティブ（国民発案・住民発案），リコール（解職請求）がある。

　レファレンダムとは，憲法改正や地方自治特別法の成立についての国民投票（憲法96条）と住民投票（憲法95条）について，国民または住民が直接投票を行って可否を決めることをいう。また，この制度は，地方自治法の規定する直接請求権には入っていないが，地方公共団体において，町村の合併・編入あるいは，産業廃棄物処理場や原子力発電所などいわゆる「施設」の設置などについて法的拘束力のない住民投票という形で用いられることもある。

　イニシアティブとは，国や一地方の住民が立法に関する提案を行うことをいう。この制度は沿革を1898年のアメリカ合衆国のサウスダコタ州にもつ。わが国においては，戦後地方自治法の制定により初めて導入された。地方自治の本旨である「住民自治」を強化し，代表民主制の欠陥を補うために住民に立法作用に参加する権能を与えたものである。諸外国においては，直接に国民投票や住民投票によって法案の可否を行うところもあるが，日本では条例の制定・改廃請求について最終的な可否は，当該地方公共団体が議決による（自治法74条3項）。

　リコールとは，国民や住民により国または地方公共団体の公務員を任期満了前に罷免させる制度である。国民主権の理念に基づく直接民主制の一つで，スイスでは歴史が古く，ドイツ・アメリカで発展した[2]。レファレンダムやイニシアティブとともに，直接民主制を支える制度であるが，制度の一部においてはリコールは代表制によって選ばれた長や議員を罷免するもの

もあり，代表制を前提としている点で，レファレンダムやイニシアティブとは，性格が異なる側面をもつ。最高裁判所裁判官の国民審査（憲法79条2項・3項）や地方議会の議員等の解職請求（自治法13条2項）などがこれにあたる。

(2) 大須賀明他編『憲法辞典』（三省堂，2001年）472頁参照。

第3節　日本国憲法上の直接民主制と地方自治法上の直接民主制

日本国憲法は，原則として間接民主制を採用しており（前文・43条），これを補完する制度として，最高裁判所裁判官の国民審査（79条），地方特別法の住民投票（95条），憲法改正国民投票（96条）において直接民主制を採用している。

地方公共団体においても，原則として間接民主制が採用されている（憲法93条）。しかし，地方自治の本旨（憲法92条）である住民自治を実現するには，住民が直接政治に参加することが求められることから，地方自治法上，地方公共団体においては，国に比べて広く直接民主制が採用されている。

現行の制度としては，直接請求，住民投票，住民監査請求・住民訴訟の3種類がある。直接請求については地方自治法上，①条例の制定又は改廃請求（12条1項），②事務の監査請求（12条2項），③議会の解散請求（13条1項），④議員・長・委員・主要公務員の解職請求（13条2項）が権利として認められている。これらは，地方公共団体の意思決定を直接に行うものではなく，住民側が請求できるだけある（74条）。条例の制定・改廃自体は議会の議決により，事務監査は監査委員会の監査によって決まるため，請求は成立してもその目的を達成した例はそれほど多くない[3]。詳細は第8講で記述したので本講では省略する。

(3) 阿部斉＝寄本勝美編著『地方自治の現代用語』（学陽書房，1988年）215頁。

第4節　住民投票

　住民投票は，当該地方公共団体における特定かつ重要な争点について，住民が直接に意思表示を行う制度であり，直接民主制の一形態である。現行法上，地方自治特別法に関する住民投票，直接請求権に基づく住民投票，市町村合併特例法による合併協議会の設置についての住民投票がある。最近は，特に法的効果をもたない住民投票として，地域社会における重要な政策争点について住民の意思を確認するために住民投票が数多く行われている。

　第一に，地方特別法に関する住民投票であるが，憲法95条は，「一の地方公共団体のみに適用される特別法は，法律の定めるところにより，その地方公共団体の住民の投票においてその過半数の同意を得なければ，国会はこれを制定することができない」としている。これは，特定の地方公共団体のみに不利益な扱いを定める国の立法から，地方公共団体の自治権を擁護するという趣旨に基づいたものであり，国会単独立法の原則の例外である[4]。

　しかし，具体的に何が地方自治特別法に該当するかは明確ではなく，国会の判断に委ねられている。今日までに，地方自治特別法として制定されたものは，昭和25（1950）年前後に制定をみた広島平和記念都市建設法，旧軍港市転換法，旧首都建設法のみにとどまっており，昭和30（1955）年以降，このタイプの住民投票は行われていない[5]。

　第二に，地方自治法上の直接請求権に基づく住民投票がある。これは，一定要件を満たす住民から議会の解散請求，議員または長の解職請求があったときは，住民投票に付される。議員の解職決定は当該選挙区の有権者の投票により，過半数の同意があれば解職される（自治法80条3項・83条）。また，長も有権者の投票において過半数の同意があれば，解職される（自治法81条2項・83条）。

　第二に，市町村合併特例法によって，住民投票が認められている。これは，合併協議会の設置協議について，合併請求市町村の議会が否決し，他の

すべての合併対象市町村が可決したときは，合併請求市町村の長または6分の1以上の有権者は合併協議会設置協議について住民投票に付すことを請求できる⁽⁶⁾（4条10項・11項）。

　この他，法律上の制度ではないが，1990年代以降，日本の各地で地域の重要な政策争点をめぐり，住民の意見を確かめるため，地方公共団体が独自に条例を制定して実施する住民投票が一般化してきている。1982年に高知県窪川町で原子力発電所設置について初めて住民投票条例が制定され，1996年8月に新潟県巻町における原子力発電所建設を巡る争点について初めて，住民投票が実施された。その後，米軍基地・原子力発電所・産業廃棄物処理場など，いわゆる「施設」の是非を巡り住民投票が行われている。最近では，投票権者が拡大される傾向にあり，地方公共団体の合併先を決める住民投票において秋田県岩城町では18・19歳に投票権を与え，長野県平谷村では，中学生にまで投票権が与えられている。また，米原市では永住外国人にも投票権が認められている。さらに，個別的な政策課題について住民投票を行うのみでなく，一般的な政策課題についても住民投票を認める住民投票条例の制定を行う地方公共団体も出てきている。しかし，これらの住民投票条例は，法的な拘束力をもつものではなく，長に投票結果を尊重させる義務を負わせる効力しかない。

　住民投票は，住民自治の強化にとって有益な制度であるが，反面，濫用すれば，地域社会における住民の利害対立を過度に増長させる危険性をもっている。また，公職選挙法の適用がないので買収や公共の利益を無視した短絡的な判断の誘発などの弊害がある。

　しかし，多様化した国民の利害を調整する議会の機能が脆弱化している現代国家においては，住民が政治に直接参加する住民投票の制度は，議会の代表機能を補い，地方自治の本旨である住民自治を実質化するために軽視できない重要な制度である。

(4)　俵静夫『地方自治法』（有斐閣，1990）119頁参照。
(5)　久世公暁「地方自治特別法」『憲法の争点　新版』（有斐閣，1985）254頁参照。

南博方＝原田尚彦＝田村悦一編『行政法(3)　地方自治法［第3版］』（有斐閣，1999年）74頁参照。
(6)　川崎政司『地方自治法基本解説』（法学書院，2004年）78頁参照。

第5節　住民監査請求・住民訴訟

1　住民監査請求

　住民監査請求は，地方公共団体の長・委員会・委員などの執行機関または，職員による財務会計上の違法・不当な行為または不作為について，監査委員に監査請求をすることにより，住民の利益を侵害する行為についての予防や是正を求める制度である。

　地方公共団体の財産は，住民の税金により構成され，住民の信頼の下に運営されている。そこで，当該地方公共団体に居住する個々の住民に監査請求できる権利を与え，財政運営の公正を確保することにより，もって住民全体の利益の確保を目的としている。この制度は，アメリカの納税者訴訟を参考にして，戦後に住民訴訟とともに地方自治法（242条）に採用された。当該地方公共団体の住民ならば，選挙権の有無に関係なく，行為能力を有すれば誰でも請求できる。また，直接請求権の事務の監査請求と異なり，一人でも請求することができる。

　なお権利能力なき社団も，住民監査請求権者となることができる[7]。しかし，この制度では十分に住民全体の利益が確保できない場合には，違法を理由とするものについては，住民訴訟の手段により，最終的に裁判所に是正を委ねることができる。

2　住民訴訟

　住民訴訟とは，当該地方公共団体の住民が，自分の法律上の権利が侵害されていなくても，地方公共団体の執行機関や職員の違法な公金支出や財産管理行為や公金徴収や財産管理を怠る事実（不作為）について，裁判所を通し

て是正を図る制度をいう。直接請求権と異なり，当該地方公共団体の住民は一人でも提起することができる。

　この制度は，1963年の地方自治法改正（242条の2）で，納税者訴訟がより詳細に規定され，「住民訴訟」と呼ばれるようになった。この訴訟は，自己の法律上の利益と関わりなく提起できる「客観訴訟」であり，行政事件訴訟法上の「民衆訴訟」にあたる。地方公共団体の行政活動は，公金支出や財産管理を常にともなうので，住民による直接的な行政統制の手段として利用されることも多い[8]。

(7) 室井力＝兼子仁編『基本法コンメンタール　地方自治法［第4版］』（日本評論社，2001年）297頁参照。
(8) 平井宣雄＝新堂幸司＝金子宏編『法律学小辞典［第3版］』（有斐閣，2000年）532頁参照。

第6節　公聴会・請願

1　公聴会

　公聴会とは，国または地方公共団体の機関が広い範囲で多数の者の利害に関係する行政処分を行う前に，利害関係のある国民・住民の意見を聴き，利害関係者や学識経験者の意見を直接行政に反映させる制度である。利害関係をもつ住民の意見を直接政治に反映させるので，直接民主制を具体化する制度の一つとして挙げることができる。

　現代国家は，大衆の政治参加に伴い，行政権の範囲が飛躍的に拡大した行政国家である。近代以来，政治の中心を担ってきた議会は国民の利害関係を十分に反映できず，行政が国家において中心的な地位を占めるようになる。しかし，巨大化した行政機構は，民意を十分に反映しているとはいえず，行政活動において国民・住民の意見を直接反映する公聴会が間接民主制を補完する働きをもつものとして重要になっている。地方自治法上，議会運営において常任委員会（109条4項）や特別委員会（110条9項）という議会運営の

文脈でこの制度が採用されている。

2　請　願

　請願とは，国民が国または地方公共団体の機関に対して職務について自己の希望を述べる制度である。日本国憲法上，受益権として保障されている（16条）。現代社会においては，議会の意思決定は政党や圧力団体に支配され，国民は主権者としての地位をもつにもかかわらず，自己の意見を十分に反映できない。そこで，国民の多様な意見を直接に国政や地方政治に反映させる請願は，多様化した民意の調整機能を十分発揮できない行政を補完する働きがあり，直接民主制の一形式として意義がある。

　請願についての詳細は請願についての一般規定である請願法，国会に対しての請願は国会法，地方議会に対しての請願は地方自治法により規定されている。請願と類似した制度として陳情がある。陳情は国民の希望を訴えるだけの事実行為であるが，請願は，国または地方公共団体の機関がこれを受理し，誠実に処理する義務を負う（請願法5条）。

　請願権者は，日本人，外国人を問わず，当該地方公共団体以外の住民であっても行うことができる。さらに，一人で請願を行うことができるし，権利能力なき社団であっても請願を行うことができる。

> **コラム　選挙の原則**
>
> 　選挙制度は、直接私たちが政治に参加することが困難な現代社会において、民意を政治に反映させるために重要な制度である。選挙には、大きく4つの原則がある。
> 　第一に、普通選挙の原則である。通常それは、納税額や財産所有を選挙の要件にしない選挙をいうが、広く宗教・性別・人種などを選挙の要件にしない選挙の意味で使われることもある。普通選挙は、世界各国で採用されているが、現在の形の基礎ができたのは、20世紀になってからである。ドイツでは1919年、アメリカでは1920年、イギリスでは1928年である。日本では、男性の普通選挙は1925年に採用されたが、女性については、戦後の1945年になってからである。日本国憲法においては、「成年者による

普通選挙を保障する」と定められている（15条3項）。この反対概念は、制限選挙である。

　二番目に、平等選挙である。これは、選挙人の有する選挙権の価値を平等に取り扱う選挙をいう。平等選挙は、1人が1票持つという「投票機会の平等」のほかに、1票の価値が同じであるという「投票価値の平等」も内容としている。投票価値の平等が問題となったのが、議員定数不均衡訴訟である。この選挙の反対概念が不平等選挙である。

　三番目に、直接選挙である。これは、選挙人が議員その他の公務員を直接選挙する制度をいう。日本国憲法は国民主権原理を採用しているので、選挙人に信頼を置く直接選挙が公職選挙法上の選挙について採用されている。なお、地方公共団体の長や議会の議員の選挙については憲法上、直接選挙が保障されている（93条2項）。この反対概念は、間接選挙である。

　四番目に、秘密選挙である。これは、選挙人の投票の秘密を守るため、無記名で投票を行う選挙をいう。秘密選挙は、社会的に弱い立場にある選挙人の投票の自由を守るためには意義がある。日本国憲法では15条4項で保障されている。この反対概念は、公開選挙である。

参考文献

阿部斉＝寄本勝美＝今村都南雄編著『地方自治の現代用語』（学陽書房、2000年）

俵静夫『地方自治法』（有斐閣、1990年）

久世公暁「地方自治特別法」『憲法の争点　新版』（有斐閣、1985年）

南博方＝原田尚彦＝田村悦一編『行政法(3)　地方自治法［第3版］』（有斐閣、1999年）

川崎政司『地方自治法基本解説』（法学書院、2004年）

室井力＝兼子仁編『基本法コンメンタール　地方自治法［第4版］』（日本評論社、2001年）

平井宣雄＝新堂幸治＝金子宏編『法律学小辞典［第4版］』（有斐閣、2000年）

大須賀明他編『憲法辞典』（三省堂、2001年）

宇賀克也『地方自治法概説』（有斐閣、2004年）

（山本　克司）

第10講　情報公開と個人情報の保護

●本講の内容のあらまし─

　民主主義原理の下で，政府の情報は基本的に開示されなければならない。住民が政治に参加するために統治に関する様々な情報を入手する必要がある。しかし，政府がこうした情報を積極的に開示してきたわけではない。政府が開示したがらない情報を開示させる制度が地方における情報公開条例であり，国における情報公開法である。こうした条例や法律は私たちの知る権利を具体化し実効化するものである。

　それとパラレルな関係として，個人情報の保護も必要である。地方公共団体は，統治の過程で様々な個人情報を収集，保存，利用する場合がある。その際，住民はみだりに自己の情報を収集，保存，利用されない権利と地方公共団体が保有している自己情報の開示を求める権利が認められなければならない。こうした個人情報を保護する仕組みとして個人情報保護条例が各自治体で制定されている。

第1節　地方公共団体の情報公開と個人情報の保護

1　地方公共団体の情報公開

　民主制原理の下で，わたしたちが政治決定を行うためには，統治に関する事項について種々の情報を獲得していなければならないが，従来，統治機関は膨大な情報を独占し，国家秘密という名目の下に，情報の公開には消極的であった。しかし，国民主権原理を採用し，統治がわたしたちの意思によって行われるべきことを要請している日本国憲法の下で，統治に関する事項は

すべて究極的には明らかにされねばならず，原則として，政府は秘密にすべき事項をもちえない。ただ，政府は，わたしたちの基本的人権を保障する義務を負うものであるから，その目的に沿う限りで，例外的に，時間的にも事項的にも必要最小限の範囲で秘密を保持することは認められる。わたしたちの知る権利を具体化・実効化するのが地方レベルにおける情報公開条例であり，国政レベルにおける情報公開法である。

日本における情報公開法の制定について，中央政府のレベルでは，1980年代，かなり消極的な姿勢が目立っていた。これに対して，地方政府のレベルでは，情報公開の条例化は相当程度すすんだ。1982年の山形県金山町の公文書公開条例，1983年の神奈川県公文書公開条例・埼玉県行政情報公開条例を先鞭として，情報公開条例の制定は全国に広がっていった。これによって，住民が地方政治に参加するために必要な情報を入手することが可能となる。民主的な地方行政を確立するうえでそれは不可欠な制度ということができる。日本国憲法は，地方政府レベルにおいて，中央政府のレベルよりも強力な住民による参加・自治を保障しているのであり，かつ，中央政府から独立した自治能力を発揮することを要請しているのである。

もっとも，国のレベルでも，1998年に情報公開法が成立し，2001年4月から施行されることとなった。また，独立行政法人等情報公開法も制定されている。この結果，国の情報公開法の方が，先行した情報公開条例より内容的に進んだ点がある場合には，各地方公共団体の条例の見直しが行われる必要があるし，現に行われている。また，条例の存在しない地方公共団体では情報公開条例の制定が求められている。

2　地方公共団体の個人情報保護

情報公開制度においては，個人情報は，本人から開示請求があっても非開示とされ，消極的に保護される。むしろ，個人情報の開示請求については個人情報保護条例にもとづいて行われる。個人情報保護条例は，①地方公共団体による個人情報の収集，保存，利用等に関して制限を課し，また，②地方

公共団体の保有する個人情報について，開示，訂正，削除請求権を保障する，という二つの柱からなっている。

　この個人情報保護制度の憲法上の根拠はプライバシー権である。個人の私生活のことがらを，何人からもみだりに公表されないことは，個人の人格尊重にとって不可欠のことに属する。私生活は個人の人格の基礎である。プライバシーの権利は，アメリカにおいて，19世紀末に提唱され，「ひとりで放っておいてもらう権利」(the right to be let alone) として承認されてきた。日本においても，「宴のあと」事件判決（東京地判昭和39 (1964) 年9月28日下民集15巻9号2317頁）で，プライバシーを「私生活をみだりに公開されないという法的保障ないし権利」と定義して，プライバシーの権利を一般的人格権としてはじめて承認した。

　しかし，今日では，プライバシーの侵害は，私生活の「公開」だけでなく，盗聴等のさまざまなかたちで問題となり，さらには，公権力による「個人に関する情報の集積じたいが，個人の尊厳を脅かす」ようになってきており，「自分のことがらに関する情報は自分が管理し支配できる権利」（自己情報コントロール権）として捉えるべきであるという考え方が有力になってきている。この権利は，「みだりに自己情報を収集，保存，利用されない権利」という自由権的側面と，地方公共団体が自己の情報を保存している場合には，その開示を求めるという請求権的な側面があり，前述の条例の二つの柱は，これらの二つの側面に対応しているといえる（藤井・後掲40頁）。

　なお，国のレベルにおいても，2003年に個人情報保護法・行政機関個人情報保護法・独立行政法人等個人情報保護法が制定され，個人情報保護制度が整備されるに至っている。この結果，情報公開と同じように，個人情報保護条例をもっている地方公共団体では条例の見直しが，それをもたない地方公共団体では条例の制定が求められている。

　　　　　　　　　　　　　　　　　　　　　　　（村山　貴子）

第2節　情報公開制度

1　情報公開制度化の問題点

　情報公開の目的は，(1)住民の知る権利を保障し，(2)公正で民主的な行政を確保することにある。この住民の知る権利に具体的権利性を付与するのが情報公開条例であり，情報公開法である。情報公開の制度化において，(1)政府機関はその保有する情報を原則として住民に開示しなければならない（原則公開＝例外非公開，非公開事項の限定・明示）。(2)住民は政府機関に対して情報公開を請求する権利を有する（平等なアクセス権の保障）。(3)情報公開をめぐる争いを解決する権利救済手続の完備（権利保障のための救済手続）。以上の三点が基本的に要請される。

2　情報公開条例における情報公開手続

(1)　情報開示請求権者の範囲と政府機関保有情報

　政府情報の開示請求権が条例化される場合，先ず請求権者の範囲をどのように定めるのかということが問題となる。情報公開条例において，請求権者の範囲を当該地方公共団体の住民に限るとするもの（狭義の住民説），当該地方公共団体の行政に利害関係をもつ者にまで広げるもの（広義の住民説），さらには，広く何人にも認めるもの（何人説）がある。学説上，請求権者の範囲確定は，「各自治体の地方自治的な立法政策の問題である」と捉える立場もあるが，情報公開制度には「憲法上の人権としての知る権利と情報の自由を具体化するという意味があるわけであるから，自治体における情報公開制度も，既存の地方自治法制の枠にあわせて構想するだけでは，決して十分であるとはいえない」（右崎正博「情報公開条例と訴訟要件」時岡弘編『人権の憲法判例第5集』（成文堂，1987年）274頁）であろう。アメリカの情報自由法は，開示請求権者を「すべての個人」「何人」（any person）としているが，情報公開条例においても，原則として，このような方式がとられるのがのぞ

ましい。

　政府機関保有の情報について開示請求権を有するという場合，行政機関保有の情報に限定されるのか，それだけでなく，議会および地方企業体等の保有する情報にもそれが及ぶのかという問題がある。こうした情報公開の対象機関について，地方公共団体の条例は，一般に「実施機関」という考え方をとり，知事・市長などの部局を実施機関としている。教育委員会，公安委員会なども実施機関に入れるところがふえてきている。議会については含めるところと含めないところがある。究極的には，一切の公的機関の情報が開示の対象とされるべきであろう。具体的には，長，議会，委員会，監査委員，地方公共団体の組合，地方公営企業などがあげられる。

　また，開示請求の対象たる情報についても，文書のみに限定されるのか，それだけでなく磁気テープ等をも含むのか，決済を経た文書のみが対象となるのか，それだけでなく総ての公文書が対象となるのかという問題がある。これについては，公的機関が保有し，かつ視聴取等が可能な状態に記録されたものすべてに及ぶと解すべきであろう。

(2)　原則公開・例外非公開

　政府機関はその保有する情報を原則として開示しなければならない。ここにおいて重要なことは非公開事項の限定の問題である。非公開事項は，あらかじめ特定的に明示される必要があり，かつ必要最小限度の範囲に限定されなければならない。

　非公開事項の典型的なものとして，①個人情報，②法人等の情報，③法令秘情報，④意思決定過程情報，⑤行政の公正で円滑な運営に著しい障害となる情報，⑥公安情報や犯罪捜査に関わる情報，⑦公務員の守秘義務，などがあげられる。なお，例外的場合であるが，開示請求に対して問題の行政文書が存在しているかどうかを答えるだけで，実質的に非開示情報を開示することになる場合に，当該文書の存否を明らかにしないで当該開示請求を拒否できる。これは存否応答拒否といわれるもので，国の情報公開法にならって（行政機関の保有する情報の公開に関する法律8条），地方公共団体の条例にも

導入される例が増えてきている。

① 個人情報

情報の公開によって個人のプライバシーが侵害されることがあってはならない。そこで，「個人の生活に関する情報であって，特定の個人が識別され又は識別されうるもの」，例えば，個人の学歴，地位，財産，病歴など個人のプライバシーに関する情報を非開示事項・適用除外事項とする必要がある。しかし，公開してもプライバシーを不当に侵害しない情報は，公開される必要がある。また，自己に関して自治体がどのような情報を保有しているのかを知り，かつ，その情報が誤っている場合には訂正を求める権利が認められなければならない。

② 法人等の情報

行政過程で行政が保有するに至った企業の営業上の秘密は，条例によって公開の例外とされている。企業秘密を競争者に知られることは，企業の存立を脅かす場合もあり，非公開の制約があるのはやむをえない場合もあるが，人の生命・身体・健康を守るために必要な場合や違法・不当な企業活動に関する場合には，公開すべきものとされる。たしかに，情報公開によって，法人や事業を営む個人が不当な不利益を蒙ることがあってはならない。しかし，この秘密は，実質的には経済的利益であり，個人のプライバシーの権利と同格に扱うことはできない。企業が社会に与えるインパクトは相当に大きく，また，企業は社会的責任を負っているのであり，簡単に秘密保護が与えられていいというものではない。

③ 法令秘情報

法令秘情報とは，個別的な法令によって開示することができないと認められている情報である。法律および条例で規定すればいかなる情報でも非公開にすることができるとすると，情報公開が他の法律・条例によって骨抜きにされる危険性がある。それゆえ，個別的な法令によって非公開とするだけの合理的根拠をもったものでなければ，非開示とすることはできない。

④ 意思決定過程情報

情報公開条例では，行政機関の意思決定過程にある内部的な情報が非公開とされている。行政サイドとしては，行政の意思決定過程での自由な討議を確保するため等の理由で，情報を非公開とする。しかし，委員会や審議会等の意思決定機関の意思決定過程情報を知ることはきわめて重要である。行政の意思決定過程に参加する前提条件を用意することも情報公開制度の意義であり，意思決定過程情報の制限はその意義を没却することになる。

⑤　行政の公正で円滑な運営に著しい障害となる情報

　行政運営に関する情報には，入札予定価格，職員採用試験問題のように，事柄の性質上，事前に公開することができないものがある。「公開することにより当該事務又は事業の実施の目的を失わせ，又は当該事務もしくは事業の公正かつ適正な実施を著しく困難にすると認められるもの」は，行政運営に関する情報として適用除外とされる。しかし，事前に公開できないものでも，非公開にする理由がなくなった時点では公開しなければならない。

⑥　公安情報や犯罪捜査に関わる情報

　公安委員会や警察の公安情報が例外として非公開とされる。その根拠として，警察など所管事項の特殊性，その保有している情報の特殊な性格，国や他の道府県警察との関係から生じる制約があげられている。しかし，あくまでも公開が原則であり，非公開が例外であるという点はおさえておく必要がある。

⑦　公務員の守秘義務

　国家公務員法や地方公務員法などは，公務員または公務員であった者に対して，「職務上知り得た秘密を漏らしてはならない」と「守秘義務」を定め（地方公務員法34条1項は「職員は，職務上知り得た秘密を漏らしてはならない。その職を退いた後も，また，同様とする」と規定する），守秘義務に違反した公務員には3万円以下の罰金または，1年以下の懲役が科せられることになっている（地公法60条2号）。

　この守秘義務の「職務上知り得た秘密」の範囲と適用除外事項の「非公開にできる情報」の範囲とが同じなのかどうか，情報公開条例による公開原則

の例外としての適用除外事項と地方公務員法34条の「秘密」がどのような関係に立つのかが問題となる。この点について，示唆的なのが外務省秘密漏洩事件東京地裁判決（東京地判昭和49（1974）年1月31日判例時報732号12頁）の判旨である。政府は秘密をもちえず，公開を原則とするが，(イ)公共的討論や国民的監視になじまない事項（国民のプライバシーに関する事項など），(ロ)公開されると行政の目的が喪失してしまうにいたる事項（逮捕状の発付，競争入札価格など），(ハ)公共的討論や国民的監視による統制は事後的に行う機会を残しつつ，公務遂行中にはその能率的・効果的な遂行を一時的に優先させる必要のある場合（行政内部での非公開委員会など），(ニ)その他，(イ)(ロ)(ハ)に準ずる場合など，一定の事項は，公務の民主的・能率的運営を確保し，個人に関する情報を保護するために，漏洩を防止する必要がある。この法理を情報公開においても考慮する必要がある。

3 情報公開における救済方法

市民が公開を求めた情報が，政府機関によって適用除外に該当するとして非公開にされた場合，これを救済する制度がなければならない。これについて，行政不服審査法に基づく救済制度は，行政内部における自己審査であるために審査の公正さと客観性・信頼性に不十分な点がある。

この適切な運営を担保するためには，第三者機関である合議制の情報公開審査会を諮問機関として関与させる方式がある。情報公開審査会は，実施機関から独立して非公開の是非について審査を行う。そして，当否を実施機関に報告し，実施機関はこれを尊重して，不服申立に対する決定をする。救済の実効性を確保するためには，審査会の結論を尊重して事実上拘束力をもたせるように運用されることが望ましいであろう。

非公開の是非を審査する救済機関には裁判所がある。これは行政事件訴訟法により，行政機関による情報の非公開決定を行政処分ととらえ，処分取消の裁判を起こすことによって救済を求めるものである。

（後藤　光男）

第3節　個人情報保護制度

1　個人情報保護の目的

　個人情報保護制度は，個人情報の保護を目的とするが，本来の目的は個人のプライバシーの保護である。前述したように，プライバシーは「私事をみだりに公表されない権利」としてのみならず，自己情報コントロール権としても捉えられるようになってきており，地方公共団体の個人情報保護条例の中にはこのことに言及している例もある。

2　保護の対象と実施機関

　個人情報保護条例は，地方公共団体が組織として保有する個人情報の保護をはかっている。保護の対象となる個人情報は，個人に関する情報であり，氏名，住所など特定の個人が識別され，または他の情報と照合することによって識別することができるものをさす。もっとも，事業を営む個人の当該事業に関する情報は除かれる。

　実施機関となっているのは，情報公開条例とほぼ同じであるが，個人情報を収集・保存・利用し，開示請求についての決定を行う機関である。長，委員会，監査委員，公営企業管理者などが実施機関となっているが，地方議会を加える条例もある。都道府県レベルの公安委員会については消極的な姿勢が目立っている。

3　個人情報の収集，保存，利用

　行政機関による個人情報の取扱いについて，条例は重要な制限を加えている。個人情報の収集は，明示された収集目的の範囲内で，必要な限度においてのみ，本人から収集するのが原則である（本人収集の原則）。さらに，他人に知られたくないと思うのが相当であるような情報，例えば，思想・信条・宗教・人種・民族・犯罪歴・社会的差別の原因となる情報（いわゆるセンシ

ティブ情報）については，収集は原則として禁止される。

　収集した個人情報は適正な管理体制のもとに保存されなければならない。管理を委託する場合には，受託者に適正な管理を行わせるべく必要な保護措置をとらなければならない。また，保存の必要がなくなった個人情報は消去しなければならない。

　実施機関が個人情報を利用する場合，収集目的を超えて利用する目的外利用，および，外部提供が禁止される。もっとも，①本人の同意があるとき，②法令等に定めがあるとき，③出版・報道により公にされているとき，④個人の生命，身体または財産の安全を守るため緊急かつやむを得ないと認められるとき，⑤個人情報審議会が必要と認めたとき，こうした場合には，例外的に目的外利用ができる（神長・後掲152頁）。また，他の団体のコンピュータと結合するオンライン結合についても，原則的に禁止されるが，例外的に，個人情報保護審議会の意見が求められる場合がある。

　この点に関連して，問題となるのが住民基本台帳法の改正（1999年8月）による住基ネットシステムの発足である。従来，住民の本人確認は住民基本台帳法に基づく住民基本台帳で行われてきたが，国はこれを改正し，市区町村のすべての住民に11桁の住民票コードをつけ，一元的処理を可能にする住民基本台帳ネットワーク（住基ネット）システムを稼動させるに至った。これについては，個人情報保護が十分にはかられているか疑問であるとして，住基ネットへの参加を見合わせる地方公共団体，あるいは，住民に選択権を与える選択性などの措置をとる地方公共団体もある。

　個人情報保護条例によっては，民間事業者による個人情報の取扱いについて，一定の制約を加える場合がある。これらの条例は，民間事業者に対して，個人情報保護の責務規定や，個人情報の取扱いに不適切があったとき，実施機関が何らかの規制的行政指導を行う仕組みを設けている。

4　開示請求と訂正請求の手続

　個人情報保護条例の下で，個人は，実施機関が保有する自己情報の公開を

求めることができる。何人も，自己の個人情報について開示請求権を有する。未成年者の場合，法定代理人が本人に代わって請求権を行使することができる。ただし，条例に列挙されている例外事由に該当する場合，本人からの自己情報開示であっても認められない場合がある。例外事由の規定は，情報公開条例と類似の規定となっている。例外事由の解釈に際して，「情報公開条例の場合は誰からでも開示請求が可能であることを前提に，およそこの情報を開示した場合にどのような支障が生じるかを問題としなければならないが，個人情報保護条例の場合，当該本人に開示した場合にどのような支障が生じるかを問題としなければならない」（松井・後掲137頁）といえる。

何人も，実施機関に対し，その保有する自己情報に誤りがある場合，その訂正を請求する権利が保障されている。また，何人も，条例の根拠がなく収集されていると認められる場合，削除を請求することができ，自己情報が目的外利用されている場合は，その中止を請求することができる。

5 個人情報保護の救済方法

請求者が，実施機関に対して，自己情報の開示請求を行った結果，認められなかった場合に，救済手続の保障が必要となる。まず，①実施機関の決定・処分に不服がある場合，請求者は，行政不服審査法にもとづき，不服申立てをすることができる。こうした申立てに対して，実施機関は，長の付属機関である個人情報保護審査会に諮問して，その意見に基づいて，決定または裁決するのが一般的である。さらには，②不服申立ての決定・裁決に不服がある場合，裁判所に取消訴訟等を提起することができる。

> **コラム　内申書裁判－高槻内申書事件－**
>
> 内申書は地方公共団体の公文書であるといえる。では情報公開条例や個人情報保護条例を用いて，その公開を請求することは可能だろうか。このことが争われたのが高槻内申書事件である。
> 　1991年，原告の女子生徒が，高槻市立の中学校を卒業する年の1月7日に，高槻市個人情報保護条例に基づいて，同市教育委員会に対して，自分

の所属中学校が教育委員会に提出する内申書の開示を求めた。原告は，学校の方針に反して私服通学を続けたことがどのように評価されているかが気がかりだったからである。もっとも，進学希望高校の願書提出の締切り日は3月7日であり，内申書は2月下旬に作成され，市教委を経て高校側に送られることになっているので，内申書が作成された時点で開示を受けられるよう，前もって開示決定を求めた。

これに対して，市教委は，1月16日，内申書はまだ作成されていないので当該文書は不存在であると原告に通知した。そこで原告は，市教委の不存在の通知は非開示決定処分であると考えて，行政不服審査法に基づき異議申立てをおこなった。市教委から諮問を受けた高槻市の個人情報審査会が審理を行ったのであるが，その際，市教委は，同市の個人情報保護条例13条2項の2号「個人の評価，診断，判定等に関する情報であって，本人に知らせないことが正当であると認められるもの」，および，3号「開示することにより，公正かつ適切な行政執行の妨げになるもの」に該当するので，非開示の決定は適法であると主張した。しかし，審査会はこうした市教委の主張を認めず，内申書を開示すべきであるとする答申を行った。その理由は，内申書が作成されてから開示請求をしても，高校に送付される前に開示されることは困難であるから，あらかじめ開示請求をすることは認められてよいとし，また，教師が責任をもって評価したことだけが記載されるのであれば，開示により原告と教師の信頼関係が崩れることはないので，適用除外には該当しないとした。

市教委は，こうした答申にもかかわらず，原告による異議申立を退けたので，原告は本件処分の取消し及び違法な処分による精神的苦痛を受けた慰謝料の支払いを求めて出訴した。大阪地裁は，1994年12月20日，取消訴訟については訴えの利益が消滅しているとして却下したが，慰謝料については，「総合所見欄」以外は開示すべきであったとして，原告の請求を一部認容する判決を下した（判例時報1534号）。原告は，取消訴訟の却下部分については控訴して争ったが，大阪高裁は1996年9月27日，大阪地裁と同様な判決を下し確定した。

参考文献
藤井俊夫「行政情報の公開の原則」『行政法総論［第4版］』（成文堂，2005年）
松井茂記「情報公開制度と個人情報保護制度」高田敏＝村上武則編『ファンダメンタル地方自治法』（法律文化社，2004年）

神長勲「情報公開制度・個人情報保護制度」室井力＝原野翹『新現代地方自治法入門［第2版］』（法律文化社，2003年）
奥津茂樹『個人情報保護の論点』（ぎょうせい，2003年）
後藤光男「行政と情報公開」『国際化時代の人権［改訂版］』（成文堂，1999年）
棟居快行「プライバシー権〈高槻内申書事件〉」『憲法フィールドノート』（日本評論社，1998年）

（村山　貴子）

第11講

行政手続の保障

●本講の内容のあらまし

　行政活動に関する情報公開の要求と適正手続との有機的なつながりが重要である。欧米では，情報公開の精神は，日常的な行政過程における適正手続から出てきている。行政を担当する者が，相手方たる国民に対して行政内容を示すことによって，はじめて両者の対等性が保障される（奥平康弘『憲法』弘文堂，1981年151頁）。日本の場合も，適正手続の考え方が成熟し，広く国民の間に浸透することが必要である。

　地方公共団体と住民との実体的な法関係の形成に際して，行政活動により，住民の権利・自由が不当に侵害されないようにするためには，行政手続の保障が必要となる。この根拠規定が憲法31条以下の規定である。今日，肥大化した行政権が，国民の自由や権利への脅威となるなかで，可能な限り，行政手続にも適正な手続の要請が及ぶと考えるべきである。日本でも，遅ればせながら，1993年，行政手続法が制定された。また，各地方公共団体においては，行政手続条例を制定することが必要となる。なお，ほとんどの場合，行政手続法と同趣旨のものが制定されているというのが現状である。なお，行政手続法改正が進行中である（ジュリスト2008年7月15日号1360号の特集『行政不服審査法・行政手続法改正に向けて』参照）。

第1節　行政手続保障

1　手続保障の意義

　行政手続保障とは，国・地方公共団体と国民・住民との間の実体的な行政

法関係の形成に際して，国民・住民の権利・自由が不当に侵害されないようにするために，その法関係の形成に先立つ行政手続の適正をはかること，できるだけ行政の作用に対して，適正手続の枠をかぶせておくべきであるとする考え方を前提にして，事前に国民・住民の意思を反映させるための機会を与えることをいう（藤井・後掲231頁）。行政手続は「住民に対する行政活動案とその根拠の告知，行政機関の保有している当該事件にかかる資料の提示，住民からの意見の聴取，および，住民に対する当該行政活動案の告知とその理由の明示」が基本的要素であるといえる（本多・後掲165頁）。

2　憲法と適正手続

　憲法は，31条から40条まで，一連の刑事手続上の人権保障条項を設けている。このことは，国家の刑罰権の発動が人身の自由に対する最も直接的な侵害となるからである。公権力の恣意的な発動を阻止するためには，適正な手続および実体的要件の要求によるコントロールが必要である。

　憲法31条は手続保障の総則的な位置にあり，「何人も，法律の定める手続によらなければ，その生命若しくは自由を奪われ，又はその他の刑罰を科せられない」と定めて，法の適正な手続の重要性を強調している。本条は，一般的には，マグナ・カルタ39条に源を発するアメリカ合衆国憲法修正5条・14条のデュープロセス条項の英米法的伝統に由来する。ところで，本条は「法律の定める手続」と規定するのみで，アメリカ合衆国憲法修正5条・14条のように「法の適正な手続」（due process of law）とは表現されていない。しかし，どのような内容の手続きであっても，法律で定めさえすればよいという趣旨ではなく，法律の手続の内容が客観的に合理性・妥当性のある適正なものでなければならないということである。

　憲法31条以下の規定が，主として刑罰権の発動を念頭におき，科刑手続や司法手続に適用されるのは間違いないが，行政手続に適用されるかについては議論がある。この点に関する学説は，大きく三説に分かれている。

　第一は不適用説であり，憲法31条以下の規定は行政手続に適用されない

とするものである。もっとも，不適用説といっても，行政手続の適正性が憲法上の要請であるということを否定するわけではなく，根拠規定を別の人権規定に求めるべきであるとする。例えば，行政権による個々の権利侵害については，各個別の人権に求め，あるいは憲法13条の「幸福追求権」に根拠があるとして，あえて憲法31条以下の諸規定に依拠する必要はないというのである。第二は適用説である。31条以下の規定は行政手続にも適用されるとする。憲法の全体構造からみて，31条に明文の根拠を求めるのが妥当であり，このように解したとしても何ら弊害は生じないとする。第三は，準用ないし類推適用説である。31条が刑事手続に関する規定であることを前提にしながら，刑罰以外の場合でも，ことの性質に応じて，準用されあるいは類推適用されるべきであるとする。

　適用説が通説的見解となっているが，いずれの説にしても，行政手続を憲法上保障しようとする意図があることは明白である。その根拠として，まず国が国民の権利・自由を侵害する場合，その手続の適正さが望まれることについては，それが刑事手続であれ，行政手続であれ本質的に変わりがあるわけではないということ，もう一つは，現代国家においては，行政がますます複雑かつ専門技術化し，その結果，裁判所としても事実上行政の裁量的判断への尊重を強めざるを得なくなっているという点を考慮すると，行政の事前手続の段階での国民の権利保護への配慮がますます必要となってきていること（藤井・後掲238頁参照）が挙げられる。

　最高裁は，第三者所有物没収事件判決において，旧関税法118条1項の規定につき，「第三者の所有物を没収する場合において，その没収に関して当該所有者に対し，何ら告知，弁解，防禦の機会を与えることなく，その所有権を奪うことは，著しく不合理であって，憲法の容認しないところである」と判示して，告知・聴聞をうける権利を認めている（最大判昭和36 (1961)年11月28日刑集16巻11号1593頁）。

　通常の行政手続への適用に関しては，適用なしとするのが判例の一般的傾向であったが，個人タクシー免許申請，および，乗合バス事業の免許申請の

審査手続について，適正な手続によるべきことが判示されている（最大判昭和46（1971）年10月28日民集25巻7号1037頁，最大判昭和50（1975）年5月29日民集29巻5号662頁）。また，川崎民商事件判決では，憲法35条・38条に関するかぎり，それが行政手続にも及ぶことを原則的に認めた（最大判昭和47（1972）年11月22日刑集26巻9号554頁）。そして，成田新法事件判決では，行政手続が刑事手続でないとの理由のみで，憲法31条の保障が及ばないと判断すべきではないとし，事前の告知，弁解，防禦の機会を与えるかどうかは，総合較量によって決定すべきであるとしている（最大判平成4（1992）年7月1日民集16巻11号1593頁）。

　前述したように，肥大化，多様化した行政権が，国民の自由や権利への新たな脅威を生みだしているなかで，可能なかぎり，行政手続にも適正な手続の要請が及ぶと考えるべきである。なお，遅ればせながら，日本でも行政手続法（平成5年法88号）が成立した。

第2節　行政手続法

1　行政手続法の目的

　行政手続法の目的は，「行政運営における公正の確保と透明性の向上」を図り，それによって国民の権利利益の保護に資することを目的とする（1条1項）。この目的を実現するために，「処分，行政指導及び届出に関する手続に関し，共通する事項を定める」（1条1項）が，これらの事項に関し，「他の法律に特別の定めがある場合」は，その定めるところによる（1条2項）。この法律の具体的内容は，「申請に対する処分」「不利益処分」「行政指導」「届出」に関する手続上の一般的準則を定めていることにある。

2　適用範囲

　この法律の適用除外とされる処分や行政指導も少なからずある（3条1項）。例えば，国会の議決等によってされる処分（同1号），裁判所の裁判等

によってされる処分（同2号），検察官会議等で決すべきものとされている処分（同4号）などである。もっとも，この中には，学校教育などの目的を達成するためになされる処分及び行政指導（同7号），外国人の出入国，難民の認定又は帰化に関する処分及び行政指導（同10号）など，「ことがらの本質としては適用除外とすることが妥当かどうか疑わしいものもあり，この点では課題は残っている」（藤井・後掲246頁）といえる。

3　申請に対する処分

　申請とは，行政庁の許可，認可，免許など「自己に対し何らかの利益を付与する処分を求める行為であって，当該行為に対して行政庁が諾否の応答をすべきもの」（2条3号）と捉え，利益処分の諾否についての手続上の公正さを確保しようとするものである。「何らかの利益を付与する処分」は，①許可，認可，免許などの申請→②申請の審査→③処分の決定という過程を辿る。この過程の公正さと透明性を確保するためには，行政庁は申請に対していかなる基準で判断するのかを明示し，適切な期間内に応答し，拒否処分の場合には理由を明示しなければならないということである（北原・後掲6頁）。

　①　審査基準

　行政庁は，申請により許認可・処分を行う場合，法令の定めに従って判断するために必要とされる基準，すなわち，「審査基準」を定めなければならない（5条1項）。審査基準を定めるに当たって，行政庁は，当該許認可の性質に照らしてできる限り具体的なものとしなければならない（2項）。さらに，行政庁は，行政上特別の支障があるときを除き，事務所における備付けその他の適当な方法により審査基準を公にしておかなければならない（3項）。

　②　標準処理期間と迅速な審査

　行政庁は，申請がその事務所に到達してから当該申請に対する処分をするまでに通常要すべき標準的な期間を定めるように努めるとともに，これを定めたときは，事務所における備付けその他の適当な方法により公にしておか

なければならない（6条）。

行政庁は，申請がその事務所に到達したときは遅滞なく当該申請の審査を開始しなければならない（7条前段）。かつ，申請書の記載事項に不備がないこと，申請書に必要な書類が添付されていること，申請することができる期間内にされたものであること，その他法令に定められた申請の形式上の要件が適合していることを速やかに確認し，要件に適合しない申請については，申請者に対し相当の期間を定めて当該申請の補正を求めるか，または，当該申請により求められた許認可等を拒否しなければならない（7条後段）。

③　拒否処分の理由の告知

行政庁は，申請により求められた許認可等を拒否する処分をする場合は，申請者に対し，同時に，当該処分の理由を示さなければならない（8条1項）。ただし，一定の場合には，申請者の求めがあったときにこれを示せば足りる（同1項ただし書）。処分を書面でするときは，理由は，書面により示さなければならない（8条2項）。

④　公聴会の開催

行政庁は，申請に対する処分であって，申請者以外の者の利害を考慮すべきことが当該法令において許認可等の要件とされているものを行う場合には，必要に応じ，公聴会の開催その他の適当な方法により当該申請者以外の者の意見を聞く機会を設けるよう努めなければならない（10条）。

4　不利益処分

不利益処分とは，特定の者を名宛人として「直接に，これに義務を課し，又はその権利を制限する処分」である。不利益処分については，①処分の告知→②名宛人の意見表明→③決定という過程を辿る。まず，処分基準の設定と公表が手続の公正さを確保するうえで不可欠である。その上で，処分の名宛人に「意見陳述」の機会である「聴聞」と「弁明の機会」が付与される。

①　処分基準

行政庁は，不利益処分をするかどうか又はどのような不利益処分をするか

について，法令の定めに従って判断するために必要とされる基準（「処分基準」）を定め，かつ，これを公にしておくよう努めなければならない（12条1項）。また，行政庁は，処分基準を定めるに当たっては，当該不利益処分の性質に照らしてできる限り具体的なものとしなければならない（同2項）。

② 不利益処分の理由の告知

行政庁は，不利益処分をする場合には，その名宛人に対し，同時に，当該不利益処分の理由を示さなければならない。ただし，当該理由を示さないで処分をすべき差し迫った必要がある場合は，この限りではない（14条1項）。しかし，その場合には，一定の事情があるときを除き，処分後相当の期間内に，理由を示さなければならない（同2項）。また，不利益処分を書面でするときは，理由は，書面により示さなければならない（同3項）。

③ 聴聞と弁明の機会の付与

行政庁は，不利益処分をしようとする場合には，当該不利益処分の名宛人となるべき者について，意見陳述のための手続をとらなければならない。その手続として，聴聞と弁明の機会の付与が定められている（13条）。

5　行政指導と届出

行政手続法は，行政指導（32条－36条）と届出（37条）に関する定めも置いている。両者は行政指導に関わる規定である。行政指導とは，本法によれば，「行政機関がその任務又は所掌事務の範囲内において一定の行政目的を実現するため特定の者に一定の作為又は不作為を求める指導，勧告，助言その他の行為であって処分に該当しないものをいう」（2条6号）と定めている。

具体的には，行政指導の一般原則として，行政機関はその任務と所掌事務の範囲を逸脱せず，その内容も「あくまでも相手方の任意の協力によってのみ実現されるもの」であることを明記し（32条1項），相手方の不協力に対しても不利益な取扱いをしてはならないとする（同条2項）。また，行政指導の方式として，行政指導の内容や責任があいまいな方法でなされないよう

に「趣旨及び内容並びに責任者」を明確にしなければならず（35条1項），行政指導を口頭で行う場合でも，相手方に書面を交付しなければならいと定めている（同条2項）。もっとも，行政指導を規定したことによって，かえって法的根拠に基づかない行政活動を承認することになりはしないかという危惧に対して，行政手続法は，行政指導の「任意性」を確認しているのであるから，行政指導に限界を画したものと解すべき（北原・後掲9頁）とされる。

第3節 行政手続条例

1 行政手続法と行政手続条例の関係

　行政手続法3条2項では，地方自治を尊重する観点から，地方公共団体の機関が行う処分や地方公共団体の機関に対する届出のうち，条例又は規則に根拠を置くものについては，法律の適用除外としている。また，地方公共団体の機関がする行政指導については全面的に適用除外とされる。そして，38条で「地方公共団体は，第3条第2項において第二章から前章までの規定を適用しないこととされた処分，行政指導及び届出の手続について，この法律の規定の趣旨にのっとり，行政運営における公正の確保と透明性の向上を図るため必要な措置を講ずるよう努めなければならない」と規定して，それぞれの条例によって必要な措置を講ずべきものとしている。

　そこで，行政手続法の定めと地方公共団体が条例で定める手続がどのような関係に立つのかが問題となる。これについては学説が対立している（本多・後掲167頁以下は2説に分類し，牛嶋・後掲148頁以下は3説に分類している）。

　第1説は，行政手続法は，条例との関係で，最低基準を定めたものと理解する。すなわち，地方公共団体は行政手続法が定めた基準を緩和することは許されないとする考え方である（兼子仁『行政手続法』（岩波新書，1994年）168頁）。

これに対して，第2説の標準法説は，「行政手続法は地方自治を尊重する意味でこれらを適用除外としたものであるから，本法の規定は標準的な手続の内容を示したものにすぎないので，地方公共団体は本法よりも厳格な手続を定めることも，緩やかな手続を定めることも許容される」という考え方である。前説に対しては，「地方の自主性を過度に拘束することとなり，本法が法律にもとづくものとそうでないものを区別した趣旨に反することになるので，標準法説が妥当である」とし，もっとも，緩和を認める場合には，「緩和することが当該地域住民にとっても権利保護を充実させるものとなる，といったようにその合理的根拠が示されなければならない」。また，行政手続法がそもそも規律対象としていない計画策定，命令制定，行政調査，行政契約などの手続について，地方公共団体が自主的に整備をはかることを妨げるものではないという（本多・後掲168頁参照）。

　第3説は，条例の手続水準は憲法・判例に従って審査すべきであるという考え方である。この説から，前説の行政手続法を最低基準と捉える考え方に対して，行政手続法が適用対象を切り分けた以上，ナショナルミニマムを論じる意義はないが，標準法としての規範的意味をもつかは慎重に検討を要するとする（牛島・後掲148頁参照引用）。というのも，行政手続法の水準が常に望ましいとは限らないからであり，この意味では，憲法・判例が意味する手続水準（判例法）を標準とすべきで，この視点から条例が定められることが望ましい（例：公務員・学生に対する不利益処分［行政手続法は適用除外］を対象とする行政手続条例規定）という。そして，行政手続法の定める手続水準を明確に下回るような条例規定（例：法の適用対象であれば聴聞が行われるような［条例に基づく処分］につき，弁明の機会の付与のみを定める条例規定）が違法かどうかについては，憲法が定めるデュー・プロセスに適っているか否かの観点から審査すべきであると主張する。

2　自治体行政手続の運用

　各地で行政手続条例が制定され，前述の四つの行為類型に関する手続保障

がはかられている。なお，条例の内容はほとんどの場合は法律と同趣旨であるが，行政指導の限界とか，例えば補助金等の適用除外など，法律とは異なる定めが置かれている例もある（藤井・後掲246頁）。

> **コラム　適正手続の源流はマグナ・カルタ**
>
> 　日本国憲法31条「何人も，法律の定める手続によらなければ，その生命若しくは自由を奪われ，又はその他の刑罰を科せられない」の規定は，国王による不当な逮捕・拘束などに抗議して1215年に成立したイギリスのマグナ・カルタ39条「自由人は，…国法によるのでなければ，逮捕，監禁，差押，法外措置，もしくは追放を受けまたはその他の方法によって侵害されることはない」にさかのぼることができる。
>
> 　その後，アメリカ合衆国憲法修正14条に「法の適正な手続 due process of law」として明確に表現されている。このように31条は，公権力を適正な手続きによって拘束し，人権を保障していこうとする英米的な考えに由来している。
>
> 　日本国憲法の31条から39条の規定が，主に刑罰権の発動を対象として，刑を科す手続きや刑の内容を裁判で決める司法手続に適用されるのは間違いない。ただ，税金徴収のための税務調査，土地の強制収用，伝染病患者の強制収容といった行政手続にも適用されるかについては，本講でみたように議論が分かれるが，行政権がわたしたちの生活のすみずみにまで及んでいる今日，行政手続にもできるだけ適正な手続が及ぶべきであるといえる。後藤光男『憲法』（ナツメ社，2004年）148頁，150頁参照。

参考文献

藤井俊夫「行政手続保障」『行政法総論［第4版］』（成文堂，2005年）
牛嶋仁「自治体行政手続」高田敏＝村上武則編『ファンダメンタル地方自治法』（法律文化社，2004年）
本多滝夫「行政手続」室井力＝原野翹編『新現代地方自治法［第2版］』（法律文化社，2003年）
北原仁「行政手続」後藤光男編『憲法と行政救済法』（成文堂，2002年）
後藤光男「適正手続」大須賀明編『争点ノート憲法［改訂版］』（法学書院，1997年）

（後藤　光男）

第12講

普通地方公共団体の事務

●本講の内容のあらまし

　地方公共団体の事務は，1999年の地方自治法の改正により，従来の自治事務と機関委任事務という形を廃止し，代わって，法定受託事務とそれ以外の自治事務という制度ができあがり，いずれも地方公共団体の事務となった。そして，国と地方公共団体あるいは都道府県と市町村の関係は，従来の上下・主従の関係から，新しい対等・協力への関係へと改められ，普通地方公共団体に対する国または都道府県の関与についても新しい原則の確立がはかられることとなった。もっとも，法定受託事務については，さまざまな国の関与の権限が定められているので，従来の国と地方公共団体との間の関係がどれだけ変化するのかは今後の課題である。

第1節　1999年地方自治法改正前までの地方公共団体の事務

1　地方公共団体の事務（自治事務）

　1999（平成11）年に地方自治法が改正される以前には，地方公共団体が自らの権限と責任によって処理する事務を一般に自治事務といった。旧地方自治法は2条2項で「普通地方公共団体は，その公共事務及び法律又はこれに基く政令により普通地方公共団体に属するものの外，その区域内におけるその他の事務で国の事務に属しないものを処理する」と規定して，自治事務を①公共事務，②団体委任事務，③行政事務，の三種類に分け，その主要なも

のを22項目にわたって例示していた（同3項）。

具体的には，公共事務とは，道路，住宅，文化施設の設置管理や上下水道や交通事業などの住民の福祉増進のための事務，すなわち，地方公共団体の存立目的たる事務と，選挙事務や条例制定事務のような地方公共団体の維持存立に関する事務をいう。委任事務とは，保健所，病院の設置管理などをいい，委任された事務は当該地方公共団体の事務として自主的に処理されるものをいった。また，行政事務には，消防，危険物の取締り，集団示威運動の規制，営業規制，公害の取締りなどがあった。こうした事務の内容に着目してみると，大きくは，授益的・給付的行政（公共事務）と規制的・侵害的行政（行政事務）に大別することができた。

2　機関委任事務

これに対して，旧地方自治法148条1項は「普通地方公共団体の長は，当該普通地方公共団体の事務及び法律又はこれに基く政令によりその権限に属する国，他の地方公共団体その他公共団体の事務を管理し及びこれを執行する」として，国の機関委任事務について規定していた。機関委任事務とは国の事務であり，それを委任された長は，「国の機関たる地位」として主務大臣の下位機関として位置づけられて，一般的指揮監督を受けた（旧地方自治法150条）。また，地方議会は，機関委任事務の事務処理に関する議決権をもたず，事務処理について，違法，怠慢がある場合には，職務執行命令により履行の強制を受けた（旧地方自治法146条）。

こうした「機関委任事務」という事務処理の形式は，1999（平成11）年の法改正により廃止され，後述するごとく，この事務の多くは，「法定受託事務」という形に置き換えられることとなった。そして，ここでは，国の事務を地方公共団体に委託するという事務処理の形式がとられることとなり，従来のような，知事・市町村長などの地方公共団体の行政機関が国の行政機関に組み込まれるということはなくなり，指揮・監督関係の規定も廃止されることとなった。もっとも，「法定受託事務についてもさまざまな関与の権限

が定められているため，国の行政機関と地方公共団体の行政機関との間の関係が実態としてどれだけ変化するかについては，なお今後の課題である」（藤井・後掲70頁）といえる。

3　1999年地方自治法改正までの動き

1995（平成7）年に，地方分権推進法が制定され，この法律によれば，「機関委任事務が将来廃止されるべきこと，補助金も整理されるべきことが予告される。そのために体制を整備されるべきことが地方公共団体の側に要請され，情報公開条例，個人情報保護条例，行政手続条例等，住民を尊重する体制を整備すること」（太田・後掲210頁）が求められることとなった。この法律により設置された地方分権推進委員会が，中間報告，5次にわたる勧告を行い，これに基づき，政府は地方分権推進計画を作成した。

そこで取り上げられた制度改革を実施するために，1999（平成11）年，地方分権推進一括法（「地方分権の推進を図るための関係法律の整備等に関する法律」）が制定され，機関委任事務に関わる法律が，この一括法により一挙に改正された。そして，同年，地方自治法も大改正され，国と地方公共団体の役割の明確化，機関委任事務制度の廃止，事務区分の再構成，国の関与の類型化と原則の確立，国と地方公共団体との間の係争処理制度の創設などが定められた（三吉・後掲218頁）。この改正法は，国と地方公共団体の事務について，国と地方の役割分担の原則に基づいて配分されるとし，地方公共団体の役割について，「住民の福祉の増進を図ることを基本として，地域における行政を自主的かつ総合的に実施する役割を広く担うものとする」（1条の2第1項）とした。また，国の役割について，「国においては国際社会における国家としての存立にかかわる事務，全国的に統一して定めることが望ましい国民の諸活動若しくは地方自治に関する基本的な準則に関する事務又は全国的な規模で若しくは全国的な視点に立つて行わなければならない施策及び事業の実施その他の国が本来果たすべき役割を重点的に担い，住民に身近な行政はできる限り地方公共団体にゆだねることを基本として，地方公共団体

との間で適切に役割を分担するとともに，地方公共団体に関する制度の策定及び施策の実施に当たつて，地方公共団体の自主性及び自立性が十分に発揮されるようにしなければならない」(1条の2第2項) とした。

第2節　1999年地方自治法改正と地方公共団体の事務

1　地方公共団体の事務

　機関委任事務を廃止した99年改正地方自治法は，地方公共団体の事務を一方では「地域における事務」(地域事務) と「その他の事務で法律又はこれに基づく政令により処理することとされる事務 (非地域的法定事務) とに分類し (2条2項)，他方では，「自治事務」と「法定受託事務」とに分類した (2条8項および9項)。

　ここにおける地域事務と非地域的法定事務に分類する意義は，前者の地域事務については，法律等の定めがなくても，それぞれの地方公共団体の判断で事務処理をすることができるとされるものである。旧地方自治法の規定においては，地方公共団体の処理すべき事務について例示していたが，1999 (平成11) 年の改正によってその例示を廃止し，それぞれの地方公共団体の判断にゆだねられることとなった。いずれにしても，地方公共団体は両者の事務を合わせて処理すべき事務とされたのである。

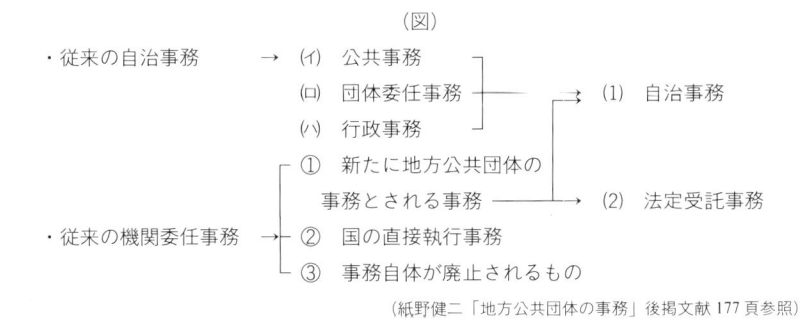

(図)

```
・従来の自治事務　　　→ (イ) 公共事務
　　　　　　　　　　　　(ロ) 団体委任事務 ──┐
　　　　　　　　　　　　(ハ) 行政事務　　　　├→ (1) 自治事務
　　　　　　　　　┌ ① 新たに地方公共団体の
　　　　　　　　　│　　事務とされる事務 ────→ (2) 法定受託事務
・従来の機関委任事務→┤ ② 国の直接執行事務
　　　　　　　　　└ ③ 事務自体が廃止されるもの
```

(紙野健二「地方公共団体の事務」後掲文献177頁参照)

　それでは，こうした事務の処理において，市町村と都道府県の間の事務処

理の配分はどのようになるのであろうか。旧法においては，市町村を基礎的な地方公共団体とし，都道府県を市町村を包括する広域の地方公共団体として位置づけ，広域事務，統一事務および一般の市町村が処理することが不適当であると認められる程度の規模の事務を行うものとした（旧地方自治法2条4項）。

地方分権推進委員会の第二次勧告は，市町村において処理しうる事務については，基本的に市町村が処理し，これに対する都道府県の関与は最小限のものとするとした。これを受けた改正地方自治法は市町村と都道府県を次のように位置づけた。市町村は，「基礎的な地方公共団体」として，都道府県が処理するべきものとされるものを除き，「地域における事務」と「その他法律又はこれに基づく政令により処理することとされる事務」を処理するものとされる（2条3項）。これに対し，都道府県は，「市町村を包括する広域の地方公共団体」として，「広域にわたるもの，市町村に関する連絡調整に関するもの及びその規模又は性質において一般の市町村が処理することが適当でないと認められるもの」を処理する（2条5項）こととなる。

2　自治事務と法定受託事務

さらに，地方自治法2条2項の地方公共団体の処理する事務は，国と地方公共団体の間の関係を考える観点から，自治事務と法定受託事務に分類された（2条8項および9項）。「自治事務」とは，地方自治法によれば，地方公共団体が処理する事務のうち，「法定受託事務」以外のものをいう（2条8項）とされている。そこで，ここでは「法定受託事務」とは何かを把握することが重要な意義をもつ。

法定受託事務は，国が本来果たすべき事務であるが，その管理，執行が地方公共団体に委託されるというものである。この事務は，もともとは国が処理すべきものとして位置づけられ，本来は国の行政機関たる各省大臣その他の国の行政機関が行うものであるが，この事務処理を法律の規定に基づいて，地方公共団体に委託するというものである。同様に，本来は都道府県が

行うものであるが，市町村に委託されるという場合もある（藤井・後掲文献67頁以下参照）。

　この法定受託事務を，地方自治法は「第一号法定受託事務」と「第二号法定受託事務」に分類している。第一号法定受託事務とは，「法律又はこれに基づく政令により都道府県，市町村又は特別区が処理することとされる事務のうち，国が本来果たすべき役割に係るものであつて，国においてその適正な処理を特に確保する必要があるものとして法律又はこれに基づく政令に特に定めるもの」（2条9項1号）である。また，第二号法定受託事務とは，「法律又はこれに基づく政令により市町村又は特別区が処理することとされる事務のうち，都道府県が本来果たすべき役割に係るものであつて，都道府県においてその適正な処理を特に確保する必要があるものとして法律又はこれに基づく政令に特に定めるもの」（2条9項2号）である。第一号法定受託事務とは，国が都道府県または市町村に受託させる事務であり，第二号法定受託事務とは，都道府県が市町村に受託させる事務をいい，それぞれ別表第一および第二に掲げられている（紙野・後掲179頁）。

　こうした第一号法定受託事務という事務処理方式がおかれている理由として，事務によっては国の定めた基準の下で全国的・統一的な処理を行うことが必要な場合もあること，大臣等の指導の下で広域的な事務処理を行うことが必要な場合もあること，国が，その事務を処理するために地方の行政機関を設けることは不経済であること，などが挙げられている。「しかし，この法定受託事務の存在は，地方公共団体の本来の役割を薄めさせ，地方公共団体を事実上国の下請け団体の位置においてしまうおそれもあるという意味で，これは，むしろ地方自治の保障という趣旨に逆行することになろう」「そこで，平成11年の法改正では，この法定受託事務は，従来の機関委任事務という形のものの中から，なおこの方式が必要なものだけに絞られた上で，どうしても必要なものについてだけこの事務の形とするものとされたが，現実には，あまり減少してはいない」（藤井・後掲68頁）と指摘される。なお，第二号法定受託事務についても，理由はおなじであるが，その数は，

第一号法定受託事務に比べると格段に少ない。

第3節　国の行政機関と地方公共団体の行政機関の関係

　国と普通地方公共団体および都道府県と市区町村の関係は，従来の上下・主従の関係から，新しい対等・協力の関係へと改められた。普通地方公共団体に対する国または都道府県の関与等についても新しい原則の確立がはかられることとなった。

　改正地方自治法によれば，国と地方公共団体の事務については，国と地方の役割分担の原則に基づいて配分されるとし，地方公共団体の役割として，「住民の福祉の増進を図ることを基本として，地域における行政を自主的かつ総合的に実施する役割を広く担うものとする」（1条の2第1項）と定め，国が本来果たす役割として，「国においては国際社会における国家としての存立にかかわる事務，全国的に統一して定めることが望ましい国民の諸活動若しくは地方自治に関する基本的な準則に関する事務又は全国的な規模で若しくは全国的な視点に立つて行わなければならない施策及び事業の実施その他の国が本来果たすべき役割を重点的に担い，住民に身近な行政はできる限り地方公共団体にゆだねることを基本として，地方公共団体との間で適切に役割を分担するとともに，地方公共団体に関する制度の策定及び施策の実施に当たつて，地方公共団体の自主性及び自立性が十分に発揮されるようにしなければならない」（1条の2第2項）としている。（本節については，手際よく整理されている藤井・後掲文献を参照し，なるべく条文を紹介するように努めた）。

1　関与の基本類型

　国の行政機関は国の事務を処理し，地方公共団体の行政機関は地方公共団体の事務を処理するのであるから，相互に独立して無関係であるはずであるが，現実の行政においては，国・都道府県・市区町村の行政の全体を調整す

る必要があるので，国の行政機関や都道府県の行政機関が地方公共団体の事務処理に関与する場合がでてくることを否定することはできない。

　そこで改正地方自治法は，地方公共団体に対する国または都道府県の関与の基本形態として，「助言又は勧告」，「資料の提出の要求」，「是正の要求」，「同意」，「許可，認可又は承認」，「指示」，「代執行」（245条1項1号）を定め，このほか，「普通地方公共団体との協議」（同2号），及び，1号，2号に掲げる行為のほか，利害の調整を目的としてされる裁定，不服申立てに対する裁決，決定などの行為を除く，「一定の行政目的を実現するため普通地方公共団体に対して具体的かつ個別的に関わる行為」というのも定められている（同3号）。

2　関与の基本原則

　普通地方公共団体の事務の処理に関し，国または都道府県が関与する場合には，法律またはこれに基づく政令によらなければならない（同245条の2）。これを関与の法定主義の原則という。また，普通地方公共団体の事務の処理に関する国または都道府県の関与は，「その目的を達成するために必要な最小限度のものとするとともに，普通地方公共団体の自主性及び自立性に配慮しなければならない」（同245条の3第1項）ものとなった。

3　自治事務および法定受託事務に共通する関与

　自治事務および法定受託事務に共通する関与のあり方として，地方自治法は基本類型の関与のうち「技術的な助言及び勧告並びに資料の提出要求」（同245条の4）の定めをおいた。すなわち，第1項で「各大臣又は都道府県知事その他の都道府県の執行機関は，その担任する事務に関し，普通地方公共団体に対し，普通地方公共団体の事務の運営その他の事項について適切と認める技術的な助言若しくは勧告をし，又は当該助言若しくは勧告をするため若しくは普通地方公共団体の事務の適正な処理に関する情報を提供するため必要な資料の提出を求めることができる」と定め，また2項で，「各大

臣は，その担任する事務に関し，都道府県知事その他の都道府県の執行機関に対し，前項の規定による市町村に対する助言若しくは勧告又は資料の提出の求めに関し，必要な指示をすることができる」とし，さらに，3項で「普通地方公共団体の長その他の執行機関は，各大臣又は都道府県知事その他の都道府県の執行機関に対し，その担任する事務の管理及び執行について技術的な助言若しくは勧告又は必要な情報の提供を求めることができる」と規定している。

4　自治事務に関する関与

自治事務に関する関与のあり方として，地方自治法は，各大臣の「是正の要求」および都道府県の執行機関による「是正の勧告」について定めている。普通地方公共団体の事務の処理が法令の規程に違反し，著しく適正を欠き，明らかに公益を害しているとき，各大臣は，地方公共団体に対して，違反の是正または必要な措置を講ずべきことを求めることができる。

① 各大臣の「是正の要求」

各大臣は，その担任する事務に関し，都道府県の自治事務の処理が法令の規定に違反していると認めるとき，又は著しく適正を欠き，かつ，明らかに公益を害していると認めるときは，当該都道府県に対し，当該自治事務の処理について違反の是正又は改善のため必要な措置を講ずべきことを求めることができる（245条の5第1項）。各大臣は，市町村の事務処理（第1号法定受託事務を除く）が，第1項と同様な場合，都道府県の執行機関（知事，教育委員会，選挙管理委員会）に対し，違反の是正又は改善のため必要な措置を講ずべきことを当該市町村に求めるよう指示をすることができる（同2項）。各大臣は，右の場合において，緊急を要するときその他特に必要があると認めるときは，「自ら当該市町村に対し，当該事務の処理について違反の是正又は改善のため必要な措置を講ずべきことを求めることができる」（同4項）。普通地方公共団体は，右1項，2項，4項の規定による求めを受けたときは，「当該事務の処理について違反の是正又は改善のための必要な措置を

② 都道府県の執行機関による「是正の勧告」

都道府県の執行機関（知事，教育委員会，選挙管理委員会）は，市町村の事務の処理が，「法令の規定に違反していると認めるとき，又は著しく適正を欠き，かつ，明らかに公益を害していると認めるときは，当該市町村に対し，当該自治事務の処理について違反の是正又は改善のため必要な措置を講ずべきことを勧告することができる」（同245条の6）。

5 法定受託事務に関する関与

法定受託事務の処理において，法令の規定に違反し，著しく適正を欠き，明らかに公益を害しているとき，各大臣は，地方公共団体に対して，違反の是正または改善のため講ずべき措置に関し，必要な指示をすることができる。自治事務の場合と異なり，地方公共団体が大臣の指示に従わないとき，各大臣は最終的には高等裁判所に対し，訴えをもって当該事項を行うべきことを命ずる旨の裁判を請求できることとなる。法定受託事務に関する関与のあり方として，地方自治法は，「是正の指示」及び「代執行等」について定めている。

① 「是正の指示」

各大臣は，「その所管する法律又はこれに基づく政令に係る都道府県の法定受託事務の処理が法令の規定に違反していると認めるとき，又は著しく適正を欠き，かつ，明らかに公益を害していると認めるときは，当該都道府県に対し，当該法定受託事務の処理について違反の是正又は改善のため講ずべき措置に関し，必要な指示をすることができる」（245条の7第1項）。

都道府県の執行機関（知事，教育委員会，選挙管理委員会）は，市町村の「法定受託事務の処理が法令の規定に違反していると認めるとき，又は著しく適正を欠き，かつ，明らかに公益を害していると認めるときは，当該市町村に対し，当該法定受託事務の処理について違反の是正又は改善のため講ずべき措置に関し，必要な指示をすることができる」（同2項）。

各大臣は，その所管する法律又はこれに基づく政令に係る市町村の第1号法定受託事務の処理について，都道府県の執行機関に対し，右の市町村に対する指示に関し，必要な指示をすることができる（同3項）。また，各大臣は，右の場合において，「緊急を要するときその他特に必要があると認めるときは，自ら当該市町村に対し，当該第1号法定受託事務の処理について違反の是正又は改善のため講ずべき措置に関し，必要な指示をすることができる」（同4項）。

② 職務執行命令訴訟および代執行

法定受託事務の処理につき，国の行政機関と地方公共団体の行政機関との間で紛争が生じた場合，職務執行命令訴訟および代執行で解決が図られる（地方自治法245条の8）。

具体的には，先ず，各大臣は「その所管する法律若しくはこれに基づく政令に係る都道府県知事の法定受託事務の管理若しくは執行が法令の規定若しくは当該各大臣の処分に違反するものがある場合又は当該法定受託事務の管理若しくは執行を怠るものがある場合において，本項から第8項までに規定する措置以外の方法によつてその是正を図ることが困難であり，かつ，それを放置することにより著しく公益を害することが明らかであるときは，文書により，当該都道府県知事に対して，その旨を指摘し，期限を定めて，当該違反を是正し，又は当該怠る法定受託事務の管理若しくは執行を改めるべきことを勧告することができる」（同1項）。そして，知事が右の期限までに勧告に係る事項を行わないときは，各大臣は，文書により，知事に対し，期限を定めて当該事項を行うべきことを指示することができる（同2項）。しかし，知事が，右の期限までに当該事項を行わないときは，各大臣は，高等裁判所に対し，訴えをもって，当該事項を行うべきことを命ずる旨の裁判を請求することができる（同3項）。

当該高等裁判所は，各大臣の請求に理由があると認めるときは，当該知事に対し，期限を定めて当該事項を行うべきことを命ずる旨の裁判をしなければならない（同6項）。なお，知事は，この判決に対して上告をすることが

できる（同9項）。そして，知事が，右の裁判で定めた期限までに，当該事項を行わないとき，各大臣は，知事に代わって当該事項を行うことができる（同8項）。市町村長の法定受託事務の管理，執行についても，同様の規定があり，この場合，都道府県知事が，勧告，指示，出訴および代執行を行う（同12項）。

　③　処理基準

　各大臣は，その所管する法律又はこれに基づく政令に係る都道府県の法定受託事務の処理について，都道府県が当該法定受託事務を処理するに当たりよるべき基準を定めることができる（245条の9第1項）。市町村の法定受託事務の処理については，都道府県の執行機関（知事，教育委員会，選挙管理委員会）が，同様に処理基準を定めることができる（同2項）。ただし，特に必要があると認めるときは，市町村の第1号法定受託事務の処理について，各大臣が処理基準を定めることができる（同3項）。都道府県の執行機関の定める基準は，各大臣の定める基準に抵触するものであってはならない（同2項）。また，各大臣は，右の第1号法定受託事務の処理基準に関して，必要な指示をすることができる（同4項）。この基準は，「その目的を達成するために必要な最小限度のものでなければならない」（同5項）。

6　関与の手続保障

　国と地方公共団体との間，あるいは，都道府県と市町村との間に関与が行われる場合に，助言等の方式，資料の提出の要求等の方式，許認可等の基準，許認可等の標準処理期間，許認可等の取消しの方式などについて，地方自治法は，行政手続法と同様の定めを置いている。

　①　書面主義

　「国の行政機関又は都道府県の機関は，普通地方公共団体に対し，助言，勧告その他これらに類する行為を書面によらないで行つた場合において，当該普通地方公共団体から当該助言等の趣旨及び内容を記載した書面の交付を求められたときは，これを交付しなければならない」（247条1項），「国の行

政機関又は都道府県の機関は，普通地方公共団体に対し，資料の提出の要求その他これに類する行為を書面によらないで行つた場合において，当該普通地方公共団体から当該資料の提出の要求等の趣旨及び内容を記載した書面の交付を求められたときは，これを交付しなければならない」(248条）とする，書面主義の定めがある。これは，協議の場合においても，「当該普通地方公共団体から当該協議に関する意見の趣旨及び内容を記載した書面の交付を求められたときは，これを交付しなければならない」(250条2項）とされる。

② 書面主義および理由付記

「国の行政機関又は都道府県の機関は，普通地方公共団体に対し，是正の要求，指示その他これらに類する行為をするときは，同時に，当該是正の要求等の内容及び理由を記載した書面を交付しなければならない。ただし，当該書面を交付しないで是正の要求等をすべき差し迫つた必要がある場合は，この限りでない」(249条1項）とする書面主義および理由付記の定めがある。これは，許認可等の拒否処分あるいは許認可等の取消しをする場合においても，「内容及び理由を記載した書面を交付しなければならない」(250条の4）とされる。

③ 許認可等の判断基準

「国の行政機関又は都道府県の機関は，普通地方公共団体からの法令に基づく申請又は協議の申出があつた場合において，許可，認可，承認，同意その他これらに類する行為をするかどうかを法令の定めに従つて判断するために必要とされる基準を定め，かつ，行政上特別の支障があるときを除き，これを公表しなければならない」(250条の2第1項）。同時に，「国の行政機関又は都道府県の機関は，普通地方公共団体に対し，許認可等の取消しその他これに類する行為をするかどうかを法令の定めに従つて判断するために必要とされる基準を定め，かつ，これを公表するよう努めなければならない」（同2項）。また，これらの基準を定めるに当たっては，「当該許認可等又は許認可等の取消し等の性質に照らしてできる限り具体的なものとしなければ

ならない」(同3項)。

④ 許認可等の標準処理期間

国の行政機関または都道府県の機関は,「申請等が当該国の行政機関又は都道府県の機関の事務所に到達してから当該申請等に係る許認可等をするまでに通常要すべき標準的な期間を定め,かつ,これを公表するよう努めなければならない」(250条の3第1項),また,許認可等の申請が到達したときは,「遅滞なく当該申請等に係る許認可等をするための事務を開始しなければならない」(250条の3第2項)。

⑤ 届　出

「普通地方公共団体から国の行政機関又は都道府県の機関への届出が届出書の記載事項に不備がないこと,届出書に必要な書類が添付されていることその他の法令に定められた届出の形式上の要件に適合している場合は,当該届出が法令により当該届出の提出先とされている機関の事務所に到達したときに,当該届出をすべき手続上の義務が履行されたものとする」(250条の5)。

7　行政機関による紛争処理

国あるいは都道府県と地方公共団体との間に紛争が生じた場合,地方自治法には,その紛争処理の手続が定められている。行政機関による紛争処理には,国と地方公共団体との紛争と普通地方公共団体相互間の紛争がある。

① 国と地方公共団体との間の紛争処理

国と地方公共団体の間に,新しく国地方係争処理委員会が設けられ,自治事務や法定受託事務の執行に関して紛争が生じた場合,地方公共団体から同委員会に審査を求めることができる。

(イ) 国地方係争処理委員会

国地方係争処理委員会(以下「委員会」という)が総務省に置かれる(250条の7第1項)。委員会は,普通地方公共団体に対する国又は都道府県の関与のうち国の行政機関が行うもの(以下「国の関与」という)に関する審査の申

出につき,地方自治法の規定によりその権限に属させられた事項を処理する(同2項)。委員会は,委員5人をもって組織する(250条の8)。

 (ロ) 国地方係争処理委員会の手続

 「普通地方公共団体の長その他の執行機関は,その担任する事務に関する国の関与のうち是正の要求,許可の拒否その他の処分その他公権力の行使に当たるものに不服があるときは,委員会に対し,当該国の関与を行つた国の行政庁を相手方として,文書で,審査の申出をすることができる」(250条の13第1項)。「普通地方公共団体の長その他の執行機関は,その担任する事務に関する国の不作為に不服があるときは,委員会に対し,当該国の不作為に係る国の行政庁を相手方として,文書で,審査の申出をすることができる」(250条の13第2項)。

 ② 普通地方公共団体相互間の紛争処理

 (イ) 自治紛争処理委員

 自治紛争処理委員は,地方自治法の定めるところにより,普通地方公共団体相互の間又は普通地方公共団体の機関相互の間の紛争の調停,普通地方公共団体に対する国又は都道府県の関与のうち都道府県の機関が行うもの(以下「都道府県の関与」という)に関する審査及び地方自治法の規定による審査請求,再審査請求,審査の申立て又は審決の申請に係る審理を処理する(251条1項)。自治紛争処理委員は,3人とし,事件ごとに,優れた識見を有する者のうちから,総務大臣又は都道府県知事がそれぞれ任命する(同2項)。

 (ロ) 自治紛争処理委員による調停および審査の手続

  (i) 調 停

「普通地方公共団体相互の間又は普通地方公共団体の機関相互の間の紛争があるときは,この法律に特別の定めがあるものを除くほか,都道府県又は都道府県の機関が当事者となるものにあつては総務大臣,その他のものにあつては都道府県知事は,当事者の文書による申請に基づき又は職権により,紛争の解決のため,前条二項の規定により自治紛争処理委員を任命し,その

調停に付することができる」(251条の2第1項)。

　(ii)　審　査

「総務大臣は，市町村長その他の市町村の執行機関が，その担任する事務に関する都道府県の関与のうち是正の要求，許可の拒否その他の処分その他公権力の行使に当たるものに不服があり，文書により，自治紛争処理委員の審査に付することを求める旨の申出をしたときは，速やかに，第251条第2項の規定により自治紛争処理委員を任命し，当該申出に係る事件をその審査に付さなければならない」(251条の3第1項)。

8　裁判所による紛争処理

地方自治法は，国あるいは都道府県と地方公共団体との間に紛争が生じた場合の，裁判所による紛争処理の手続を定めている。

①　国の関与に関する訴えの提起

第250条の13第1項又は第2項の規定による審査の申出をした普通地方公共団体の長その他の執行機関は，(1)委員会の審査の結果又は勧告に不服があるとき，(2)国の行政措置に不服があるとき，(3)当該審査の申出をした日から90日を経過しても，委員会が審査又は勧告を行なわないとき等に，「高等裁判所に対し，当該審査の申出の相手方となつた国の行政庁を被告として，訴えをもって当該審査の申出に係る違法な国の関与の取消し又は当該審査の申出に係る国の不作為の違法の確認を求めることができる」(251条の5第1項)。

②　都道府県の関与に関する訴えの提起

第251条の3第1項又は第2項の規定による申出をした市町村長その他の市町村の執行機関は，(1)自治紛争処理委員の審査の結果又は勧告に不服があるとき，(2)都道府県の行政庁の措置に不服があるとき，(3)当該申出をした日から90日を経過しても，自治紛争処理委員が審査又は勧告を行わないとき等に，「高等裁判所に対し，当該申出の相手方となつた都道府県の行政庁を被告として，訴えをもって当該申出に係る違法な都道府県の関与の取消し又

は当該申出に係る都道府県の不作為の違法の確認を求めることができる」(252条1項)。

> **コラム　地方自治の新たな視角－政府三分化説－**
>
> 　松下圭一教授は，地方自治の保障について新たな視点から「政府三分化説」を主張された。市区町村，県の自治体，省庁からなる国，国連からなる国際機構は，それぞれの意味で，市民の信託による政府であると考えることができる。20世紀，都市型社会が成熟してくると，自治体は政府として自立していく。他方，国際機構としての国際連合，国際専門機構としてのWHO，ILO，ユネスコなどの国際機構も政府として漸次自立する。その結果，絶対・無謬の主権をもつとみなされた国家観念は終焉する。政府概念はこれまで国家に独占されていたが，自治体，国，国際機構に三分化していく。
>
> 　政府は市民からの選出手続による信託で成立する。市町村レベル・県レベルの自治体政府は，市民によって信託された政府である。国レベルの政府も市民による信託によって成立する。国際機構レベルは市民直接ではないが，国を介して間接的に信託している。「日本国憲法」も信託論から出発している。市民はまず自治体に税金をはらって行政機構をつくる。この行政機構を市民が組織・制御するため，長ならびに議会を作る。つまり，行政機構（職員組織）は市民の「代行機構」，政府（長・議会）は「代表機構」である。市民は税金をはらって代行させるのである。松下圭一『日本の自治・分権』（岩波新書，1996年）。

参考文献

藤井俊夫「国の行政機関と地方公共団体の行政機関の関係」『行政法総論 [第4版]』（成文堂，2005年）

太田照美「普通地方公共団体の事務」，および，三吉修「国と普通地方公共団体との関係」高田敏＝村上武則編著『ファンダメンタル地方自治法』（法律文化社，2004年）

紙野健二「普通地方公共団体の事務」室井力＝原野翹編『新現代地方自治法入門 [第2版]』（法律文化社，2003年）

原田尚彦「地方公共団体とそのしごと」『〈新版〉地方自治の法としくみ』（学陽書房，2003年）

松本英昭「地方公共団体の機能と事務」『入門地方自治法』（学陽書房，2003年）

兼子仁『新地方自治法』（岩波新書，1999年）
後藤光男「共生社会の地方自治」『共生社会の参政権』（成文堂，1999年）

（後藤　光男）

第13講

条例制定権

●本講の内容のあらまし

　憲法94条は地方自治体が条例制定権を有することを規定する。これは憲法41条が国会を唯一の立法機関と認めていることに対する例外である。条例制定権は，地方の政治は地方の実情に応じて行うべきである，という地方自治の理念を実質化しようとすることから認められたものである。ただし，条例制定権は「法律の範囲内」で認められるものであり，その範囲を超えた場合，条例は無効とされる。しかし，他方で，それをあまりに厳格に考えると，憲法が条例制定権を地方自治体に与えた意味が失われることになる。このような条例と法律の関係は，公害規制立法等で見られる上乗せ条例，横だし条例で特に問題となる。学説は，法律の規制は，国家が最低限度守るべき基準を示したナショナル・ミニマムであり，条例の規制が地方の実情に照らして合理的である場合には，条例の効力を認めようと考える。

第1節　条例の意義

　憲法94条は「地方公共団体は，その財産を管理し，事務を処理し，及び行政を執行する権能を有し，法律の範囲内で条例を制定することができる。」と規定する。

　ここで条例とは地方公共団体がその自治立法権に基づいて制定する法規の一つである。規則とは異なり，条例の制定改廃は地方公共団体の議会の議決によるものとされる（自治法96条1項1号）。憲法は条例・規則の制定権を

地方公共団体に保障しているのである。

　憲法にいう条例には地方自治法の定める条例，長の規則及び地方公共団体の委員会規則その他の規定が含まれる，とされる。しかし，条例制定権の限界に関する議論において，条例の民主的性格が語られることなどを考慮すれば，憲法上の条例の概念を広く解釈することには疑問がある，という指摘もある。

　条例は自主立法と呼ばれるが，これは，条例が法律・命令などの国家法の系列には属しておらず，地方公共団体の事務の範囲内で独自に制定されるためである。地方公共団体は，国法秩序の下で，国の制定した法令を執行して行政の実施にあたる。しかし，それぞれの地方にはその地方特有の実情があり，きめ細かい政治を行うにはそのような実情に応じて，具体的な施策を講じていくことが望ましい。そこで，地方公共団体が国の法令を執行するだけでは地域の管理にとって不十分であると考える場合には，自主立法権を行使して新たに条例・規則を制定して住民の権利義務を定め，これに基づいて行政を展開することができる。自主立法権の承認は，地方公共団体を国と並ぶ統治団体（いわゆる地方政府）と性格づける上で，きわめて重要である。

第2節　条例制定権の範囲と限界

1　地方公共団体の事務

　条例は，地方公共団体の事務に関する事項について制定され，かつ，その範囲を超えることができない。憲法94条は，条例は「法律の範囲内で」制定される，と規定する。これを受けて，地方自治法2条2項は普通地方公共団体が処理する事務として，①地域における事務，②地域における事務以外の事務であって法律またはこれに基づく政令により処理することとされているもの，を規定する。地方自治法2条2項の規定は，1条の2第1項の規定とあいまって，地方公共団体が，住民の福祉の増進を図ることを目的として，地域における事務を広く処理する権能を持つとともに，それを自主的か

つ総合的に実施する役割を担うべきことを定めるものということができる。これに関連し，地方公共団体の事務を列挙するようなことは適当ではないので，かつて地方公共団体の事務を例示していた旧2条3項の規定は削除された。

(1) 自治事務と法定受託事務

従来，普通地方公共団体の事務に関しては，公共事務，団体委任事務，行政事務の三つに区分されていた。「公共事務」は地方公共団体に固有のもので，住民の福祉を増進するという本来の存立目的を実現するための事務，「団体委任事務」は国や他の地方公共団体その他の公共団体の事務を法律またはこれに基づく政令によってその処理を委任された事務，「行政事務」は地方公共団体が公共の秩序を維持し住民の安全及び福祉を保持するために住民の権利を制限し，自由を規制するような権力の行使を伴う事務をそれぞれ指すものと解されてきた。しかし，これらの事務の区分については，それぞれに異なる基準によるもので理論的な整合性を欠いている，などといった問題点が指摘されていた。このようなことから，地方分権一括法により，機関委任事務制度が廃止されるのにあわせて，この事務の三つの区分を見直し，地方公共団体の処理する事務は，自治事務と法定受託事務とに再構成されることとなった。

このうち，法定受託事務は，国などが本来果たすべき役割に関するものであって，国などから法令により地方公共団体にゆだねられるものである。自治事務は，法定受託事務以外の地方公共団体の事務をいう。法定受託事務は，国に法令により初めから地方公共団体の事務として割り当てられたものであり，その点で，従来の機関委任事務と異なるものとされている。

(2) 法定受託事務の判断基準

なお，具体的にどのようなものが法定受託事務とされるかに関して，政府の地方分権推進計画で，機関委任事務の法定受託事務への振り分けの際の法定受託事務の判断基準が次のように示されている。

①国家の統治の基本に密接な関連を有する事務。②根幹的部分を国が直接

執行している事務で次のもの。(a)国が設置した公物の管理・国立公園の管理・国定公園内での指定等。(b)広域にわたり重要な役割をはたす治山・治水・天然資源の適正管理。(c)環境保全のために国が設定した環境の基準・規制の基準の補完。(d)信用秩序に重大な影響を及ぼす金融機関の監督など。(e)医薬品等の製造の規制。(f)麻薬等の取締り。③全国単位の制度または全国一律の基準により行う給付金の支給等に関する事務で次のもの。(a)生存にかかわるナショナル・ミニマムを確保するため，全国一律に公平・平等に行う給付金の支給等。(b)全国単一の制度として国が拠出を求め運営する保険・給付金の支給等。(c)国が行う国家補償等。④広域にわたり国民に健康被害を生じること等を防止するために行う伝染病のまん延防止や医薬品等の流通の取締りに関する事務。⑤精神障害者等に対する本人の同意によらない入院措置に関する事務。⑥国が行う災害救助に関する事務。⑦国が直接執行する事務の前提となる手続の一部のみを地方公共団体が処理することとされている事務で，当該事務のみでは行政目的を達成し得ないもの。⑧国際協力等との関連に加え，制度全体にわたる見直しが近く予定されている事務。

2　条例の地域間格差と平等

　地方自治の理念は，地方公共団体が，地域の実情に応じた具体的な施策を行っていくという発想を基礎としている。それにより，ある地方公共団体と別の地方公共団体では地域間格差が生じることになる。これが憲法14条の平等原則に反しないか，という点が問題になる。

　憲法が地方分権化の観点から地方自治を保障し，地方公共団体に自主行政権のみならず自主立法権たる条例制定権までも与えている趣旨から考えると，憲法は地方公共団体が地域の実情に応じた条例を制定することを当然予定しているものと考えるべきである。よって，条例が地域の実情との関係で十分合理的なものであるならばそれは合理的差別として許容されると解すべきである。以上より，一般論としては，条例によって規制内容に差が生じたとしても，それが憲法14条の平等原則に反するとまではいえない。売春防

止法制定以前の各地の売春防止条例や比較的最近の青少年に対する淫行条例などは，条例で禁止・罰則を定める地方と格別の定めのない地方とがあるため，裁判で争われたことがある。最高裁は次のように判示する。「憲法が各地方公共団体の条例制定権を認める以上，地域によって差別を生ずることは当然に予期されることであるから，かかる差別は憲法自らが容認するところである。」(最大判昭和33(1958)年10月15日刑集12巻14号3305頁)。

3　法律と条例との関係

　条例は「法律の範囲内で」制定される(憲法94条)。また，「法令に反しない限りにおいて」制定される(地方自治法14条1項)。条例で法令に違反する事項を定め団体ごとに異なるのでは，その実効性を期待できないばかりかむしろ混乱を生ずる恐れがあるからである。

　ところで，地方自治法14条1項は「法令」と規定するが，ここで「法令」とは執行命令と委任命令を意味する。これらはいずれも憲法およびそれに基づく法律と一体関係にあることが措定されている。したがって「法律の範囲内」(憲法94条)も「法令に違反しない限りにおいて」(地方自治法)も同じ意味内容と解することができる。

　以上のように，憲法は「法律の範囲内」で条例を定めることができるとすることによって条例制定権に一定の限界を画している。しかし，これをあまりに厳格に貫くと，すでに，法律が規律している事項に関しては，地方公共団体は条例で独自の観点から規律することができなくなる。それでは，条例制定権が過度の制約を受けることになり，地方の実情に応じてきめ細かな対応をしようとした地方自治の理念が実現できないことになってしまう。この点，特に問題になるのが上乗せ条例，横だし条例である。

　上乗せ条例とは，公害防止条例などにおいて国の法令で定められた事項について，法令の基準より厳しい基準を定める条例をいう。全国一律の基準では健康の確保，環境の保全などが不十分である場合に制定されることが多い。

たとえば，1969年に制定された東京都公害防止条例は①「経済との調和条項」を廃止するなど，他の公害関係諸法で定められているよりはるかに厳格な基準が用いられていた。②それはまた，特定の施設を設置する場合，他の公害関係法が都道府県知事への許可制をとっていたのに対し，都知事への認可制をとった。届出制は，原則として届出をする者の権利が認められており，届け出ればよいのに対し，認可制は内容を審査した上で権利を与える点で，より厳しい形態である。さらに③当時の公害関係法がほとんどすべて工場内部の特定施設ごとの規制であったのに対し，それは総量規制を採用した。

横だし条例とは法律が規制の対象としていないものを自治体独自の視点から規制する条例をいう。たとえば，先の東京都公害防止条例は，低イオウ燃料の使用や集塵装置設置を義務付けた。

これら上乗せ条例，横だし条例はいずれも「法律の範囲内」と矛盾するが，そのことが憲法94条に反しないか，が問題となる。上乗せ条例に関しては，大気汚染防止法4条1項，騒音規正法4条2項などのように，法律自体に条例による加重的（上乗せ）規制を認める規定がない場合に特に条例の違法性が問題となる。

学説には公害規制法律はナショナル・ミニマムを定めたものであるから，上乗せ条例は違憲とならないとする見解が多い。つまり，公害の状況には地域差があり，そのような現状を前提とするならば，全国を共通の対象とする公害関係法は，一応の必要最小限度の定めをなしたものと解すべきであり，全国一律の基準で規制すべきことを要求したものではない，と解すべきである。そのように考えるなら，各地方公共団体は，必要最小限度の基準を満たすならば，あとは地方の実情に応じて規制を行ってよいはずである。そして「法律の範囲内」をこのようなものと解するなら，上乗せ規制，横だし規制も当該自治体との関係で合理性が認められるならばそれは「法律の範囲内」である，と解することができるのである。

判例は，徳島市公安条例事件において，道路交通法と公安条例の重複規制

が問題となったケースにおいて次のように判示している。「条例が国の法令に違反するかどうかは，両者の対象事項と規定文言を対比するのみでなく，それぞれの趣旨，目的，内容及び効果を比較し，両者のあいだに矛盾抵触があるかどうかによってこれを決しなければならない。例えば，ある事項について国の法令中にこれを規律する明文の規定がない場合でも，当該法令全体からみて，右規定の欠如が特に当該事項についていかなる規制をも施すことなく放置すべきものとする趣旨であると解されるときは，これについて規制を設ける条例の規定は国の法令に違反することになりうるし，逆に，特定事項を規律する国の法令と条例が並存する場合でも，後者が前者と別の目的に基づく規律を意図するものであり，その適用によって前者の規定の意図する目的と効果をなんら阻害することがないときや，両者が同一内容の規制を施す趣旨ではなく，それぞれの普通地方公共団体において，その地方の実情に応じて，別段の規制を施すことを容認する趣旨であると解されるときは，国の法令と条例との間にはなんら矛盾抵触はなく，条例が国の法令に違反する問題は生じえない」（最大判昭和50（1975）年9月10日刑集29巻8号489頁）。

4　条例と基本的人権

条例制定に関しては，基本的人権との関係で次のような問題が生じる。

憲法が国会を「唯一の立法機関」と規定する（41条）ように，国会は実質的意味の法律たる法規を制定する権限を独占している。ここで，法規とは，国民の権利・義務を規律する法規範をいう。つまり，国民の権利，自由を制限する場合，国会の制定する法律によらなければならない。そのような原則からすると，国民の権利，自由を制限する条例を定める場合には，法律によってその権限が地方公共団体に与えられていなければならないはずである。憲法上は次のように，法律の授権が必要な場合と必要でない場合がある。

（1）　法律の授権が必要な場合

憲法が国民の権利，自由を制限する場合には法律によらなければならないと特に書いているのは次の2つである。

① 条例で住民の権利，自由を制限するような刑罰を定める場合。

憲法31条は，刑罰を課す場合には法律の定める手続きによらなければならないと規定することからの要請である。地方自治法14条3項は条例に刑罰を設けることができることを規定する。この規定は憲法31条の規定を受けたものであり，法律による授権である。

ところで，憲法73条6号但書は，政令で刑罰を設ける場合には法律の委任が必要である，と規定する。この場合，法律の委任が許されるとしても，それはあくまで国会の民主的統制が及ぶ限度での個別，具体的な委任であることを要するものと解される。

これに対し地方自治法14条3項は，条例を種類によって分け，そのそれぞれに一定の罰則を設けることを具体的に委任していないので違憲ではないのか，という点が問題となる。

学説の中には違憲と解するものもあるが，憲法73条6号が行政府の発する命令たる政令を対象にしているのに対し，条例は，公選した地方議員からなる地方議会で制定するものであり，法律に準ずる性格を有している。そのような点を考えると，命令についての委任は個別具体的であることが要求されるのに対し，条例はその準法律的な性格から，この程度の委任でもよいものと解される。

② 条例で新たに税金を課したり，従来の地方税を改正する場合（憲法84条）

(2) 法律の授権が必要でない場合

(1)以外の場合，条例は法令に違反しない限度において国民の権利，自由を制限することができる。ただし，その場合も法律の授権が必要ないからといって無制限にやってよいわけではなく，むしろ慎重な態度が要請される。なぜなら，条例は，たまたまその地方を旅行しているものにも適用されるし，また，条例の公布様式は地方公共団体によって異なるため，一般人は条例の内容を認識しにくいからである。

コラム　マンションによる景観破壊を争った「国立景観訴訟」

　東京都国立市は都主催の「新東京百景」に選ばれるなど，市民が街の景観を誇りにしてきたことで知られる。市民は，道路側に並木より高い建物は建てない，建てさせない運動に取り組み，街の景観を保ってきた。1998年には「景観条例」を制定し，大学通り周辺地区は，都市景観形成重点地区に指定された。1999年7月，大手不動産会社のA社が地上18階，高さ53メートルの高層マンションを立てる計画を打ち出し，同市は大騒ぎとなった。10月8日，国立市長は景観条例にもとづき，マンションの高さを見直すようA社に行政指導をし，同日，東京都に「市の指導に従うようA社を指導してほしい」と要請した。12月，A社は東京都に対して「指導に従えない」と，建築確認申請書を提出した。12月24日，市は建築基準法に基づいて，「建築条例」を公布し，マンション建設地を含む一定地域内の建物を20メートル以内に制限することになり，同条例は翌2000年2月1日施行された。1月5日，A社は東京都から建築確認通知を受け，同日基礎工事を開始した。それに対し，住民は工事差し止めの仮処分を裁判所に申し立てた。裁判所は，申し立てそのものは却下したが「本件建物は建築条例に違反する」との判断を示した。住民は並行して「高さ20メートルを超える部分の工事を中止する是正命令を発してほしい」と東京都に陳情したが，東京都は建築基準法三条にある「条例は現に工事中の建築物に適用されない」の部分を理由に陳情を退けた。市民は，裁判に訴え，東京地裁は景観権や日照権を市民の権利と認めた上で，基礎工事の段階では「工事中の建築物」といえず，「東京都が是正命令権を行使しなかったのは違法」と論じた。二審の東京高裁は2002年6月，「マンションは市の条例施行前に建設したので違法とはいえない」として一審判決を破棄した。住民サイドは上告したが最高裁は2005年6月23日，住民側の上告を棄却する決定をした。

参考文献

後藤光男『共生社会の参政権』(成文堂，1999年)
五十嵐敬喜『市民の憲法』(早川書房，2002年)
兼子仁『自治体・住民の法律入門』(岩波書店，2001年)
松本英明『入門地方自治法』(学陽書房，2003年)
小林武『地方自治の憲法学』(晃洋書房，2001年)
大塚直＝北村喜宣編『環境法学の挑戦』(日本評論社，2002年)

原田尚彦『地方自治の法としくみ』(学陽書房, [新版], 2004年)

(高島　穣)

第14講

公の施設と地方公営企業

●本講の内容のあらまし

　地方公共団体は，住民の福祉の増進を図ることを基本として，各種の財・サービスを提供する。その中心となるのが「公の施設」である。本講では，住民の福祉の向上に資する公の施設を説明しつつ，法律論として取り上げる場合，その管理・利用関係が主たる論点となることを解説していく。さらに，公の施設に含まれる「地方公営企業」というサービス提供の形態について，今日，見直しの時期にさしかかっていることを説明する。

　具体的には，まず第1節で，給付行政が憲法25条の要請を受けたものであること，そしてその中心となるのが公の施設であることを説明する。

　次に，第2節では，公の施設の意義，公の施設の設置・廃止について説明を行う。さらに，公の施設の管理につき，「管理委託制度」から「指定管理者制度」への転換（平成15年改正）を取り上げる。そこでは特に，指定管理者制度の導入に伴い，地方公共団体の責任のあり方が今後の新たな論点となることを説明する。次に，公の施設の利用関係に関して，「正当な理由のない利用拒否の禁止」と「不当な差別的取扱いの禁止」の二つの原則があることを説明し，そこから生じる問題について，学説・判例を紹介する。

　最後に，第3節では，日常生活に必要不可欠な財・サービスを提供する「地方公営企業」について意義，特徴を説明するとともに，地方公営企業制度の今日的問題と今後の方向性を取り上げる。

第1節　地方自治と給付行政

「地方公共団体は，住民の福祉の増進を図ることを基本」（地方自治法1条の2，以下「自治法」と略す）とし，そのために各種の役務を提供する。この背景には，「健康で文化的な最低限度の生活」（憲法25条）がある。これを受けて，今日の地方公共団体は，公共施設を整備し，便益を提供し，地方公営企業を経営するなど幅広い行政を担当するようになっている。これらは「給付行政」と呼ばれる。この中心となるのが「公の施設」である。その具体的な例として，公園，運動場，道路，図書館，公民館，博物館，美術館，病院，保育所，墓地などがあげられる。また，公の施設には地方公営企業（水道事業，下水道事業，自動車運送事業，鉄道事業など）の施設も含まれる。ただし，地方公営企業については地方公営企業法（以下，地公企法と略す）の適用を受けることとなっている。

第2節　公の施設

1　公の施設の意義

普通地方公共団体が行政運営を行なうために設ける施設（営造物）は，庁舎，公園，運動場，図書館，病院など広範囲にわたっている。これらの普通地方公共団体が設置する施設のうち，住民の福祉を増進する目的をもってその利用に供するために設けられた施設（自治法244条1項）を「公の施設」と称している。この公の施設とは，地方自治法上の概念であり，次の五つの要件[1]がある。

第一に，公の施設は住民の「利用」に供するための施設である。たとえ公の目的のために設置された施設でも，住民の利用に供することを目的としないものは公の施設には当たらない。したがって，純然たる試験研究所，留置場等は公の施設ではない。

第二に，公の施設は「当該地方公共団体の住民」の利用に供するための施設である。当該地方公共団体に住所を有する者（自治法10条1項）の利用に供しないものは該当しない。したがって，主として地域外の住民の利用に供する目的で設置された観光ホテル，物産販売施設などは公の施設に該当しないことがある。なお，ここにいう「住民」は住民全部ではなくともよく，合理的に一定の範囲に限られた住民であってもよい。

　第三に，公の施設は「住民の福祉を増進する目的」をもって住民の利用に供するための施設である。したがって，財政上の必要のために設置される施設（競輪場，競馬場等）は公の施設に該当しない。また，社会公共秩序を維持するために設けられる施設（留置場等）も公の施設ではない。

　第四に，公の施設は地方公共団体が設置する「施設」である。ここでいう施設とは，物的施設を中心とする概念であって，人的側面は必ずしもその要素ではない。したがって，道路のような物的施設のみからなる公の施設はあり得るが，物的施設を伴わない公の施設はあり得ない。

　第五に，公の施設は当該「地方公共団体」が設置するものである。したがって，国その他地方公共団体以外の公共団体が設置するものは公の施設ではない。

2　公の施設の設置・廃止

(1)　公の施設の設置

　地方公共団体は，法律又はこれに基づく政令に特別の定めのあるものを除くほか，公の施設の設置及びその管理に関する事項は，条例でこれを定めなければならない（自治法244条の2第1項）。法律又はこれに基づく政令に特別の定めがあるものとして，例えば，公民館（社会教育法24条），保護施設（生活保護法40条4項），都市公園（都市公園法18条），公共下水道（下水道法25条）等がある。

　公の施設の設置，管理及び廃止の権限は地方公共団体の長にある（自治法149条7項）。ただし，その設置においては，個別的な条例に基づかなければ

ならないとして,「条例制定主義」をとっている。この趣旨は,法文上,明らかではないが,「住民の利用に供するための施設を設置するには,議会の意思をとうことが適当[2]」であり,「公共施設行政の適正・公平な実施を広く住民の法的コントロールの下に置く[3]」こととされたものと解されている。加えて,公の施設の設置は,その運用において,当該地方公共団体が遂行すべき重要な事業の一つであり,一般に相当額の予算措置を必要とすることによるものと説明されている。

(2) 公の施設の廃止

公の施設は,法令に特別の定めのある場合を除き,公の施設の設置条例の廃止によって行なわれる（自治法244条の2第1項）。公の施設の廃止はそれまでの施設利用者に不利益な影響を及ぼす可能性もある。特に,日常生活に必要不可欠なサービスを提供する施設であればあるほど,その施設の廃止の影響は大きい。ゆえに,条例で定める重要な公の施設のうち,「条例で定める特に重要なもの」を廃止するときは,議会において出席議員の三分の二以上の者の同意を得なければならない（自治法244条の2第2項）とされる。条例で定める特に重要なものとしては,例えば,水道事業,下水道事業,自動車運送事業,鉄道事業などの諸施設があげられる。

(3) 公の施設の区域外設置

地方公共団体は,その区域外においても,関係地方公共団体との協議により,公の施設を設けることができる（自治法244条の3第1項）。

そもそも地方公共団体は,地域をその構成要素とするものであり,その区域は,地方公共団体が自治権を及ぼしうる地域的限界をなすものである。したがって,その地方公共団体の区域内において公の施設を設置するのが原則である。

とはいえ,公の施設の設置を当該地方公共団体の区域内に限定することによって,活動を不当に制約する恐れがある。例えば,地方公共団体が水道事業を経営する場合に,水源池や貯水池,水源林を設け給配水管を敷設したり,軌道事業,鉄道事業又はバス事業の経営にあたって路線を建設したりす

る場合に，区域内に限定することはこれらの活動を不当に抑制することとなる。こうした点に対して，他の地方公共団体との協議に基づいて，その権能を区域外に及ぼしうるとすることで地方公共団体の利益になることもあることから，他の地方公共団体との協議に基づく区域外設置が認められている。

3　公の施設の管理
(1)　公の施設の管理

公の施設の管理に関しては，条例で定めなければならない（自治法244条の2第1項）。条例で定める事項としては，利用の許可及びその取り消し，使用料の額及び徴収方法，使用料の減免，利用の制限などがあり，必要があれば，さらに管理の委託，過料の徴収に関する事項等もこれにあたる。これらは，本来，管理権の範囲に属する事項であるが，公の施設が地方公共団体の住民のサービスの重要な部分を占めることに鑑みて，議会の議決事項とされている。

(2)　公の施設の管理委託の経緯

公の施設の管理については委託を行うことが認められている。委託を行なう場合，各種の制限が設けられているが，その委託制度及び委託の相手方について以下のような法改正の変遷を経ている。

そもそも公の施設の管理は，昭和38（1963）年の改正により，以前の「営造物」にかえて規定されたものである。その際，具体的な管理の事務又は業務を特定の管理受託者が執行する「管理委託制度」が採用されることとされた。管理委託制度の下では，公共性を確保するため「公共団体（土地改良区，地方公共団体以外の公法人など）又は公共的団体（農業協同組合，生活協同組合，財団法人形態の地方公社など）」に限って委託できることとされていた。

その後，平成3（1991）年に委託の相手方を拡大する改正が行われ，①地方公共団体が資本金等の2分の1以上を出資している法人，②公共団体，③公共的団体，が委託の相手先とされた（旧自治法244条の2第3項）。これにより，一定の制約はあるが，営利法人形態をとる株式会社（第三セクター）

への管理委託への途が拓かれた。

　さらに，公共サービス分野の民間開放，さらにはPFI事業[4]の導入促進などの政策的見地から，平成15（2003）年に法改正が行われ，「指定管理者制度」に転換することとされた（平成15年法律第81号「地方自治法の一部を改正する法律」（同年6月13日公布・9月2日施行，以下「改正法」という））。これは，多様化する住民ニーズに対応するため，公の施設の管理に民間の能力を活用しつつ，サービス向上を図るとともに，経費の節減を図ることを目的としたものである。この改正により，従来の「管理委託制度」から「指定管理者制度」へと大きく転換されることとなったのである。

(3)　指定管理者制度の導入

　改正法では，普通地方公共団体は，公の施設の設置の目的を効果的に達成するため必要があると認めるときは，条例の定めるところにより，法人その他の団体であつて当該普通地方公共団体が指定するもの（「指定管理者」）に当該公の施設の管理を行わせることができる（自治法244条の2第3項）と規定している。これにより，「法人その他の団体」が委託できる相手方とされることとなった。したがって，相手方として個人を指定することはできない。また法人その他の団体に該当すれば，必ずしも法人格があることを要しない。このように指定管理者の範囲を特段設けていないことから，公共的性格を有しない出資団体以外の民間事業者であっても，議会の議決を経て指定管理者になることができる。つまり，改正前の規定に比して，委託の相手方が大幅に拡大されることとなったということである。

　とはいえ，「従来の管理委託制度にかえてより包括的な指定管理者制度が導入されたことにより，公の施設の設置・管理をめぐる普通地方公共団体の責任のあり方が，改めて問われる[5]」こととなる。したがって，今後，法律論として取り上げる場合，地方公共団体の責任のあり方が主たる論点となるものと考えられている。

(4)　指定管理者制度の対象

　改正法により，指定管理者に公の施設の管理を行わせることができること

が認められたものの，すべての公の施設がその対象となるわけではない。公の施設は多種多様であり，個別の公物管理法との関係で指定管理者制度を採用できない場合がある。例えば，道路，河川については，それぞれ道路法，河川法において，道路管理者，河川管理者が定められており，これらの管理を指定管理者に行わせることはできない。また，下水道については，下水道法により，下水道管理者は都道府県又は市町村と規定されていることから，指定管理者に管理を行わせることはできない。

これに対して，地方公営企業である水道，病院事業，工業用水道事業，ガス事業，交通事業については，基本的には指定管理者制度を採用することができる。もっとも，個別の公物管理法との関係で，指定管理者が行うことのできる業務等につき「制約」が生じることがある。例えば，水道事業の場合，利用料金制を採用する場合，指定管理者が水道法上の事業者となるので，改めて事業認可が必要とされることがあげられる。

このように指定管理者制度は，個別の公物管理法との関係で相容れない場合がある。その場合，地方自治法は一般法であることから，当該個別の公物管理法の規定が優先することとなる。

(5) 利用料金制

「地方公共団体は，適当と認めるときは，指定管理者にその管理する公の施設の利用に係る料金を当該指定管理者の収入として収受させることができる」（自治法244条の2第8項）として「利用料金制」を規定している。利用料金制は，公の施設の管理運営にあたり，指定管理者の自主的な経営努力を促すとともに，地方公共団体及び指定管理者の会計事務の効率化を図る点を考慮して設けられたものである。これにより，例えば，一般に地方公営企業として行われている事業について，施設建設から施設の運営までの全部をPFIによって行う場合，PFI事業者が指定管理者になれば，自ら利用料金を定め[6]，自らの収入として収受することもできるようになる。

他方，指定管理者は利用料金を，自らの収入とすることができることから，指定管理者に利益が生じることがある。この場合，一定程度の利益が生

じたとしても，それは指定管理者への経営努力へのインセンティブの付与という点で，特段の問題はないと解せられる。もっとも，その利益が客観的にみて過大であると認められるような場合には問題となる。こうした状況に対して，「当該管理の業務又は経理の状況に関し報告を求め，実地について調査し，又は必要な指示をすることができる」（自治法244条の2第10項）という規定に基づき，地方公共団体が，実際上どのような「必要な指示」ができるかが問題となる[7]。この点につき，当該地方公共団体への納付を含めて適切な対応をとる必要があるが，「『納付』を義務づけるについては，あらかじめ条例でその旨を定めておかなければならない[8]」とされる。また，「指定管理者が過大な利益があるにもかかわらず，住民のサービス向上のために投資することもなく，さらに，利用料金の値下げを申請しないような場合においては，町（地方公共団体）は指定管理者に対して利用料金の値下げ等必要な指示をすることができるものと解する[9]」とされる。もっとも，このようなケースでは，利用料金制を採用すること自体の適否についても問題となる可能性もある。

(6) 管理委託制度と指定管理者制度の法的性質

改正前の管理委託制度では，「管理受託者」は公の施設の設置者たる地方公共団体との契約により，具体的な事務又は事業を行う。したがって，当該公の管理権限及び責任は，設置者たる地方公共団体が引き続き有するものであるから，会館の利用承認などの処分に該当する使用許可などの権力的性格のあるもの，すなわち「行政処分」は委託できないとされた。

これに対して，指定管理者制度は，法律を根拠として公の施設に関する権限を指定管理者に委任して代行させるものであるから，指定管理者は，処分に該当する使用許可などの「行政処分」も含めて管理を行うことができることとなる（図14-1参照）。

(7) 指定管理者の責任

改正前の管理委託制度の場合には，委託関係は一種の「委任代理の関係とみる[10]」のが有力説である。つまり，「受託事務の範囲内において委託者を

164　第1部　日本における地方自治

図14-1　管理委託制度と指定管理者制度の比較

〈管理委託制度〉

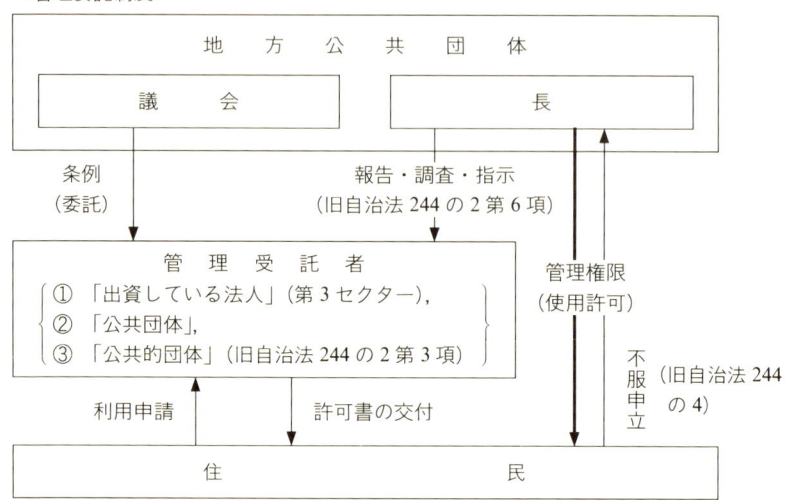

```
                    地 方 公 共 団 体
            ┌─────────────┬─────────────┐
            │    議　会    │      長     │
            └──────┬──────┴──────┬──────┘
                   │条例          │報告・調査・指示      ↑
                   │(委託)        │(旧自治法244の2第6項)  │
                   ↓              ↓                    │管理権限
            ┌─────────────────────────┐           │(使用許可)
            │      管 理 受 託 者       │           │
            │ ① 「出資している法人」(第3セクター), │           │不服申立
            │ ② 「公共団体」,            │           │(旧自治法244の4)
            │ ③ 「公共的団体」(旧自治法244の2第3項) │           │
            └─────────────────────────┘           │
                   │利用申請       │許可書の交付       │
                   ↑              ↓                   │
            ┌─────────────────────────────────┐
            │              住　　民                  │
            └─────────────────────────────────┘
```

〈指定管理者制度〉

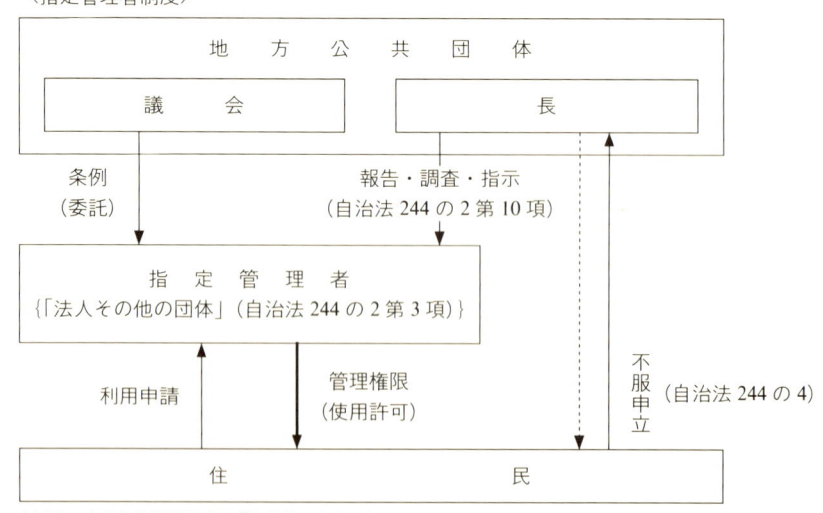

```
                    地 方 公 共 団 体
            ┌─────────────┬─────────────┐
            │    議　会    │      長     │
            └──────┬──────┴──────┬──────┘
                   │条例          │報告・調査・指示
                   │(委託)        │(自治法244の2第10項)
                   ↓              ↓
            ┌─────────────────────────┐
            │       指 定 管 理 者       │
            │ {「法人その他の団体」(自治法244の2第3項)} │
            └─────────────────────────┘
                   │利用申請       │管理権限              │不服申立
                   ↑              │(使用許可)            │(自治法244の4)
            ┌─────────────────────────────────┐
            │              住　　民                  │
            └─────────────────────────────────┘
```

(出所)　東京自治問題研究所「指定管理者制度」45頁をもとに作成した。

代理し，その行為の効果は，直接委託者に対して生ずるものと解せられる[11]」とするものである。この説に従えば，国家賠償法1条のみならず，2条の「管理」責任の主体も，管理受託者ではなく，当該普通地方公共団体ということになる。

これに対して，指定管理者は利用に関する処分権限を行使する場合，処分庁たる地位を有するものとされている（自治法244条の4第3項）。すなわち，当該使用許可処分等は，指定管理者たる団体の名において行われることとなる。したがって，使用不許可処分の取消訴訟における被告も，指定管理者となる（ただし，監督権限を有する長等が訴訟参加することは可能である（行政事件訴訟法23条））。

指定管理者制度と国家賠償法との関係もまた問題となる。この点につき「地方公共団体が責任主体となることとは別に，例えば，指定管理者の管理業務従事者に対する選任・監督上の責任を問題とすることによって，指定管理者の被害者に対する賠償責任を認めても良いのではないか[12]」と考えるのが少数説である。これに対して，通説は，国家賠償法との関係において，「公権力の行使」にかかわる1条責任，「公の営造物の設置又は管理の瑕疵」に起因する2条責任のいずれも，設置者たる普通地方公共団体が負うという[13]。指定管理者は，本来，地方公共団体（その管理権者）が行うべき公の施設の管理を「代行」しているものであるから，地方公共団体が住民に対して公の施設の利用機会を提供する一つの手法と捉えることができる。その意味で指定管理者の行う管理業務は，当該地方公共団体自身の事務と言える。したがって，通説が，結論的には妥当であるとされている[14]。

(8) 指定管理者と個人情報の取扱いの問題

指定管理者による管理の場合，「公の施設の管理を通じて取得した個人に関する情報の取扱い」について問題が生じるおそれがある。そのため法律上，「指定管理者が行う管理の基準」（自治法244条の2第4項）の一つとして，個人情報の取扱いについて定めることとされている[15]。この場合，「個人情報保護条例で措置することも可能であるが，それとは別に，公の施設条

例において，指定管理者に守秘義務を課すことも考慮する必要がある[16]」と考えられている。

4 公の施設の利用関係

公の施設は，住民の「利用」に供するための施設であるから，その利用関係が中心的な問題の一つとなるのは当然のことといえる。この点につき，地方自治法は公の施設の利用に関して，二つの一般原則すなわち「正当な理由のない利用拒否の禁止」と「不当な差別的取扱いの禁止」を定めている。

(1) 正当な理由のない利用拒否の禁止

「地方公共団体（指定管理者を含む）は，正当な理由がない限り，住民が公の施設を利用することを拒んではならない」（自治法244条2項）。これは，憲法（14条，21条，25条，89条等）及び地方自治法10条2項の規定に基づいた「公の施設の利用権」を示したものである。「正当な理由」として考えられるものには，例えば，公の施設の利用者が予定人数を超える場合や他の利用者に著しく迷惑を及ぼす危険があることが明白な場合などがある。ここでいう「正当な理由」は，個別的，具体的に判断せざるを得ない。そこで，どのような場合に正当な理由と認められるかが問題となる。

この点につき，正当な理由が争われたケースとして，例えば，違法建築者等に対する水道の給水拒否の判例がある（最判平成元(1989)年11月7日判時1328号16頁，いわゆる武蔵野市長給水拒否事件）。これは，市の宅地開発指導要綱を遵守しない事業主らからの給水契約申込みに対して，同要綱を遵守させるため給水契約の締結を留保したことが，水道法15条1項にいう「正当の理由」に当たるかどうか[17]が主たる争点となった事案である。

この「正当の理由」につき，学説には大きく分けて，①積極説と，②消極説がある[18]。積極説は，良好なまちづくりという観点から，要綱と水道法を総合的に把握し，実質的に一定程度の権限の融合を認め，拒否できる場合を拡げようとするものである。これに対して消極説は，水道法を厳格に解する立場で，給水能力を上回るような申込みがある場合など，同法固有の事情

の範囲でしか認められず，ほかの行政分野における遵守確保のために給水契約締結の際の裁量を行使できないとする（本件一審判決）。さらに，原則的には消極説に立ちつつも，ほかの行政上の要請を考慮して，ケースによっては正当な理由の範囲を拡げてもよいとする説がある。この場合正当な理由の範囲の限界として，契約締結が，給水申込者の権利の濫用と公序良俗違反になる場合を考慮するものである（本件控訴審判決）。最高裁は，最後の見解に立ち，給水契約を締結しても公序良俗違反を助長する事情がなかった，として市に正当な理由がなかったことを判示した。この判決は，「公序良俗違反を『正当の理由』の一つと認めた点で意義がある[19]」とされている。

給水拒否の問題に関しては，そのほか多数の判例があるが，「従来の裁判例からは，正当な理由があるとして給水拒否が認められるのは例外的な場合のみ」であり，「正当な理由とは何なのか，およびその根拠は必ずしも明確ではない[20]」と指摘されるなど，議論のあるところである。

(2) 不当な差別的取扱いの禁止

「地方公共団体は，住民が公の施設を利用することについて，不当な差別的取扱いをしてはならない」（自治法244条3項）。不当な差別的取扱いの禁止に該当するかどうかは，公の施設の設置目的などから判断するほかないが，信条，性別，社会的身分等により，合理的な理由なくして利用の便宜を図ったり，使用料に差を設けたりするような場合はこれに該当する。もっとも，「合理的な差別的取扱い」は許されると解されている。よって，ここにおいて問題となるのは，差別的取扱いにつき「合理性があるか否か」ということになる。

これに関する判例として，別荘住民の水道料金格差（高根町簡易水道事業給水条例無効確認等請求訴訟控訴審判決，東京高判平成14（2002）年10月22日判時1806号3頁）がある。本事案は，別荘住民（住民基本台帳に登録していない者）を別荘以外の一般家庭等の住民と区別し，別荘住民につき，水道料金のうちの基本料金を高額に設定すること（年間の料金格差に換算して約2万円（一般住民が約4万円，別荘住民が約6万円と1.5倍の格差））が「不当な差別

に当たる」かどうかが争われたものである。第一審は，別荘の水道使用の特殊性に照らして「なお合理的な範囲内にある」として，請求を棄却した。これに対して，控訴審は「到底合理的な範囲内にあるとは認められない」として，正反対の判決を下した。しかし，判断の基本的枠組みは共通している。すなわち，合理性の範囲内か否かの考慮要素として，水が日常生活に必要不可欠なものであること（必需性）及び，別荘住民の水道使用の場合には，多分に非必需的要素を含んでいることを挙げている点である[21]。第一審と控訴審の違いは，このうちいずれの要素を重視するかということである。この点につき第一審は，別荘使用の非必需性に着目し，「必ずしも同じ口径を使用する別荘と一般住民との均衡を図る必要はない」としたのに対し，控訴審は，別荘住民が「一般住民に近い利用群である」ことに着目し，「基本的には同じ口径を使用する別荘以外の一般住民との均衡を図るべきであるが，その均衡を損なわない程度において」格差が許容されるとした。控訴審は，まず「水道事業者が地方公共団体である場合には，水道料金は公の施設の利用について徴収する使用料に当たる[22]」と判示し，次いで，料金格差の合理性の検討を行った。この点につき「合理的な範囲内に止まる限りは不当な差別に当たらないというべきである」としながらも，本件の場合には，料金体系及び値上げ幅に着目し，「基本料金は3.57倍（5000円と1400円），その値上げ幅も20倍（2000円と100円）」であり，「到底合理的な範囲内にあるとは認められない」と断じ，最終的に「憲法14条1項，旧水道法14条4項4号，地方公営企業法21条2項に違反する不当な差別に当たるというべきである」とした。もっとも年間の料金格差の約2万円が「到底合理的な範囲内にあると認められ」ず，不当な差別に当たるとまで言いきれるかどうか疑問も呈されている[23]。

　（追記）この訴訟につき最高裁第二小法廷（平成18（2006）年7月14日判決）は，別荘住民の水道料金を一般住民より高額に設定すること自体は地方公共団体（水道事業者）の裁量として許されるとしながらも，本件の場合には自治法244条3項が禁じる「不当な差別的取扱い」に当たるとし

て，条例のうち別荘給水契約者の基本料金を改定した部分を無効とした。また，自治法244条3項は憲法14条1項が保障する法の下の平等の原則を公の施設の利用関係につき具体的に規定したものであるから，憲法14条1項違反等の点については判断するまでもないとした。

(1) 松本英昭『新版逐条地方自治法第2次改訂版』（学陽書房，2004年）925〜926頁。
(2) 俵静夫『地方自治法』（有斐閣［第3版］1994年）323頁。
(3) 岡田雅夫執筆，室井力＝兼子仁編『基本法コンメンタール［第四版］地方自治法』（日本評論社，2001年）314頁。
(4) 民間の資金，経営能力及び技術的能力を活用した公共施設等の建設，維持管理及び運営を行う手法である。PFI法（民間資金等の活用による公共施設等の整備等の促進に関する法律，1999年）に基づく事業を指す。
(5) 稲葉馨執筆，成田頼明＝園部逸夫＝金子宏＝塩野宏『注釈地方自治法〈全訂〉』（第一法規，2004年）5573頁。
(6) 利用料金は，条例の定めるところにより，指定管理者が当該地方公共団体の承認を受けて定めることを原則としている（自治法244条の2第9条。「承認料金制度」という）。承認料金制による場合，①公益上必要があるかどうかの判断，②条例の制定，③指定管理者が利用料金の額の定めの案を作成，④地方公共団体の長に対し承認申請，⑤長の承認（議会の承認は不要），⑥指定管理者による利用料金の決定，という手続きを経ることとなる（地方自治制度研究会編『地方自治法質疑応答集』第一法規，2004年，3029-10〜11頁）。
(7) 地方自治制度研究会編『地方自治法質疑応答集』（第一法規，2004年）3029-6頁。
(8) 稲葉，前掲注(5)，5618頁。
(9) 前掲注(7)，3029-6〜7頁。括弧内は筆者の加筆による。
(10) 原龍之助『公物営造物法［新版］』（有斐閣，1994年）231頁。
(11) 原，前掲注(10)，231頁。
(12) 稲葉，前掲注(5)，5614頁。
(13) 篠原俊博「地方自治法の一部を改正する法律の概要について」『地方自治』669号，(2003年)，34〜35頁。
(14) 稲葉，前掲注(5)，5614頁。
(15) 篠原，前掲注(13)，23頁。
(16) 稲葉，前掲注(5)，5599頁。
(17) 「水道法の『正当な理由』は，法244条②を解釈の基礎としなければならない」とされる（兼子仁・磯野弥生『地方自治法』（学陽書房，1989年）269頁）。

(18) 北村喜宣「給水契約の締結留保と給水義務」『地方自治判例百選（第二版）』（別冊ジュリスト125号，1993年）187頁。
(19) 北村，前掲注(18)，187頁。
(20) 伊藤高義・中舎寛樹『自治体私法』（学陽書房，1990年）129頁。
(21) 中原茂樹「別荘住民の水道料金格差」『地方自治判例百選（第三版）』（別冊ジュリスト168号，2003年）109頁。
(22) 地方公共団体の水道施設は，従来より自治法244条の公の施設と位置づけられてきた。これにより，その料金は同法225条の公の施設の使用料に該当し，公法上の債権として同法236条が適用されると解釈されてきた。しかし，水道施設が公の施設として条例で定められていることとの関係について，何の判断も示すことなく，地方公共団体が経営する水道の料金債権に民法173条1項が定める2年の消滅時効が適用されるとの判断が示された（最高裁平成15年10月10日判決）。これにより，公の施設たる地方公共団体が経営する水道の料金債権に民法が適用されることとなり，公の施設の使用料との関係で解釈に疑義が生じている（橋本勇「水道料金の消滅時効」『水道協会雑誌』第72巻第12号（第831号，2003年）76〜80頁）。
(23) 中原，前掲注(21)，109頁。

第3節　地方公営企業

1　地方公共団体の企業活動

　地方公共団体の活動は広範囲に及ぶが，その活動を大別すると，一般行政活動と企業活動に分類できる。一般行政活動は一般的な公共的需要を満たすものであって，そのサービスは住民に均しく供給されるものである。したがって，その財源は原則として権力的に賦課徴収される租税によってまかなわれる。これに対して，企業活動は対価を得て住民に財・サービスを提供する非権力的活動である。そのため，財源は原則として財・サービスの対価である料金収入によってまかなわれる。

　地方公営企業とは，広義にはこのような地方公共団体の行う企業活動の総称である。ただし，地方公営企業法（以下，「地公企法」と略す）に定める事業を指すのが一般的である。具体的には，①水道事業（簡易水道事業を除く），②工業用水道事業，③軌道事業，④自動車運送事業，⑤鉄道事業，⑥

電気事業，⑦ガス事業であり，この七事業を法定事業という（地公企法2条1項）。また，病院事業には，財務規定等が法律上当然に適用される。さらに，地方公共団体は，条例で定めるところにより，法定事業及び病院事業以外の事業に法の規定の全部又は財務規定等を適用することができることとされている。

2 地方公営企業の意義

地方公営企業とは，地方公共団体が住民の福祉の増進を目的として経営する企業である。この要件として次の三つがあげられる。

第一に，地方公営企業は「地方公共団体によって」経営されるもの（直営形態）に限られる。したがって，地方公共団体から独立した法人によって経営されるものは地方公営企業ではない。

第二に，地方公営企業は地域住民の「福祉の増進」を目的とするものに限られる。したがって，地方公共団体が行う競輪，競馬，競艇のような収益事業は地方公営企業ではない。

第三に，地方公営企業は「企業」でなければならない。地方公営企業の活動の効果は，直接的に特定の個人に帰属するものであるので，地方公営企業から財・サービスの提供を受ける者が，その受益の有無又は量に応じて費用を負担するという「独立採算制」を前提とした企業であることが必須の要件とされている。

3 地方公営企業の法制度

(1) 経営の基本原則

地方公営企業は，常に企業の経済性を発揮するとともに，その本来の目的である公共の福祉を増進するように運営されなければならない（地公企法3条）。ここにいう「企業の経済性」とは，あたかも民間企業と同等の合理性と能率性を指しており，「経済性と公共性の調和」が地方公営企業の経営の基本原則とされている。

(2) 地方公営企業の設置

　地方公共団体は，地方公営企業の設置及びその経営の基本に関する事項は，条例でこれを定めなければならない（地公企法4条）。地方公営企業は，一般に公の施設に該当し，条例制定が義務づけられている。しかし，地方公営企業法4条は，「法律又はこれに基づく政令に特別の定めがあるもの」（地方自治法244条の2第1項）に該当するので，地方公営企業の設置条例が定められれば，公の施設の設置及び管理に関する条例を設ける必要はない。

(3) 管理者の設置

　地方公営企業は，合理的・能率的な経営を行うため，管理者必置性を原則としている（地公企法7条）。これは，地方公共団体の長及び議会の関与を最少限の総括的統制に限定し，企業の運営に関しては，企業経営者としての管理者に業務の執行を任せ，自主性及び責任体制の確立を図るということである。そのため管理者に「代表権」及び「業務執行権」が与えられている（地公企法8条1項）[24]。

　ただし，運用上，管理者非設置の例外規定（地公企法7条但書）を適用し，専任管理者を非設置としている地方公営企業が多数存在する[25]。この運用実態に対して，「管理者の経営責任の規定（地公企法7条の2第7項）が死文化している[26]」とも指摘されており，合理的，能率的な企業経営を遂行する上での問題点とされている。

(4) 独立採算制

　地方公営企業の経費は，原則として当該地方公共団体の経営に伴う収入をもって充てなければならない（地公企法17条の2第2項）。これが地方公営企業の「独立採算制の原則」である。問題は，独立採算制がそもそも可能であり，また絶対的な目標かどうか[27]という点である。この点につき，地方公営企業会計と一般会計との負担区分を明確にする前提に立つ限り，「公共性の原則と独立採算制の原則は両立しうる」との考えがある。他方，多数の地方公営企業が赤字である実態があることから，独立採算制の限界として，制度上，問題視されることもある。

(5) 会　計

　地方公営企業は，その経営成績の良否（地公企法20条1項）及び財政状態の良否（地公企法20条2項）を明らかにするため，発生主義に基づく企業会計方式を採用している。地方公営企業会計は，普通会計で採用されている現金主義に基づく官庁会計方式を排除している点で特徴的である。官庁会計方式では，適正な原価計算による料金算定が困難であるが，企業会計方式を採用することにより，適正料金の設定や経営状況の把握，適切な経営方針の確立が可能となるとされている。とはいえ，完全に民間の企業会計原則と同一の会計制度ではなく，民間企業の会計制度には見られない仕組みが設けられている[28]。さらに，法令で会計が規定されている[29]こともあって，会計処理の柔軟性に欠けるなどアカウンタビリティ（説明責任）の観点から，関係法令の改正の必要性が指摘されている[30]。

(6) 料　金

①　料　金

　地方公営企業の料金は「公正妥当なものでなければならず，かつ，能率的な経営の下における適正な原価を基礎とし，地方公営企業の健全な運営を確保することができるものでなければならない」（地公企法21条2項）とされ，①公正妥当，②原価主義，③健全経営の確保，の三つの料金決定原則が求められている。この原則に基づき，地方公営企業の料金は，財・サービスの提供に要する適正な原価を基礎とし，さらに適正な事業報酬を加えた料金算定を行うこととされている。この考え方を「総括原価主義」という。総括原価主義の問題点として，非能率な経営によって生じる費用もそのまま料金に反映されてしまうということがある。したがって，総括原価主義の見直しの必要性も指摘されている。

②　公営水道の加入金

　地方公営企業の料金の一つに水道料金があるが，公営水道事業の場合，通常の水道料金のほかに「加入金」を徴収することもある[31]。加入金とは，給水装置の新設，増口径工事の実施に際し，当該工事申込者から，一時金と

して徴収する負担額[32]であり、水道料金とはその性格が異なる。加入金は、地方公営企業法、水道法に明文の規定がないこともあって、その法的根拠が問題となる。

学説には、地方自治法224条の分担金に該当するという説と、水道法14条の「その他の給水条件」とみる説[33]があり、近年においては後者が有力になっている[34]。

判例は（甲府地判平成9（1997）年2月25日判時161号34頁。東京高判平成9（1997）年10月23日判時176号65頁）、その法的根拠を水道法14条の「その他の給水条件」とするとともに、「地方自治法上の分担金に当たるといえないこともいうまでもない」（東京高裁）として地方自治法224条の分担金を根拠とする説を否定している。

もっとも、依然として加入金の法的根拠に疑義が呈されていることもあって、公営水道事業ではその実務上、一方で水道法14条に根拠を求めつつも、他方で新規の水道利用者の増加は、事業計画等に見込むもので、これに伴う経費も（加入金ではなく）水道料金として徴収するのが望ましい[35]とするなど、公営水道の加入金は議論のあるところである。

③　料金体系

地方公営企業が徴収する料金に関して、「原価を個々の利用者にどのように配分するか」という料金体系の問題がある。地方公営企業の利用者は、平等な取扱いを受けるべきであって、合理的な理由なくして特定の利用者の料金を高くしたり、不当に安くしたりする料金体系は公正妥当なものとはいえない。この点につき、前述の「不当な差別的取扱いの禁止」が問題となる。例えば、水道料金体系のうち用途別料金体系を採用する給水条例は不当な差別的取扱いの禁止に反しないとされた判例がある（大阪地判昭和45（1970）年3月20日判時609号29頁）。この事案でも用途別間の格差について、その合理的理由の存在の有無が論点とされたことは言うまでもない。

4 地方公営企業制度の問題点と今後の方向性

　地方公営企業の抱えている問題は，「運用上」及び「制度上」の二つからなる。このうち，運用上の問題については，現行法の範囲内において，より一層の運用強化を図るほかはない。例えば，管理者非設置の例外規定を適用しているという多くの実態につき，原則通り，管理者必置制とすることなどである。これに比して，より重要な問題は，「制度上」の問題である。地方公営企業は，地方公共団体が経営する企業として，いわゆる直営形態を採用している。この直営形態には次のような制度上の限界，すなわち問題点が存在する。

　第一に，地方公営企業が地方公共団体の組織の一部であり，管理者が長の補助組織である以上，地方公共団体の運営方針が企業経営の経済性を阻害する恐れがある場合でも，地方公営企業の経営方針は，最終的にはこれに一致せざるを得ないこと，

　第二に，地方公営企業が地方公共団体の一部である限り，地方公共団体の財務，組織，人事管理等を定める地方自治制度の基本的枠組みからの自由度に一定の限界があることである[36]。

　このような制度上の限界を克服するには，直営形態から間接経営形態へ移行することも考えられる。例えば，間接経営形態として地方公共団体と別個の法人格を有する法人（公社方式や第三セクター）へ移行することも主張されてきた。さらに地方公営企業の完全民営化を主張する説もある。

　こうした中で，独立の法人格を有する地方独立行政法人法（平成15（2003）年7月16日法律第108号，平成16（2004）年4月1日施行）が施行された。これにより，水道事業，病院事業など，従来，地方公営企業によって担われてきた各事業において，両組織が並立することとなり，今後改めて，地方公営企業の果たしている意義・役割や日常生活に必要不可欠な財・サービスの供給のあり方が問題となる。

(24)　地方公営企業の管理者の権限と長との関係が争われた判例として「福岡市水道料金条例無効確認請求控訴事件」がある（福岡高裁昭和30（1955）年11月14日判

決).『地方自治判例百選』(別冊ジュリスト71号,1981年) 112-113頁。
(25) 佐藤裕弥「管理者の役割」『公営企業』(第35巻第12号,2004年) 3頁。
(26) 池田昭義「管理者の経営責任」『公営企業』(第25巻第8号,1993年) 11頁。
(27) 室井力=原野翹編『新現代地方自治法入門〔第2版〕』(法律文化社,2003年) 258頁。
(28) 例えば,企業債を「借入資本金」として,負債の部ではなく,資本の部に表示することなどがある。
(29) 地方公営企業法施行令,同施行規則による会計統制が行われており,民間企業会計に比較して制約が大きい。
(30) 総務省『地方公営企業会計制度研究会〈中間報告〉』(2004年)。
(31) わが国の公営水道事業者1,945事業者のうち加入金徴収が1,577事業者 (81.1%),加入金未徴収が368事業者 (18.9%) と徴収と未徴収の事業者が混在している (日本水道協会「各都市水道事業の加入金徴収状況調査表」(2003年))。
(32) 日本水道協会「加入金算定基準」『水道料金算定基準』(1998年),25頁。
(33) 碓井光明『自治体財政・財務法〔改訂版〕』(学陽書房,1995年) 152頁。
(34) この点につき,わが国の公営水道事業者を主たる会員とする日本水道協会は,原則として,『水道法14条に定める「その他の給水条件」とする』と規定している。さらに,分担金については「地方自治法第224条に定める『分担金』に根拠をおくこともできるが,この場合は,特定需要者を対象とし,その額は,受益の範囲を限度とする必要があるので,この点に留意しなければならない」として,例外的に認めている (日本水道協会,前掲注(32),25頁)。
(35) 日本水道協会『水道用語辞典』(1996年) 108頁。
(36) 細谷芳郎執筆「地方公営企業の組織」高部正男編著『執行機関』(ぎょうせい,2003年) 216頁。

コラム　自治体病院改革と指定管理者制度

　診療報酬単価の引き下げに見られるような経営環境の変化の中で自治体病院は転換点を迎えている。そもそも地方公営企業である自治体病院は,医療機関の不足を補うことに加えて,高度医療の提供など先導的な役割を担うことを目的として設立され,全病院の10%強を占めるに至っている。しかしその6割以上が赤字経営であり,また多額の補助金によって支えられていることも多く,設立主体である自治体の負担は大きくなっている。また医療機関が絶対的に不足していた時代と異なり,現在では自治体病院の存在理由も薄れている。こうした背景のもとで,自治体病院の再編・統

廃合，経営管理の強化，あるいは病院建設や運営事務を長期にわたって民間企業に任せる PFI の導入，といった抜本的な改革が見られるようになっている。

そうした改革手法の一つとして指定管理者制度を活用した民間病院への委託が考えられる。横浜市では市立港湾病院の建替えを機に，それまでの直営から指定管理者による経営へ移行するために，条例に基づき，平成 16（2004）年 2 月の市議会で指定管理者の指定を可決した。

横浜市ではまず，⑴市立港湾病院における診療・検診，⑵使用料・手数料の徴収，⑶施設・設備の維持管理，などを指定管理者に行わせることや指定管理者の選定方法を条例に定めた。次いで，この条例に基づき，外部委員で構成する「横浜市立港湾病院指定管理者評価委員会」を創設した。その後，選定対象とした各法人に対して各種の指定条件を示した。

指定条件として，「指定管理者が行う業務」「実施すべき医療機能」「指定管理に関する基本的事項」について諸条件が提示された。指定管理者が行う業務は診療・検診，使用料・手数料徴収，施設設備の維持管理など病院運営の全体であり，期間は 30 年間である。横浜市が自治体として行う「政策的医療」を確保するために，「24 時間 365 日救急医療」や「精神科救急医療」，また「アレルギー疾患医療」の実施などが指定条件に盛り込まれているのが特徴である。また，指定管理者の事業報告書の提出義務や市の指示について条件が示されている。

他方，指定管理者となる民間病院のインセンティブを引き出すような支払いの条件が示された。病院は横浜市が建設したものであることから，指定管理者は原則的に，同種の建物の標準的な減価償却費相当額（約 6 億円）を横浜市に支払うが，指定管理者の診療に伴って横浜市が得た診療報酬相当額はすべて指定管理者に支払われ，さらに政策的医療の実施にかかる交付金も支払われることとされた。

こうした指定条件からもわかるように，自治体病院を指定管理者に委ねる手法は，政策的医療を維持しながら，民間病院の経営ノウハウを活用し経営効率を高めるための一手法として取り組まれている。

参考文献

室井力＝原野翹編『新現代地方自治法入門［第 2 版］』（法律文化社，2003 年）
兼子仁＝磯野弥生『地方自治法』（学陽書房，1989 年）
碓井光明『自治体財政・財務法［改訂版］』（学陽書房，1995 年）

原野翹『現代行政法と地方自治』（法律文化社，1999 年）
伊東髙義＝中舎寛樹『自治体私法』（学陽書房，1990 年）
俵静夫『地方自治法』（有斐閣，1994 年）
田中二郎『行政法総論』（有斐閣，1994 年）
原田尚彦『〈新版〉地方自治の法としくみ』（学陽書房，2004 年）
白崎徹也＝細谷芳郎著『地方公営企業法』（ぎょうせい，1992 年）
細谷芳郎執筆「地方公営企業の組織」髙部正男編著『執行機関』（ぎょうせい，2003 年）
鈴木茂明執筆「公の施設の設置・管理」小笠原春夫＝河野正一編著『最新地方自治法講座　財務(2)』（ぎょうせい，2002 年）
田村政志＝椎川忍『自治体経営と財政運営システム』（ぎょうせい，2002 年）

（佐藤　裕弥）

第15講 地方公共団体の外部監査

●本講の内容のあらまし

　自治法上，地方公共団体の監査には「監査委員監査」がある。しかしながら，監査委員監査には一定の限界があり，その問題解決のため，平成9 (1997) 年に新たに「外部監査制度」が導入された。本講では，外部監査制度を概観するとともに，その運用上および制度上の問題点・課題を解説する。

　まず第1節で，外部監査制度は，公会計における不正経理事件の発生を契機として，「地方分権の推進」，「監査委員監査の限界」という視点からその必要性が論じられ，法改正を経て導入されたものであることを説明する。

　次に，第2節では，外部監査契約の種類として「包括外部監査」と「個別外部監査」の二つがあることを説明する。さらに，そのいずれの外部監査であっても契約の相手方となり得る外部監査人は個人であることを説明する。続いて，包括外部監査の場合，「特定の事件」の選択に外部監査人の識見が反映されること，監査対象が「財務監査」に限られることを解説するとともに，実際の運用上，「財務監査」か「行政監査」かという判断の問題が残ることを指摘する。また，個別外部監査契約の対象が五種類あることを説明するとともに，住民監査請求に係る個別外部監査が他の四種類の個別外部監査契約と異なる点などを取り上げる。

　最後に，第3節では，外部監査制度の問題点として，①長の関与による外部監査の「外部性」の担保の問題，②監査委員等の関与の問題，③外部監査人の監査に対して非協力的な場合に対する制裁規定の欠如，の三つがあることを説明する。そして，外部監査の運用の結果によっては，制度自体の再設計（法改正）が議論される可能性があることを指摘する。

第1節　外部監査制度導入の背景

　監査委員監査（自治法199条）の充実・強化を目的として，これまで数次にわたり法改正が行われてきた。特に，昭和38（1963）年の改正[1]と平成3（1991）年の改正[2]は大きなものであった。にもかかわらず，一部の地方公共団体において，食糧費，旅費等に関して，予算の不適正な執行がなされるなど[3]，公会計の不正経理事件が発生し，その対策が必要とされてきた。対策の検討過程では，「地方分権の推進」，「監査委員監査の限界」の二つの視点から，新たな外部監査制度の必要性が論じられた[4]。その背景には，第一に，地方分権の推進により国の地方公共団体に対するチェック機能が低下することとなり，新たなチェック機能の必要性が生じたこと，第二に，監査委員監査は「内部監査[5]」であり十分に機能していないということがある。特に，後者については，監査委員および事務局職員が専門的な知識・経験を有していないこと，事務局職員が長部局からの出向であることなどの点で「専門性」と「独立性」に欠けるとして，従来からその限界が指摘されてきたところである。

　こうした状況のもと，新たに外部監査制度を導入することが適当とされた[6]。制度設計上，外部監査制度の方式には，「地方公共団体の共同の外部監査組織による監査を受ける方式」（外部監査機構方式）と「個々の地方公共団体がそれぞれ外部の監査能力を有する者の監査を受ける方式」（外部監査人方式）の2種類が考えられる[7]。このうち，後者，すなわち外部監査人との契約に基づく監査制度が，平成9（1997）年の法改正により導入された。立法化にあたっては，従来の監査委員監査との関係や規定の分かりやすさへの配慮から，「外部監査契約に基づく監査」として，地方自治法の体系上，新たな章（第13章）が設けられ，特例的に位置づけられている。

(1) 昭和38年の改正では，監査委員が，都道府県，市町村を通じてすべての地方公共団体に必置の機関とされた。

(2) 平成3年の改正では，行政監査の権限の付与，退職職員の選任制限の創設，監査委員の一部常勤化の義務づけなど，権限の充実，専門性・独立性の強化が図られた。
(3) 予算の不適正執行問題（いわゆる官々接待，カラ会議等の問題）として，食糧費，交際費がたびたび社会問題となり，その執行実態を明らかにする手段として情報公開制度が活用されている。これに関して，例えば，「大阪府知事交際費情報公開訴訟」（最小判平成6（1994）年1月27日民集48巻1号53頁）や「大阪府水道部食糧費情報公開訴訟」（最三小判平成6年2月8日民集48巻2号255頁）などがある（いずれも『地方自治判例百選（第三版）』別冊ジュリスト168号所収（有斐閣，2003年）。
(4) 池田昭義『外部監査制度ハンドブック』（ぎょうせい，1997年）35～48頁。
(5) 監査委員監査を「内部監査」とみるか「外部監査」とみるかについては両論ある。確かに，監査委員は長から独立した執行機関ではあるが，当該地方公共団体の内部の機関であること，さらに，監査委員を補佐する事務局職員が長部局からの出向であり，その内部性を払拭できないことから，運用実態としては内部監査といわざるを得ない（岡裕二執筆，小笠原春夫＝河野正一編著『最新地方自治法講座　財務(2)』（ぎょうせい，2003年），396頁）。
(6) 「第25次地方制度調査会答申」（平成9（1997）年2月24日）。
(7) 自治省行政局「地方行政運営委員会，地方行政運営部会，地方公共団体における監査機能の充実に関する小委員会」は，平成7（1995）年度に主として全国単一の外部監査機構について研究し，平成8（1996）年度に監査委員制度と外部監査人制度の研究を行った。

第2節　外部監査制度

1　外部監査制度の概要

(1)　外部監査契約の種類と契約の相手方

外部監査契約とは，「包括外部監査契約」と「個別外部監査契約」の二つをいう（自治法252条の27第1項）。両者の概要は後述（2，3）するが，その主な相違点は次の二つである[8]。第一に，前者は都道府県・指定都市および中核市（以下，「包括外部監査対象団体」という）に導入が義務づけられた点である。第二に，監査テーマについて，前者は，外部監査人が自己のイニシアティブでテーマを選択して監査を行うのに対して，後者は，当該請求・要求に拘束され，テーマの選択権がない点である。

外部監査契約の相手方（以下，「外部監査人」という）は，地方公共団体の財務管理，事業の経営管理その他行政運営に関して優れた識見を有する者で，弁護士，公認会計士など一定の資格を有する者又は行政において監査等の事務に従事し監査等の実務に精通した者等とされる（自治法252条の28第1項，2項）。つまり，外部監査契約の相手方は個人（自然人）ということである。これは，従来，監査委員監査として行われてきた監査の一部を外部監査人に行わせることとなるため，監査委員と同様，法人ではなく個人とする必要があること，さらに，刑法その他の罰則の適用について公務員とみなす（「みなし公務員」）必要があることによるためである。したがって，地方公共団体の外部監査の場合，監査法人などであっても外部監査人にはなれない。

(2) 外部監査人の監査事務の補助

外部監査人の監査を実効あるものとするためには，一人の外部監査人による監査では必ずしも十分ではない。地方公共団体の事務を適切に監査するためには，組織的な監査が必要である。そのため，外部監査人は監査事務を他の者（以下，「補助者」という）に補助させることができる（自治法252条の32第1項）こととなっている。補助者を用いる場合には，外部監査人はあらかじめ監査委員に協議しなければならず，その協議は合議でなされる（自治法252条の32第3項）。

補助者を用いる場合，外部監査人は，補助者を監督しなければならず（自治法252条の32第4項），補助者の故意過失によって生じた責任は，外部監査人が負うこととなる。補助者には外部監査人と同様，刑事罰付きの守秘義務（自治法252条の32第5項，6項）とみなし公務員規定（自治法252条の32第7項）が課されている。

(3) 外部監査人と地方公共団体との関係

① 外部監査人と監査委員相互間の配慮

外部監査人は，監査を実施するに当たっては，監査委員にその旨通知するなど相互の連絡を図るとともに，監査委員の監査の実施に支障を来さないよ

う配慮しなければならない（自治法252条の30第1項）。また，監査委員は，監査を実施するにあたっては，外部監査人の監査の実施に支障を来さないよう配慮しなければならない（自治法252条の30第2項）。

このように，外部監査人と監査委員は対立するものではなく，ともに地方公共団体の適正な行政運営の確保を図るために存在する。両者による監査の重複や監査漏れを防ぐためには，監査実施計画を作成し，監査委員に提出し，協議することが必要とされる。

② 外部監査人の監査への協力義務

議会，長，その他の執行機関又は職員は，外部監査人の監査の適正かつ円滑な遂行に協力するよう努めなければならない（自治法252条の33）。外部監査人の監査が適正かつ円滑に遂行され，実効性あるものとするためには，内部の者の協力が必要不可欠である。よって，監査を受ける地方公共団体側も監査に協力すべきであるとされる。ここにいう協力義務は，業務に特段の支障のない範囲で，できる限り協力する意味であると解されている。

そのほか，議会は外部監査人に対して民主的コントロールを確保する必要があることから，「外部監査人の説明を求め，又は外部監査人に対して意見を述べることができる」（自治法252条の34）として，議会による説明の請求と外部監査人の意見の陳述が定められている。

2 包括外部監査契約

(1) 包括外部監査契約の締結

包括外部監査契約とは，包括外部監査対象団体が，住民の福祉の増進などに資するため外部監査人の監査を受けるとともに，監査の結果に関する報告を受けることを内容とする契約である（自治法252条の27第2項）。包括外部監査対象団体の長は，毎会計年度，当該会計年度に係る包括外部監査契約を，速やかに，「一の者」と締結しなければならない。この場合，あらかじめ監査委員の意見を聞くとともに，議会の議決を経なければならない（自治法252条の36第1項）。

ただし，包括外部監査対象団体は，連続して四回，同一の者と包括外部監査契約を締結することはできない（自治法252条の36第3項）。つまり，外部監査人は連続して三回，最高三年間までしか契約できない。これは，長は四年の任期中に少なくとも二人の包括外部監査人の監査を受けなければならない，という立法趣旨によるものである。

(2) 包括外部監査契約に基づく監査

包括外部監査人は，財務に関する事務の執行および経営に係る事業の管理のうち，地方自治法2条14項および15項の規定（住民の福祉の増進，最少の経費で最大の効果，組織及び運営の合理化，規模の適正化）を達成するため必要と認める特定の事件について，「財務に関する事務の執行」と「経営に係る事業の管理」に関する監査を行なう（自治法252条の37第1項）。

① 特定の事件

包括外部監査人は，「特定の事件」について監査を行うこととされる（法252条の37第1項）が，運用上，特定の事件の選択が問題となる。ここでいう特定の事件とは，監査の対象として取り上げるテーマを意味する。テーマの選択は，包括外部監査人の判断に委ねられているが，現実的には地方公共団体で問題となっているテーマなどが主にその対象とされる。もっとも，テーマの選択には包括外部監査人の識見の程度が反映されることもあって，その識見が十分でない外部監査人が選任された場合，監査の費用対効果の点で問題が生じるおそれもある。

② 財務監査と行政監査

監査の対象として取り上げるテーマは，「財務監査」と「行政監査」の二つに分類される。財務監査とは「予算の執行，収入，支出，契約，現金及び有価証券の出納保管，財産管理等の事務の執行に関する監査」をいう。

一方，行政監査とは「部課等の組織，職員の配置，事務処理の手続，施設運営等について，その適正かつ効率的な運営を確保するため，合理性，能率性の観点から行う監査」をいう[9]。すなわち，行政監査とは地方公共団体の長が採用した政策そのものの適否や裁量行為の妥当性を批判する機能を有

する。ただし、その是正を要請するものではなく、地方公共団体の長が採用した政策の実現のために、日々の行政の執行が能率性又は合理性を有しているか否かを監査するものである。

包括外部監査人が選択する特定の事件とは財務監査であり、制度上、行政監査を含まないと解されている[10]。これに対して、財務監査の結果、必然的に必要となる行政制度上の問題などを扱う行政監査には、監査報告として触れるべきであるという説もある[11]。

この点につき、立法趣旨は、行政監査を含まないとしている。これは、外部監査を、客観的な判断を基本とする財務監査に限定することが適当である、という考え方によっている。もっとも、財務監査であっても、前述の通り、地方自治法2条14項および15項の達成を目的に行う監査であるから、地方公共団体の事務事業の有効性などについて監査を行うことも可能とされている。よって、制度上、行政監査を含まないと解したとしても、運用上、どこまでが財務監査に相当し、どこからが行政監査に相当するのかにつき判断を迫られるという問題が残る。

3　個別外部監査契約

(1)　個別外部監査契約の締結

個別外部監査契約とは、住民、議会又は長が監査委員の監査を請求又は要求することができることとされている場合に、監査委員の監査に代えて外部の専門的な知識を有する者の監査を受けることができるという、特例規定による外部監査である。

個別外部監査契約の締結の対象となるのは次の五種類である。すなわち、①住民の事務監査請求（自治法252条の39第1項、75条1項）、②議会からの監査の請求（自治法252条の40、98条2項）、③長からの監査の要求（自治法252条の41第1項、252条の42第1項、199条6項）、④長からの財政援助団体等の監査の要求（自治法199条7項）及び⑤住民監査請求（自治法252条の43第1項、242条1項）である。

(2) 個別外部監査契約に基づく監査

① 財務監査と行政監査

個別外部監査の対象となる「事務の監査」（自治法252条の39第2項）は，地方公共団体又はその機関において処理している一切の事務を指すことから，財務監査のみならず，「行政監査」を含む。この点につき行政監査を含まないとする包括外部監査契約に基づく監査と異なる。個別外部監査契約に基づく監査が，「議会からの監査の請求」もしくは「長からの監査の要求」として実施される以上，当該請求・要求に拘束されるのは当然である。

② 住民監査請求以外の個別外部監査契約

前述3(1)の通り，五種類ある個別外部監査契約の締結対象のうち，住民監査請求を除く四種類の個別外部監査契約については，その契約の締結手続，個別外部監査人の権限，義務等は，包括外部監査契約に準じることとされている。

このうち例えば，「住民の事務監査請求」とは選挙権者総数の50分の1以上の者の連署によって，地方公共団体の事務およびその機関の権限に属する一切の事務を対象に行われる監査請求である。その際に個別外部監査が請求された場合，監査委員の意見を受けた長は20日以内に議会を招集し，その旨を付議する。議会が，当該請求事項の個別外部監査対象性あるいは相当性の問題を判断し，議決を経て，契約締結手続が行われる。契約締結後，個別外部監査人は，監査結果の報告を執行機関などおよび監査委員に提出する。なお，議会が否決したときは，はじめから監査委員による事務監査請求が行われたとみなされ，監査委員が監査を行う（自治法252条の39第15項）。

同様に，「議会からの監査の請求」，「長からの監査の要求」，「長からの財政援助団体等の監査の要求」についても，外部監査が適当か否かの判断や，契約金額や期間などの適切性については議会の議決に委ねられている。ただし，長からの要求に基づく個別外部監査請求が議会で否決された場合，監査請求の手続きは終了することとされている。長は，必要であれば直ちに，監査委員に同一事項についての監査を要求できるからである。

③　住民監査請求に係る個別外部監査契約

　住民監査請求に係る個別外部監査契約は，住民訴訟につながるものであることを受けて，他の四種類の個別外部監査契約とは異なり，以下の特例がある。

　住民監査請求は，地方公共団体の職員による違法な公金の支出などの財務を対象に，国籍，選挙権，納税の有無を問われない住民が一人でいつでも行いうる請求である。このため，外部監査の相当性の是非に関する判断が議会に属するのは現実的ではないとして[12]，監査委員に委ねられている。住民監査請求について，監査委員が個別外部監査を相当と判断しなかった場合は，監査委員自らが監査する。個別外部監査が相当と判断された場合，契約に関する手続等は「事務監査請求」等に係る手続が準用される。

　個別外部監査契約を締結した個別外部監査人は，契約期間内に監査を行うとともに，監査報告書を監査委員に提出しなければならない。これを受けて，監査委員は地方自治法242条4項の規定と同様，請求に理由があると認めるときは，議会や長，その他の執行機関などに対して必要な措置を勧告する。なお，住民監査請求監査以外の監査委員監査の場合，原則として監査報告書が公表され，地方自治法第199条12項の規定により被監査側が是正改善措置を講じたときは，その旨を監査委員に通知することとなっている。これに対して，住民監査請求に基づく監査の場合，監査委員の勧告は一定の法的効果が生じ，勧告された長などには必要な措置を講じる義務が生じる[13]。

(8)　藤原静雄執筆，成田頼明＝園部逸夫＝金子宏＝塩野宏編『注釈地方自治法〈全訂〉』（第一法規，2004年）7665頁
(9)　田谷聡『地方自治総合講座4　財務管理』（ぎょうせい，2002年）274〜275頁
(10)　松本英昭『新版逐条地方自治法』（学陽書房，2004年）1228頁
(11)　水中誠三「外部監査人監査を実施して」『自治フォーラム』通号481号（1999年）32頁
(12)　住民監査請求に係る個別外部監査の請求の場合は，住民監査請求が一の住民でも行うことができることから，物理的には毎日でも請求することが可能であり，住民監査請求に係る個別外部監査の請求の頻度いかんによっては，議会の機能に影響が生じ

るおそれがあると考えられること，さらには，住民監査請求の場合は住民訴訟に移行する途が制度上，担保されていることなどが考慮されたことによる（田谷，前掲注(9)，319頁）

(13) 田谷，前掲注(9)，319頁

第3節　外部監査制度の問題点

　従来の監査委員監査に加えて，外部監査制度が導入されたことにより，制度上，地方公共団体の監査は充実・強化された。したがって，今後，当面の問題点は，外部監査制度が適正に運用されるか否かである。

　とはいえ，外部監査は，法制化当初から制度上の問題点を内在しており，学説上，次の三つが指摘されている[14]。

　第一に，長の関与による外部監査の「外部性」の担保の問題がある。この問題は，外部監査人選任の提案権は長にあるため（自治法252条の36），長の意向が強く反映されることとなることから，果たして選任された外部監査人が真の外部性を有するのか否かということである。実際上は，外部監査人の選任の手続や契約の適正さが確保されるのか，外部監査人の監査費用が適正であるのか，外部監査人の監査報告書が適正に評価されるのか，といった点が問題となろう。

　第二に，監査委員および事務局の関与の問題がある。外部監査契約の締結・解除における意見の聴取（自治法252条の36第1項，252条の35第2項，4項，252条の39第6項，252条の44），関係人の出頭を求めるに当たっての協議（自治法252条の38第1項，252条の43第7項，8項），外部監査報告の公表（自治法252条の38第3項，252条の38第4項，5項）などの局面で監査委員等が関与する。この関与が，理論的には，外部監査人の監査の存在意義を脅かすものとして問題となる。

　第三に，外部監査人に対して非協力的な場合に対する制裁規定の欠如の問題がある。確かに，議会，長，その他の執行機関又は職員は外部監査人の監

査に対して協力義務がある。とはいえ，制裁措置を伴わない協力義務の規定だけではどの程度有効に機能するか疑わしい。

以上が地方公共団体の外部監査制度の問題点である。外部監査制度の今後の運用結果によっては，制度自体の再設計，すなわち法改正が改めて議論される可能性もある[15]。その場合，外部監査の実効性の確保を図るため，例えば「外部監査機構方式」への発展も考えるべきである[16]。

(14) 藤原，前掲注(8)，7657頁
(15) 藤原，前掲注(8)，7658頁
(16) 池田昭義『地方公共団体の外部監査人監査』(学陽書房，1998年) 56頁

コラム　外部監査制度の改善案

　地方公共団体の外部監査制度は「外部監査機構方式」と「外部監査人方式」が検討されたが，予算など種々の制約もあって後者が法制化された。もっとも，外部監査制度の導入後も公会計の不正経理事件が発生するなど，依然として監査機能の充実・強化が問題とされている。その対応策として次の五つの改善案が考えられる。

　第一に，内部監査制度の確立が必要である。地方自治法は内部監査の規定を設けていない。そのため，外部監査を受け入れる前提となるべき内部監査が不備であるのでこれを整備する必要がある。

　第二に，監査基準の作成が必要である。そもそも監査は，監査人の知識，経験によって影響を受けやすいものである。しかしながら，監査人の知識，経験に左右された監査では常に一定の水準を期待することは難しい。したがって，いかなる外部監査人が担当しても，ほぼ一定の水準が保たれるように監査基準，すなわち監査のルールを作成する必要がある。

　第三に，外部監査人の要件の見直しが必要である。現行法では外部監査人は個人（自然人）のみで，しかも一人となっている。しかしながら，例えば交通事故等の不測の事態が発生することも考えられ，その場合，監査に空白期間が生じる可能性もある。したがって，複数の外部監査人を認めるべきである。

　第四に，監査費用の適正化が必要である。東京都の場合，包括外部監査の費用は約三千万円（一年間）となっている。東京都の事務事業の中からその一つとして水道事業会計をみてみると，職員数5000人以上，資本金1兆

円以上という大規模な地方公営企業である。これを一人の外部監査人が，監査費用の範囲内で，数名の補助者を用いて監査を行うこととなる。民間企業の会計監査人監査と比較した場合，脆弱な監査体制と言わざるを得ない。そもそも地方公共団体の事務事業が複雑多岐にわたることを考えれば，現状の監査費用では，その範囲においても，その内容においても，住民からみて満足のいく外部監査は期待できない。したがって，監査費用を適正な額にすることも考える必要があろう。

　第五に，外部監査機構方式への発展を考えることも必要である。外部監査の実効性を高めるためには，「独立性」と「専門性」をもつ職員を有する外部監査機構方式（会計検査院に相当する組織のイメージ）による監査が有効と考えられる。その実現にあたっては，外部監査機構の法的根拠を地方自治法に規定する必要がある。立法論としては，地方公営企業法第42条（地方公共企業体）を参考に，「地方公共団体は，別に法律で定めるところにより，地方公共団体を監査するための『地方公共団体監査公社』（案）を設置することができる」という規定を新設し，地方自治法の監査特例法を制定することが考えられる。

　（追記）地方公共団体の財政の健全化に関する法律（平成19（2007）年6月22日法律第94号，略称「財政健全化法」）の施行により，地方自治法の監査の特例が設けられた。すなわち，財政健全化法が規定した財政健全化計画，財政再生計画又は経営健全化計画を定めなければならない地方公共団体の長は，監査委員に対して自治法199条第6項の監査の要求をしなければならないこととされた。さらに，財政健全化団体等の包括外部監査人は，自治法252条の37第1項の規定による監査をするに当たっては，財政の早期健全化，財政の再生又は公営企業の経営健全化を図る観点から適切であるかどうか，特に，意を用いなければならないとされた（財政健全化法26条）。

参考文献
池田昭義『地方自治監査の実務』（一藝社，2000年）
宇賀克也監修『行政手続と監査制度』（地域科学研究会，1998年）

碓井光明「地方公共団体外部監査制度の意義と課題」『都市問題』第 89 巻 8 号
成田頼明「外部監査制度導入の背景とその趣旨」『税理』第 41 巻 5 号
橋本勇「弁護士会における自治体外部監査への取り組み」『法と実務』1 号
岡裕二執筆「地方公共団体の外部監査制度」小笠原春夫・河野正一編著,『最新地方自治法講座⑧　財務(2)』(ぎょうせい, 2003 年) 395〜432 頁
松本英昭『地方自治法』(学陽書房, 2003 年) 247〜265 頁

(佐藤　裕弥)

第16講　財政と監査

●本講の内容のあらまし

　地方公共団体（以下，「自治体」と表記する）が住民の要望に応じて事務事業を遂行するにはその経費を賄うための財源が確保されていなければならない。いかに早急の行政需要があるとしても，財源がなければ有効な対応措置を採ることができないからである。

　租税は究極的には地域納税者の拠出に係る信託財産であると同時に，財産権に対する侵害の一種でもあることから自治体の財源は適正かつ効率的に利用・管理されなければならないが，地域納税者からの財源のみに頼っては自治運営が成り立たないこともまた事実である。そのため，地方税法上，国からの財源確保にも期待が寄せられる。また，その他の自治体住民との税負担の公平性にも配慮しなければならない。

　更に，自治体財政が適正に行われるべく，信託者たる住民による住民監査請求・住民訴訟提起を通じてそれを担保する方法がある。住民は，自らの参政権を直接具体的に行使して，住民全体の利益保護のために地方行政の適正化を主張することから，住民監査請求および住民訴訟の両制度は住民自治の具現化に仕えるものといえる。

第1節　自治体の財政収入

1　地方公共団体の財源

　自治体の歳入は，その権能を行使して自ら調達しうる自主財源と，その内容と程度が国等の意思によって決まる依存財源とに大きく分けられる。

(1) 自主財源－地方税－

　最たる自治体収入源である地方税とは，自治体がその経費を賄うために課税自主権に基づき公権力でもって一般住民から徴収する租税のことをいう。地方税は，地方税法の定めに従って賦課徴収される（地方税法2条）。ただ地方税法は，地方税に関する大綱を形式的に定めたものであるに過ぎないため，住民の納税義務は，各自治体における条例により具体的に発生する（租税条例主義。同法3条）。

　具体的に地方税には都道府県税と市町村税の別があり，更に使途目的が定められていない普通税とそれ以外の目的税とに分類される（地方税法4条・5条）。これらは法定税である。この他にも，地方税法は，自治体が一定の要件の下で別に税目を起こし，法定外の普通税・目的税を課すことができると定めている。これを法定外普通税と法定外目的税という（地方税法4条3項，6項，5条3項，7項。これに関しては第18講で改めて論じる）。

(2) 依存財源－地方交付税・地方譲与税・補助金・地方債－

　長年に渡り，自治体収入における地方税の占める割合が約30％から40％程度に留まることを指して「三割自治」という言われ方をしてきた。自治体税収のみでは行政水準を維持し難く，各自治体間においてその税収力には著しい格差がある。今日の自治体が国との関係において決して完全に独立した団体ではなく，国からの財源に大きく依存せざるを得ない現状の中，自主性を損なうことなくその財源の均衡を図らなければならない。

　地方交付税とは，国が地方財源の均衡を図ると共に地方行政の計画的運営を確保するべく，国税のうち所得税・法人税・酒税・消費税（地方消費税に係るものを除く）及びたばこ税の徴収総額の一定割合を自治体に配分・交付する税をいう（地方交付税法2条1項）。地方交付税は，総務大臣が各自治体ごとに，普遍的一般的行政水準を実現するのに必要な経費たる基準財政需要額を客観的要素に即して算出した合算額と，当自治体の地方税等の収入見込額たる基準財政収入額とを比較し，前者が後者を上回る自治体に対してその不足額を補塡するべく一定の算式に従い支給される（同法10条）。地方交付

税は使途の特定されない一般財源であるため，交付を受けた自治体はこれを自由に活用して自治行政を展開することができる（ただし，自治体が違法に多額の支出を行った場合，交付額の減額・返還が総務大臣により命じられることがある。地方財政法26条）。

　地方譲与税とは，形式上，国税として徴収された特定の税の全部又は一部を一定の基準に従い自治体に譲与するものである。実質は，課税上の便宜その他の事情から徴収事務を国が代行しているともいえる。その最たるものは地方道路譲与税であり，国税として徴収された地方道路税が都道府県・市町村の道路の長さ・面積に応じて配分される。

　以上が自治体の一般財源であるのに対し，特定の使途に充てるための特定財源として国から補助される補助金と地方債の発行がある。

　補助金は，自治体の実施する特定の事務事業を国が助成するために，それに必要な経費の全部又は一部を国庫において支弁するために交付される支出金である（地方財政法16条）。国が国策として特定の公共事業を推進しようとする場合，これを補助事業に組み込んで自治体の事業選択に誘因を与えた上で事業を実施させ，自治体利益と国益を共に達成することにその目的がある。補助金の中で国が法令上の義務として自治体に交付する国庫負担金としては，普通負担金（地方財政法10条），建設事業負担金（同法10条の2），災害事業費負担金（同法10条の3）がある。これは，必ずしも経費の全額を国が負担するというものではない。他方，国が本来行うべき事務を，効率性・経済性の観点から自治体に委託して処理する場合に交付される国庫委託金があり（同法10条の4，例えば国政選挙や国勢調査に要する経費），これらについてはその経費を負担する義務を自治体は負わない。

　最後に地方債について説明する。自治体は財政赤字を補填するために地方債を発行すること（これを起債という）で年度を超えた借入れを行うことがある。借金が歳入になるというのは奇妙にも思えるが，自治体の会計制度は，現金の出入りで整理する現金会計と呼ばれる方式であるため，借金しても現金が入ってくるという意味で歳入として扱われる。起債を行う際，長は

起債の目的，限度額，起債方法，利率及び償還方法を予算に定めて議会の承認を得なければならない（自治法215条5号，230条）。地方自治法の旧250条は，起債にあたり自治大臣（当時）又は都道府県知事の許可を必要としていたが（許可制），平成11（1999）年の自治法改正により本条は削除され，総務大臣又は都道府県知事と協議して同意が得られた時に起債が許されることになった（事前協議制）（地方財政法5条の3第1項，3項）。

2　予算執行と財産管理

(1)　総計予算主義

　自治体の一切の収入及び支出は，全て予算に計上され，議会の議決を経なければならない。これを総計予算主義という（自治法210条）。予算に計上しない隠し財産を所有したり，これを費消することは許されない。総計予算主義は，行政の透明性を高める上で効果的であると共に，財政収支の均衡を図り，財政破綻を予防するのにも有効である。

　予算は，毎会計年度に長が調製して議会に提出する（同法211条）。予算上には会計年度全体を通じての一切の収入及び支出を掲げ，年度開始前に議会の議決を経なければならない。これを通常予算ないし本予算という。議会の議決によって予算は成立し，長に予算執行の権限と責任が発生する。原則論としては，年度開始前に年度全体を通じた通常予算を長は成立させなければならない。しかしこれが困難な場合，必要に応じて一会計年度のうちの一定期間の予算を調整して議会の議決を受けることができる。これを暫定予算という。暫定予算は通常予算が成立するまで効力をもち，暫定予算に基づいて行われた支出や債務負担は通常予算成立後，通常予算に基づいて行われたものとみなされる（同法218条2項，3項）。

　予算は，一会計年度における収入を示す歳入予算と，支出を示す歳出予算，年度を超える支出を示す継続費，地方債，一時借入金その他で構成される（同法215条）。このうち歳入予算は，執行機関を法的に拘束するものではない。これに対し歳出予算は，自治体が支出しうる経費を款・項・目・節に

分けて金額で示したものであり（自治法施行令150条），執行機関は予算に拘束される。支出の要因となる契約締結その他支出負担行為を行うに当たっては，予算に示された目的と金額の範囲内で行わなければならない。予算で定められた各款・各項の間で経費を流用し，支出負担をすることは原則禁じられている（自治法220条2項）。

(2) 契約締結

自治体が支出負担行為たる売買・貸借・請負その他契約を行う場合，平等かつ公正かつ経済的に契約目的を達成しうる相手方を選定しなければならない。それゆえに契約締結は原則として一般競争入札によることとされている。指名競争入札，随意契約，せり売りは，政令に定める要件に合致する場合を除き行うことはできない（自治法234条，自治法施行令167条以下）。競争入札における最大の課題は談合防止である。道路・建物建設など自治体の行う公共事業の入札手続では，最も低い金額で申し込みを行った入札参加業者が契約を行うことができる（ただし，工事又は製造請負の場合，最低価格入札者の入札価格が公正な取引秩序を乱すなど契約の適正な履行を望めないとき落札者としないことができる。自治法施行令167条の10）。だが入札参加業者間で談合が行われると，より低い金額で工事ができるにもかかわらず契約金額が跳ね上がり多額の税金が浪費されかねない。また，談合業者から談合に協力した長，職員，議員などに賄賂が渡されることが多く，公共工事の談合はゼネコン汚職を始めとする政官業癒着の温床として強く非難されてきた。多くの談合事案で賠償判決が出されたこともあり，入札制度改革の一環として「公共工事の入札及び契約の適正化の促進に関する法律」（平成12（2000）年制定）や「入札談合等関与行為の排除及び防止に関する法律」（平成14（2002）年制定）が制定されている。

(3) 財務会計職員等の賠償責任

予算執行その他財産管理に携わる自治体職員が法令や予算の定めを遵守し，善良なる管理者としてその効率的運用に努めなければならないのはいうまでもない。財務会計に携わる職務上の義務を怠り，自治体に損害を及ぼし

た場合はこれを賠償しなければならない。

　地方自治法はこうした賠償責任を早急に確保するために賠償命令という制度を設けている。出納長や収入役など財務関係に携わる職員が，故意又は重過失（現金に関しては故意又は過失）により賠償原因となる違法行為（保管に係る現金や有価証券・物品等を亡失したり損傷する行為）を行ったと認められるとき，長は監査委員に対し，違法事実の有無，賠償責任の有無とその範囲について監査させ，その決定に基づき，期限を定めた上で当該職員に賠償を命じなければならない（自治法243条の2）。賠償命令に不服のある職員は，行政不服審査法の定めに従って不服申立てを行い（同法243条の2第6項），更に裁決に不服がある場合には行政訴訟（取消訴訟）により救済を求める途が残されている。

第2節　監査と住民訴訟

1　決　算

　予算執行の責任者たる自治体の長は，会計年度の終了と共に自治体財政が予算に則って適正に実施されたことを確認した上で議会の承認を得なければならない。これを決算手続という。決算手続は会計年度が終了した時点で開始される。出納長又は収入役は，出納閉鎖後3ヶ月以内に一会計年度の歳入歳出予算の執行実績を示す決算調書を作成し，関係書類と共に自治体の長に提出する。長はこれを監査委員による審査に付した後，監査委員の意見と共に議会にこれを提出し，決算が認定される（自治法233条）。

　決算とそれに対する議会の認定は，都道府県にあっては総務大臣，市町村にあっては都道府県知事に報告されると同時にその概要が一般住民に公表される（同法233条6項）。決算は，法的には事後的な財政報告に留められており，違法又は不当な予算執行があったとしても個々の支出行為の効力が失われるわけではない。だがそうした違法・不当な公金支出行為が決算として議会の認定を受けたとしても，違法性・不当性が治癒されるわけではないた

め，以下に述べる住民監査請求や住民訴訟を通じて直接住民により法的責任を問われる可能性がある。

2 監査委員と監査制度

各自治体には財政上の行為や財産管理の適正を期するために監査委員（都道府県及び政令指定都市には4人，その他の都市には2人から3人，町村には2人）が，自治体財務に関する事務の執行及び自治体の経営する事業の管理について監査する。これを財務監査という（自治法195条，199条1項）。監査は，毎会計年度少なくとも一回以上期日を定めて行われるが，必要があると認められるときは随時行われる。前者を定例監査（同法199条4項），後者を随意監査（同条5項）という。監査は自治体の事務全般について実施され（これを一般監査という），その結果は議会と長その他関係機関に報告されると共に一般住民に公表される。また，一般監査とは別に，議会又は長から監査を求められた時に監査委員は要求に係る事項につき監査し，結果を報告しなければならない（同条6項）。これを請求による監査という。

現行法は，この一般監査と請求による監査の他にも，住民からの直接請求による監査の制度を設けている。一つは，自治体の事務執行に関して疑義があるときに住民が選挙権者の50分の1以上の連署に基づいて監査すべき事項を示し，監査委員に対して監査を請求できる事務監査請求である（自治法75条）。その対象は，財務会計のみならず事務の適否一般にも及ぶ。監査委員が監査請求を受理した時，請求に係る事務執行の実態を直ちに調査してその適否を合議で決定した後，結果を住民の代表者に通知すると共に公表し，議会の長及び長と関係する行政機関にも報告しなければならない。

もう一つは住民監査請求である。住民監査請求は，住民が自治体の執行機関又は職員の財務会計上の違法又は不当な行為，或いは職務を怠る事実について監査委員に監査を求め，その行為又は怠る事実について予防又は是正のための措置を求める制度である。その際に住民は，疑義のある違法・不当な行為ないし怠る事実を具体的に摘示しなければならないが，住民であれば，

国籍，選挙権，納税の有無，そして自然人たると法人たるとを問わず，法律上の行為能力を有する限り，事務監査請求とは異なって一人ででも請求することができる。請求があったとき，監査委員は60日以内に監査を行うが，請求に理由がないときは書面でその旨を請求者に通知し，理由があるときは合議によって議会，長その他の執行機関又は職員に対し必要な措置をとるべきことを勧告し，請求者に通知すると共にこれを公表しなければならない（自治法242条）。

3 住民訴訟

では，住民監査請求に対して監査委員が適切な監査を行わずに十分な措置を講じない場合や，監査委員が必要な措置を講じるよう勧告したにもかかわらず，議会，長その他関係機関や職員がそれに従わない場合にはどうなるのだろうか。地方自治法はこうした事態に対応するべく住民訴訟の途を開いている。

(1) 住民訴訟の意義と性質

住民訴訟は，普通地方公共団体（特別区も含む）の住民が，自己の法律上の利益と関わりなく，専ら当該地方公共団体の財産管理の適正を図ることを目的に，違法な財産管理上の行為ないし怠る事実の是正を求めて提起する訴訟である。その意味で当該訴訟は，原告が自らの権利利益の保全を訴える主観訴訟ではなく客観訴訟に分類されよう。地方自治法は242条の2において，出訴権者，請求の種類，監査請求前置主義，出訴期間につき，行政事件訴訟法と民事訴訟法の特別規定を置いている。また当該訴訟は，行政事件訴訟法にいう「民衆訴訟」（5条）ともいえる。

我が国のこうした住民訴訟は，自治体財産がいわば納税者による信託財産であることからその適正な管理を図るには納税者たる住民自らがこれを監視するのが最も適切だとする考えに基づいて判例上原告適格（standing）を広く承認してきたアメリカの経験を戦後承継したものである。納税者に原告適格を認めるこの納税者訴訟（tax payer's suit）は，昭和23（1948）年の自治法

改正で我が国に導入されたが，昭和38（1963）年の自治法改正により，手続上の定めが整備され，その名称も住民訴訟に改められた。

(2) 住民訴訟の手続

住民訴訟は当該自治体の住民であれば一人ででもそれを提起することが可能である。納税者であることはその提起要件とされていない。住民訴訟の提起には何よりも事前に住民監査請求が行われていることが必要となる。これを監査請求前置主義という。従って，住民監査請求及び住民訴訟の双方において提起権者は住民であり，訴訟継続中も住民であることが要求される。住民でなくなると原告適格を失うため，住民監査請求及び住民訴訟は複数の住民で提起されることが多い。また，同じ住民が，同一の財務会計上の行為又は怠る事実を対象として再度の住民訴訟を提起することは許されない（最判昭和62（1987）年2月20日民集41巻1号122頁）が，適法な監査請求を却下された住民は，再度の監査請求をすることができる（最判平成10（1998）年12月18日民集52巻9号2039頁）。

住民監査請求は公金支出や契約締結行為のあった日又は終わった日から1年以内に実施されなければならない（ただし正当な理由があるときはこの限りではない。自治法242条2項）。一方，242条1項にいう「怠る事実」について判例は，2項にいう期間制限の要件が原則適用されないとしている。例えば，市有地を私人が不法に占有している状況が継続しているにもかかわらず，長が明渡請求など必要な措置をとらずに市有地の管理を怠っている場合，怠る事実が継続している以上，制限期間1年の起算点となる「当該行為のあった日又は終わった日」は認められない（最判昭和53（1978）年6月23日判時897号54頁）。

住民訴訟の出訴期間も制限されている。1．住民監査の結果又は勧告に不服がある場合，その通知があった日から30日以内，2．勧告を受けた機関又は職員の措置に不服がある場合，その通知を受けてから30日以内，3．監査請求をした日から60日以内に監査が行われない時は，60日を経過した日から30日以内，4．勧告を受けた議会，執行機関等行政庁が措置を講じない

時，当該勧告に示された日から30日以内に住民は提訴しなければならない（自治法242条の2第2項）。

住民訴訟で請求しうる裁判は次の4種類である（地方自治法242条の2第1項）。1. 執行機関又は職員に対する違法な財務会計上の行為の全部又は一部の差止請求（例えば，公有財産の廉価での払下げや公金支出の差止請求），2. 違法な行政処分の取消し又は無効確認請求（例えば，道路など行政財産の占有許可や補助金交付決定の取消し），3. 執行機関又は職員に対する違法に怠る事実の違法確認請求（例えば，租税や負担金などの賦課徴収を怠っている事実の違法確認請求），4. 自治体が長や職員又は第三者に対して有している損害賠償，不当利得返還請求等の請求権を適正に行使するよう当該団体の執行機関又は担当職員を被告として求める請求（例えば，長や職員が特定企業に対して違法に高価な代金を支払った場合，自治体が当該長や職員の責任を追及して損害賠償を求めたり，代金を受け取った相手方企業から不当利得の返還を求めるよう住民が執行機関又は担当職員に対して行う請求）。この4種の裁判は，その番号に応じてそれぞれ1号訴訟，2号訴訟，3号訴訟，4号訴訟と呼ばれる。

このうち4号訴訟は，平成14（2002）年の自治法改正以前，住民が自治体執行機関に代わって当該団体のため直接的に有責の長や職員その他債務者を被告として損害賠償等を請求すべきものとされ，「代位請求訴訟」と呼ばれていた。だが，長や職員個人が直接に個人的責任を問われる訴訟被告となることで訴訟への対応を巡り当該職員個人に費用や労力などの面で多大な負担が及ぶことから，改正により，個人的責任を問われる長や職員個人を被告とするのではなく，彼らの責任を追及する権限を有した自治体執行機関（又は担当職員）を被告として訴訟提起するものへと4号訴訟は改められることとなった。

4号訴訟で住民が勝訴した場合，敗訴した自治体の長は，勝訴確定の日から60日以内に，請求に係る損害賠償又は不当利得の返還支払をするよう職員その他の債務者に請求しなければならない。支払が実施されない場合，自治体が原告となって，当該職員等に対し損害賠償又は不当利得の返還を求め

る訴訟を改めて提起することになる（自治法242条の3第1項，第2項）。

コラム　住民訴訟における証拠収集手段

　住民訴訟において原告住民が行政組織内部で行われる財務会計行為の違法性を問う際，その主張を立証するのに必要な証拠資料の大半は行政組織の内部資料である。通常住民はこうした証拠を保有していない。また，自治体が違法行為の解明に消極的であれば住民に対して重要資料の提出を総じて拒むだろうからその入手には困難がつきまとう。このように，訴訟における真実発見に際して必要な証拠を一方当事者（ここにおいては自治体）が独占している状況を指して「証拠の偏在」という。住民訴訟のみならず公害・環境訴訟，薬害訴訟などにおいてもこの傾向は顕著である。だが，このように困難な中にあっても次の様な方法により証拠収集の途は残されている。
1. 地方自治法には証拠収集手続に関する規定が置かれていないため，民事訴訟法規定の文書提出命令（挙証者の申立てにより裁判所が文書保有者に文書提出を命じる裁判。民事訴訟法221条）や文書送付嘱託（当事者が裁判所に申立をした上で，裁判所が文書保有者に文書を送付するよう求めたり，調査依頼に回答するよう求めるもの。同法226条。だが，文書送付嘱託に文書保有者が応じなければそれを強制する手段はない）などが用いられる。
2. 最もポピュラーなのは，各自治体の制定する情報公開条例の活用である。
3. 弁護士が所属弁護士会を介して特定の公務所や公私団体に対し必要事項の報告を求める制度として，弁護士法23条の2による照会申出がある。
4. そして最も地道な証拠収集方法として，マスコミ，議員，労働組合，契約当事者，及び当該自治体以外の自治体等に調査協力を要請して重要な資料や証言を得る方法である。また，外部からの働きかけのみならず，近年に見られる自治体内部からの自発的・良心的な内部告発も証拠収集に大きな役割を果たすだろう。

参考文献

市川正人・曽和俊文・池田直樹『ケースメソッド公法』（日本評論社，2004年）

川崎政司『地方自治法基本解説』(法学書院, 2004年)
園部逸夫［編］『最新地方自治法講座4 住民訴訟』(ぎょうせい, 2003年)
高田敏・村上武則『ファンダメンタル地方自治法』(法律文化社, 2004年)
原田尚彦『新版 地方自治の法としくみ』(学陽書房, 2004年)
松本英昭『要説地方自治法［第二次改訂版］』(ぎょうせい, 2003年)

(青山　豊)

第17講

オンブズマン
——簡易迅速な住民苦情救済制度と行政内部的統制・監視

●本講の内容のあらまし

　1　他の救済制度との関係は，どうなっているのか？　裁判による救済，行政自身による救済，オンブズマンによる救済は，それぞれどう違うのか。
　2　オンブズマンとは？　住民に代わって住民の立場で，①住民からの地方自治に関する苦情申立てを調査して簡易・迅速に処理する，②自己の発意に基づいて調査する，③公正・中立な立場から自治体を監視する，④自治体に問題があれば正すよう自治体の機関に勧告したり意見を述べることができる，条例上の，住民の代理人としての苦情救済人かつ行政監視人である。　3　誰でも苦情を申立てられるのか，どんな苦情が対象となるのか，取り扱わない苦情はあるのか，など自治体オンブズマンの仕組みと実際はどうなっているのか？　について考察するものである。

第1節　行政救済制度の中の自治体オンブズマン
——行政争訟等との比較

　行政処分に対して提起される行政争訟（その中心が抗告争訟）には，行政機関が受理・審査・裁決する行政不服審査と，司法裁判所がその訴えを受ける行政訴訟とがある。行政（事件）訴訟は，行政の違法行為について独立の第三者機関たる司法裁判所に対して，慎重で厳格な手続によって権利救済を求める制度であるが，裁判所の審理は処分の違法に限定され，不当には及ば

ない。訴訟のための労力・時間・費用も膨大になる。

　それに対して，行政不服審査は，行政庁を相手に違法・不当な処分を争い，簡便な手続によって権利救済を求める制度で，同じ行政内部で，第三者性のない上級庁ないし処分庁が審査庁となる自己審査であり（したがって裁量処分における裁量の当否の審査が予定されている），審理手続的に訴訟に近いにすぎない。第三者機関による行政不服審査の制度化は限定的なものにとどまっている（司法国家原理の不貫徹）。また，訴訟に比べれば，金銭的にも時間的にも「簡易迅速な手続」というメリットをもつが，目立った救済実績は上がっていない。

　国民住民が行政処分を争う場合，いきなり訴訟をするよりは金銭的にも時間的にも簡便な不服申立てによる救済を先に選択するであろう。その場合，国民住民が，その処理結果（裁決決定）を公正中立なものとして納得するためには，さらに行政内部的な統制・監視が，法的規律を担保することができるためには，それ相当の第三者性を備えた制度が必要である。

　行政不服審査の場合でも行政庁による自己審査・点検ではなく，行政決定機関の系統（処分庁・その上級庁）から独立した第三者機関（第三者的な前審「裁判」機関）が不服審査・裁決を行なうときはそれに当たる（たとえば，国税不服審判所，人事院・委員会，情報公開条例の不服審査裁定機関などである）。

　また，苦情相談（苦情処理・行政相談）が，総務庁行政監察局（行政相談課）と「行政相談委員」，または地方自治体の「市民相談課（室・コーナー）」などによって行なわれるときは，上述程度のそれなりの第三者性は備えていると一応言えよう。ただ，所管部局ないし行政決定機関が直接間接的・最終的に処理・判断する仕組みになっているので，所管部局に照会・送付ないしあっせんする単なる苦情の受付窓口ないし橋渡し的な苦情受付処理の役割にとどまることになる。

　地方自治体レベルで設置されているオンブズマンの多くも，条例による法制化がなされているが，首長部局（行政決定機関）の系統から独立してそれらを行なう点で基本的に同じである。確かに，行政救済としての苦情処理で

は，その行政（決定）機関外のオンブズマン（非常勤民間人）自身が調査を行ない処理する点で，第三者性は，より一層高い（行政決定機関の判断を代置できる場合は尚更そうである）のではあるが，より一般的な行政監視までは踏み込まない・踏み込めない場合が多く，しかも，その処理判断は勧告にとどまり行政を規律する力は弱い（この点では行政不服審査の方が強力だが，オンブズマン個人の資質によっては，救済実績ではこれを十分に上回りうる可能性を秘めている点に注目が必要である）。それだけに，より一層の第三者チェックシステムとしての権威（議会設置か，少なくとも首長と並ぶ独立の執行機関化）が必要なのである。

第2節　行政不服申立て，苦情相談からオンブズマンへ

　国民住民が違法・不当と考える行政処分など行政の行為・決定に対して，不服ないし不満・疑問など苦情がある場合，いきなり訴訟や不服申立てをするよりは，当該行政決定等を行なった担当窓口に直接不満・疑問をぶつけるのがもっとも簡便で手っ取り早い方法である。あるいは，市であれば，間接的に，広聴制度の一環としての「市民相談室（コーナー）」ないし「市長への手紙」を利用する方法もある（この場合，法律相談（弁護士），税務相談（税理士），消費者相談（消費生活コンサルタント），行政相談（行政相談委員），人権相談（人権擁護委員・法務局職員），年金相談（県社会保険専門相談委員）等々，市の提供する行政サービスとしての専門（特別）相談，民事や個人生活の悩み事などの一般相談あるいは国県の出先サービスではなく，市政相談（市職員：例えば，川崎市では市長部局管理職が輪番制で担当する原局主義がとられているため，第三者性はない）になる。あるいはまた，オンブズマンを設置している自治体であれば，それらを全く経ずに直接オンブズマンへ苦情を申立て救済を得る方法もある。いずれの場合も，苦情の対象は，行政処分の違法・不当に限らず，職員対応など事実行為まで，行政全般にわたる不平不満・疑問・要望・意見・提言・相談など多種多様である。それだけに行

政不服申立てにさえ乗らない（権利侵害として構成不可能な）ものが多いので，それらのものを拾い上げて簡易迅速にそれなりの（権利義務関係の確定でない）救済を与えようという補完的な救済方法が，苦情相談・苦情救済制度である。これらは，そのような苦情でもとりあえずの救済を得られる点で独自の意義をもっていると言える。

　処理判断の公正中立性という観点からは，まず，担当窓口に苦情を申出る方法は，不服申立て（異議申立て）を自ら単刀直入に実行するものでもっとも手っ取り早いが行政に自己の処分等の見直しを迫る点で，公正中立性を欠くという限界がある。そこで，より第三者性を備えた制度が必要となる。国では，総務省行政監察局による苦情あっせん制度，民間有識者で構成され，苦情申出の受付などをする「行政相談委員」と救済困難事例を扱う行政苦情救済推進会議の三つからなる苦情相談（行政相談）制度がある（これが「日本型オンブズマン」と言われることがある）。地方では，各自治体広聴相談課の「都道府県・市町村民相談室（コーナー）」ないし「首長への手紙」（要綱）がそれである。しかし，これら国・自治体の苦情相談制度は，面倒な手続もなく非常に利用しやすい反面，第三者性（公正中立性）が極めて弱く，苦情の受付・引継・あっせん等を行なうにすぎず，その処理結果（あっせん・回答）に法的強制力もない。ただ国の場合，苦情相談とは別に行なわれている同省の行政監察とうまく融合されれば，当該苦情案件だけではない行政全般にわたる改善が期待でき，相乗効果が得られる可能性はあろう。

　以上の欠点や可能性を考慮して導入した制度として，わが国の地方自治体に登場してきたのが，オンブズマンである（因みに，その原型は，1809年スウェーデンのOmbudsman（代理人）に遡り，議会に設置され，苦情申立てないし職権に基づいて強力な調査権を行使し，勧告，刑事訴追，懲戒処分等の権限をもつ憲法上の機関であったが，その後全世界に拡がるにつれて原型から離れ，それぞれの国・自治体に合った形にデフォルメされたオンブズマンが生まれている。89カ国321制度（1998））。

　わが国では，総務庁オンブズマン制度研究会報告（1986年）が制度導入の

具体的検討を行なったが，実現をみていない。この報告の基本的な方向づけは，自治体での導入にあたって相当に活かされている。ただ，苦情相談に重点のある同報告とは違って，いくつかの自治体では，オンブズマンに職権調査権，行政の一般的監視のための勧告・意見表明権をもたせている点で，行政監視機能をも相当に期待でき，しかも，これを同一のオンブズマンがあわせもっている点を見落としてはならない。また，設置の仕方としては，行政府型で行政機関ではあるが，自治体オンブズマンは，単に行政決定機関とは別系統であるだけでなく，さらに行政職員でもないという点（非常勤住民）では第三者性はかなり高いと言える。それでも，公正中立な苦情救済人に終わらせないためには（従来の苦情処理制度とどこが違うのかという評価があり，制度を導入する自治体は一般オンブズマン15（うち県5），専門オンブズマン7（うち県1）に止まる（平成11年時点）。条例設置：北海道，鴻巣・藤沢・新座・御殿場・川崎・八女市，中野区（福祉）等々。要綱等設置：沖縄・宮城・山梨・秋田・高知県，新潟・西尾・川越・上尾市等々），それ以上の機能をも同時に与えている条例制度を背景に，あとは単なる苦情救済人以上の成果をあげうるかにかかっている。

そこで自治体の法定一般オンブズマンとして，もっとも早く制度導入し13年余りの運用実績をもつ川崎市市民オンブズマンの制度を中心にして，オンブズマン制度の概観をみておく。

川崎市の場合，リクルート事件という制度導入の直接の契機からすれば，何より行政監視を市民に代わって行ない，さらに，既存の制度（広聴制度としての市民（苦情）相談制度）の中で不足していたものを有効に補う制度的仕組みとして設置したのだから，それで十分に果たし得ない役割を担当させることによって，救済・対応困難な苦情案件（個別苦情案件を越えた法令・制度の改正など一般的な行政改善を図らねば十分対応可能でないもの）の，従来とは異なる的確な解決・処理をすることが期待されていた（「市民と市政との信頼関係の確立のために──川崎市市民オンブズマン制度に関する提言」（1990年5月））。

第3節　川崎市オンブズマン13年余の活動実績

1　苦情申立ての処理件数

　川崎市市民オンブズマンは，1990（平成2）年11月から2004（平成16）年3月までの13年4ヶ月の間に2022件の苦情申立てを処理している（以下，第1～12年次，臨時，平成15年度報告書による。以下「年次報告書」）という。

　苦情申立ての対象となった組織別内訳をみると，多い方から，建設局410件（土木・下水道），健康福祉局371件（衛生・民生），まちづくり局290件（建築・都市整備），教育委員会234件，区役所215件，環境局202件（環境保全・清掃），市民局131件等となっている。処理件数としては，年平均151件強，月平均12件強，2日に1件強であり，決して多いとは言えないであろう。

2　苦情申立ての処理結果

　申立ての趣旨にそって解決したもの（趣旨解決）は687件，行政に不備なしとされたもの（不備なし解決）1023件，管轄外113件（その内市政の執行外51，議会41件），調査の中止・打切り39件，申立て取下げ101件，利害関係なしなどその他のもの60件である。なお，趣旨解決と不備なし解決の，全処理件数に占める割合は，それぞれ34％，55％であり，不備なしは半数以上をしめて行政が相当のお墨付きをもらっている。ただし，国・県との関係で市としてはどうしようもないとか，申立ての趣旨にそえなかったものが含まれている。他方，趣旨解決は1/3強であるが，オンブズマンがその日本型運用として苦情救済を目指す努力は評価しなければならないであろう。

3　勧告・意見表明

　勧告は3件，意見表明は9件で，計12件である。1年次は勧告1，意見表明2，2年次は勧告1，3年次は勧告1，4・5年次は意見表明各1，6～8年次

ともに0，9年次は意見表明1，10・11年次はともに0，12年次は意見表明4，13年次はともに0で，年平均勧告0.2件，意見表明0.7件で，それぞれ年1件出していないことになり，ともに先細りになっている。とくに勧告は3年次が最後で，以後10年間も出ていない点に目を引かざるを得ない。

初代オンブズマンが，2期6年で勧告3，意見表明4であるのに対し，第2代オンブズマンは，同期間で意見表明1にすぎず，第3代現オンブズマンは，意見表明4である。初代オンブズマンがより積極的であり，またオンブズマン個人によってもその積極性に相当の違いがみられる。ただ，この数字は条例上の勧告・意見表明であって，調査（ヒアリング）の中で事実上のそれをかなり積極的に行なっていること，また勧告・意見表明を目指した発意調査もそれなりに行なわれているが，これを考慮に入れても，勧告，意見表明をあわせて年平均1件に満たないようでは極端に少なすぎ，伝家の宝刀と評される所以である。この点，年次報告書には，「発意調査」という項目が11年次から加わった点が目新しいが（それだけでなく，年次報告書の「苦情申立て処理事例」の記載がそれ以前と違って，詳しくなっている），これを考慮してもなお，どうしてもその感は否めないであろう。

以上，少なくとも統計からだけみると，運用上は苦情救済・処理人であって行政監視人とは言いがたいであろう（この点，発意調査権，勧告権をもたない他制度と十把一絡にされ，制度的にも単なる苦情処理機関との評価を受けることになる。もっともその場合でも，単なる「市民相談」とは異なることに注意しなければならない）。

最近の意見表明は4つある。ここでは，条例改正を要する二つの意見表明の具体例を取り上げる（残りの2件は後出コラムを参照）。条例改正を必要とする，あるいは促すために，意見表明にならざるをえないのである。

　　i　まず，高齢者の自転車等駐車場利用料の減免について，オンブズマンが意見表明したものである。市自転車等の放置防止に関する条例は，免除することができる者の範囲を規則に委ねており，同条例施行規則は，利用料の免除者を「生活保護受給者のほか，市長が必要があると認める者」としてお

り，市長の免除者認定を受けるためには個別の免除申請書を提出することとされているが，免除ではなく減額という取り扱いをするためには，現行条例には定めがないから，条例改正が必要となる。オンブズマンは，生涯現役対策という視点から，また自転車は手軽で環境に配慮した移動手段として注目を集めている点からも，市内在住の 70 歳以上の高齢者について高齢者の自転車利用に対する市の支援策の一つとして自転車等駐車場の利用料を免除することを提案したのである。

　ⅱ　中高層建築物や開発行為に関する苦情申立てには，中高層建築物については市が行う「あっせん」・「調停」に不満を述べるもの，開発行為については近隣住民への説明が不十分であることや，近隣住民への配慮に欠けていることに不満を述べるもの，また，建築紛争の解決の目途がたつまでは建築確認や開発許可の処分をしないでほしいというものが，数多く見られる。そうした中で，建築されたマンションから申立人の生活状況が丸見えであることが建築工事完了後に判明したので，市の担当課が建築主側に伝えたところ，建築主が申立人の要望の一部を受け入れたという申立てを契機にした意見表明がある。

　川崎市中高層建築物の建築に係る紛争の予防及び調整に関する条例が，「あっせん」及び「調停」の申出時期について，「建築工事着手前」を原則としているが，建築工事着手後であっても解決可能な紛争もあること，建築工事着手後の「あっせん」として認められているものは「工事の実施に伴う紛争」および「テレビ電波受信障害に係る紛争」に限定されているため，それ以外の事由による紛争の調整はできない。オンブズマンは，これでは，紛争調整機能を十分に果たしているとは言えないので，中高層条例を改正することが望ましいと考え，現在検討が行われている紛争調整条例において，「あっせん」及び「調停」の申出時期について再検討を行うことを強く希望したのである。

第4節　オンブズマンによる苦情救済・行政監視の制度と実際

1　苦情申立ての処理手続の開始（申立て要件）——申立て段階

　処理過程の大きな流れは，直接面談による申立て→調査（ヒアリング・事情聴取）→処理結果の三段階を踏む。まず，申立人の資格（申立て権者）は，未成年者，市外の住民，外国人，法人等であり，申立て期間は，苦情にかかわる事実の発生から1年以内（但し不利益状態が継続している場合，1年以内の申立てができないことにつき「正当な理由があるとき」はこの限りでない）とされている。苦情の内容としては，条例上，市の行政に関するもので，自身の利害にかかわる内容に限定されているが，申立て利益の要件も相当柔軟に運用されている。

2　オンブズマンによる調査——調査の段階
（1）　調査権の行使
　調査権は，市の関連文書・記録・資料等を閲覧，必要な文書の提出を請求するという形で行使される。調査対象者の出頭・証言，記録の提出については調査協力義務があるにとどまる。また，苦情に基づき調査するだけでなく，オンブズマン自身の発意による調査権の発動ができる（職権（発意）調査。これを権限とするのは，川越・新座・鴻巣・西尾・藤沢市等）。これは，申立てを待たずに適宜，新聞記事等から情報を得て調査を開始することができ，これこそがオンブズマンとしての人格・個性を前面に出し自己の見識と信念に基づき（個性をもつ公務員），非違の是正や制度の改善を求める権限を最大限に発揮しうるものである。しかし現実には純粋の職権調査はほとんどなく，やはり苦情を契機とした調査がほとんどであり，しかもそれすらも勧告・意見表明に至るものは，極端に数少なく伝家の宝刀と化していることが多い（ただ，これは運用がそうなっているということであって，決して制度がそ

(2) 調査の対象

　調査対象部局（管轄範囲）としては，市長等の執行機関（教育委員会等），地方公営企業（水道局等），消防局，また，その補助機関・附属機関である。そして，それら機関の業務・行為（不作為）で，行政行為，行政指導その他の事実行為から，既存の制度（行政訴訟，不服申立て，直接請求など）の網にかからない窓口職員の言動など細々とした苦情原因まで，市の行政のすべてにわたる。

　例えば，上下水道料金減免制度について区役所で説明を求めたが，説明がなされないうえに，たらい回しされたという苦情申立て（オンブズマンは，市に対して市民対応は丁寧・正確・迅速に行うよう求めた（趣旨解決）），また，駅前スーパーマーケットの前に露店商が出ており，通行の邪魔になって，救急車も通れない状態なので，土木事務所に撤去を頼んでいるが，一向に露店がなくならないという苦情（オンブズマンはこの心配に理解を示し，警察・住民の連携した取組み，フラワーボックスをおくなどの対策を要望した（趣旨解決）），また，多摩川土手ゴルフ禁止区域の場所で，ゴルフの練習を行っている者がおり，危険なのでやめさせてほしいという苦情（オンブズマンは，更なるパトロールの強化，警察への通報，違反した場合の過料の看板設置などを市に求めた（趣旨解決））などである。

(3) 調査対象外

　裁判・行政不服申立て，議会（請願・陳情等），個人情報の保護，自己の勤務内容に関する事項，オンブズマンの行為が，法定管轄外である（県オンブズマンの場合，警察も）。（なお，市民が監査委員に対し納税者の資格で公金支出などの財務行為の監査を求める住民監査請求や私人間の争いなどについては，法定管轄外としていないが，オンブズマンは，条例上，行政に関する主観的・具体的な苦情を調査するのが大前提であるから，オンブズマンの管轄範囲外であるのが原則である）。ただ，私人間の争いについては，行政にかかわる苦情・不満があり，それにひきつけて申立てられた苦情であれば，調査対象となるな

ど，運用はある程度緩やかである（この場合の多くは，行政の不作為に対して行政の介入（規制権限・行政指導の発動）を求める型をとる）。

例えば，公共職業安定所（ハローワーク）の対応が悪いという苦情は，公共職業安定所は厚生労働省が管轄する機関だから，オンブズマンがこれを調査したり，何らかの意見を述べたりすることはできない（ただそれで終わらせるのではなく，公共職業安定所に対する申立ては，国の行政に関する苦情となるので，総務省の行政相談窓口ないし神奈川行政評価事務所のそれを親切に教示している）。また，私鉄のダイヤ改正を市から私鉄の会社に対して働きかけて欲しいという申立てについて，ダイヤグラムの改正など民営鉄道会社の業務に関して調査の権限をもたないのである。

3　処理結果――処理判断の段階

調査が終了すると，処理結果を出すための判断を行ない，申立人に処理（調査）結果を通知する。処理結果は苦情申立ての趣旨に沿った「趣旨解決」と，趣旨に沿えない行政に「不備なし解決」とがある（川崎の運用）。行政に不備ありを指摘する必要がある場合には，「勧告」・「意見表明」（ないし「提言」「助言」）が出され（沖縄県，川越・西尾・新潟市，中野区等は，勧告権がない），それは，申立人への通知と同時に市長・一般市民に対しても公表される。勧告・意見表明については，尊重義務規定があり，とくに勧告については，行政はそれを受けてから，60日以内にオンブズマンに対し是正措置を報告する義務が課されている。これによって直接に勧告の実効性を確保でき，さらに，それらの随時公表による市民一般の監視によって，制度の実効を期そうとするものである。この点，問題は，行政との関係で，オンブズマン（制度）の独立性，処理判断の実効性は，制度を実質的に支える市長が交替したらこの点はどうなるか（川崎市では制度を作った市長が交代した後も，存続し安定期に入ったようである），また市民との関係でオンブズマンの存在意義を果たして十分に出せるかどうかである。

次の二事例は，オンブズマンだからこそ解決できた救済・対応困難な苦情

案件であったが，趣旨解決したものである。最初の事例は，介護保険料の減免の基準・手続の明確化・透明化を求める苦情申立てである。これに対して，オンブズマンが調査したところ，減免要件は，①65歳以上の保険者の属する世帯の実収入見込月額が，その世帯につき算定した減免基準生活費の額に満たない場合，かつ，②活用できる資産がない場合であったが，①については，市介護保険料減免要綱に規定しているが，②については，市の事務連絡（通知）に規定しているだけであった。減免の要件は，市民の権利利益に深く係わるものであるから，恣意的なものは許されず，出来るかぎり法定し，ホームページ等で公表される要綱に規定されていた方が合理的であるとのオンブズマンの指摘をうけ，市も②の要綱への記載を前向きに検討し，さらに減免要件の詳細をインターネット上の介護保険に関するホームページの中に記載していくことになった。

　次の事例は，市精神障害者入院医療援護金を継続的に受給したいのだけれども，市から関係書類が届かなかったため再申請できなかったが，同援護金を遡及して支給してもらいたいという申立てである。オンブズマンの調査に対する市の回答は，再申請書類が宛て先不明で市に戻ってきておらず，また，継続受給のための再申請の場合でも再申請が必要であり，それをしない場合は遡及支給は認められない，というものであった。これに対して，オンブズマンは，再申請書類が申立人のもとに届いていなかったと考えざるをえず，また，市の運用によれば，一旦申請手続を怠ってしまった以上，何年も継続的に受給してきた者であっても，遡及支給は許されないことになるが，このようなことは，受給者に十分に伝達され理解されていなければならない。要綱・要領上，「再申請」に関して申請主義をとっていることが曖昧であるとし，オンブズマンは，遡及支給されるべきであるとして，さらに，継続的な受給者に対しても厳格な申請主義を採る現在の市の制度運用について，継続的受給者は受給資格の変動が少なくその資格が継続している蓋然性が高いことなどを踏まえ，要綱・要領の改正も含め改善に努めるよう要望したところ，市は了承している。

最後に，不備なし解決の事例である。市美化運動実施A支部が行なっている春咲き球根のあっせんや苗木の無料配付は，地元小売店の営業を妨害しているのでやめてほしいという申立てに対して，市は美化運動の推進・実施ということから同支部と一体となって活動をしており，毎年市から同支部にその収入の55％程度を占める補助金が支出されているが，球根の代金は購入申込者から集めているので，球根の購入に市からの補助金が使われているという事実はないことが，オンブズマンが調査した結果，わかった。しかし，このあっせん等が地元の民間小売業者の営業に不当な影響を与えてはならないので，オンブズマンは，市に対して，小売業者の営業圧迫にならないように不当に安い値段で販売するなど球根のあっせん行為に行き過ぎがないように，あっせん業者の選択にあたって，地元小売店も公平に参加できるようにし，一部業者と同支部が不当にゆ着しているとみられることがないように注意すること，を同支部に伝えるよう依頼している。

コラム　オンブズマンの意見表明の具体例

1　市役所ホームページによる要綱公表の可能性を発意調査（2001（平成13）年7月24日時点で市長部局における全局と収入役室及び区役所ならびに消防局にある要綱の総数は603，うち健康福祉局277，市民局97，経済局58，建設局35であった）して意見表明に至ったものである（兼子オンブズマン）。

　オンブズマンとしては，現に内規「要綱」が多くの市行政の根拠となっている以上，それらの要綱は原則として市民に公開されることが，"市民に開かれた市政"にふさわしいと考える。根拠となる「要綱」を知らないために市行政の結果について市民が苦情を持ちやすいといった状況は，大変残念なことではないだろうか。実は既に市の「例規集」はデータベース化され，ホームページに掲出されているがそれには条例，規則のほか，行政内部事項に関する「規程」が収められている程度で「要綱」は含まれていない。今後，市民が市のホームページにより「例規集」を検索したときに，関心の強い「要綱」を見られないという不満が生ずることをオンブズマンは懸念している。要綱を公式に市民に公表する形式として，「告示」にするという場合はもとより，単にインターネット・ホームページに公表する際にも，市民生活に関心の深いものから順次公開してゆくことが，望ましい。

2 知らぬ間に虚偽の戸籍届がなされ，戸籍が改ざんされる「虚偽の戸籍届出事件」が全国的に多発していた川崎市においても，知らぬうちに虚偽の養子縁組が出され，身に覚えのない相手の「養親」にされていた高齢者の例が，オンブズマンへの苦情の中で明らかになっていた。

オンブズマンは，「虚偽の戸籍届出事件」の発生を抑制し，戸籍に対する市民等の不安を取り除くために特に，届出のうち，少なくとも婚姻届，協議離婚届，養子縁組届，協議離縁届に関しては，市独自の防止策を早急に実施する必要があると考え，市に対し，「戸籍届の持参人に対する本人確認」と「届出人本人に対する受理通知書の送付」を実施するなど，具体的対策を早期に実施することを要望する。

参考文献等

大河原良夫「行政（苦情）救済・行政監視における自治体オンブズマンの役割」後藤光男編著『憲法と行政救済法』（成文堂，2002年）11-38頁

川崎市市民オンブズマンの年次報告書と条例については，参照，http://www.city.kawasaki.jp/75/75sioz/home/jimu/ichiran_i60.htm また，同市では一般オンブズマンとしての市民オンブズマンとは別に，人権オンブズパーソンという特殊・専門オンブズマンが条例設置され，2002（平成14）年より活動を開始している。

林屋礼二＝篠原一編『公的オンブズマン』（信山社，1999年）（特に，7・8・9章のオンブズマンによる活動報告）

東京都政策報道室都民の声部『自治体におけるオンブズマン制度基礎調査』（東京都，1998年）

総務庁行政監察局行政相談課監修『諸外国と我が国のオンブズマン制度──国際シンポジュウム結果報告』（全国行政相談委員連合協議会発行，1994年）

（大河原良夫）

第18講 自主税制

●本講の内容のあらまし

　地方分権の時代的要請の下，全国各地で法定外税の検討が活発に行われ，課税自主権の活用が積極的に推進されている。第16講で見た地方税は法定税であるが，地方税法は，これ以外の税目，すなわち法定外税を自治体が課税することを認めている。自治体は財政上の特別の必要がある場合には超過課税によって財源を調達することができるほか，一般的な財政調整制度として地方交付税制度が設けられており，自治体が標準的な行政を行うために必要な財源の確保が保障されている。その一方で，自治体によってはその地域に特有の財政需要を充足するため法定税以外の税源に着目して課税することが適切な場合もあることから，多様な税源調達の途を用意する必要性をも踏まえて法定外税が制度化されている。財源確保には自ずと限界があるが，この制度は地域の自己決定・自治の拡充という地方分権の趣旨を実践するものであり，住民の受益と負担の明確化を目指して前向きな取組みがなされている。

第1節　法定外税制度

1　地方分権と法定外税

　自治体の課税自主権を尊重する観点から，法定税の超過課税など税率の自主設定が地方税法上認められているほか，「法定外税」の設定も自治体に認められている。法定外税とは，地方税法において，自治体が，同法により具体的な内容が定められている法定税目以外に別に税目を起こして課すことが

できるとされているものである。現行の法定外税には，法定外普通税と法定外目的税とがあるが，前者がその税収の使途について制限がないものであるのに対し，後者はその税収の使途が条例で定める指定の費用に限定されている。

地方分権推進の一環として，課税自主権の尊重，住民の受益と負担の明確化，自治体の課税幅の拡大などの観点から，地方分権一括法により地方税法の改正が行われ，平成12（2000）年4月1日から施行された。この改正により，法定外税に関しては許可制から総務大臣の同意を要する事前協議制へと改められ，従来，許可の要件であった「税収入を確保できる税源」及び「税収入を必要とする財政需要」の存在（積極要件）が同意要件から除外されると共に，新たに法定外目的税が制度化された。

従来の許可制の下での積極要件を協議の際の同意要件から除外することとされたのは，自治体の課税自主権拡大という観点から事前協議制に改めるに当たり，それらの点については当該自治体が議会における審議も含めて適切に判断すべきものであって積極要件とする必要は無いとの観点から，国の関与を縮減すべきと考えられたからである。この改正を直接の契機としつつ，地方分権の意識の高まりや厳しい財政事情を背景に，全国各地の自治体において課税自主権活用の機運がこれまでになく高まり，庁内外からの参加による研究会を設けるなどして法定外税導入に向けた検討が盛んに行われるようになった。協議を経て総務大臣の同意を得，既に施行されている新税も少なからず出てきている。

2 法定外普通税

法定外普通税の新設は自治体の自由であるが（地方税法4条3項，5条3項），これを新設するにはあらかじめ総務大臣と協議し，その同意を得なければならない（同法259条，669条）。事前協議制は，国と地方が対等・協力の関係に立つという前提に基づき，双方が意思の合致を目指して誠実に努力することを目指して設けられたものである。この事前協議のプロセスにおい

ては，書面主義の原則，処理基準の策定など手続の公正・透明性，標準処理期間の設定など事務処理の迅速性を確保することなどが求められることになる。ただ，総務大臣に「同意せず」という拒否権が与えられている以上，実質は従来の許可制とそれほど変わらない側面もないわけではない。

　従来の許可制度では，法定外普通税を許可することのできない要件として，1．国税又は他の地方税と課税標準を同じくし，かつ住民の負担が著しく過重となること，2．地方団体間における物の流通に重大な障害を与えること，3．1．及び2．に掲げるものを除き，国の経済施策に照らして適当ではないこと，という3つの要件が定められていた。この要件を消極要件といい，それぞれの要件はその番号から1号要件，2号要件，3号要件と呼ばれる。平成11（1999）年の地方税法改正後もこの事前協議制は据え置かれ（地方税法261条，671条），これら消極要件を満たすかどうかという観点から，都道府県と市町村など自治体間の課税権調整，国税や地方税の法定税との関係の調整，国の経済施策と法定外普通税との調整など，総合的な観点に立っていずれにせよ国があらかじめ調整を行うことになる。

　なお，法定外普通税の新設について国の同意が得られず，事前協議が整わない場合には，新たに設置された第三者機関である国地方係争処理委員会に対して自治体の長が審査の申出をすることができることとなった（自治法250条の13）。これら改正によって自治体の事務負担が軽減され，手続の簡素化も期待できる。法定税目と課税標準が重複せず，かつ有力な税源が地域に存在する場合，自治体はその財政需要を賄うために住民の理解を得て法定外普通税を活用していくことが可能である。

3　法定外目的税

　法定外目的税（地方税法4条6項，5条7項）は，地方分権推進計画において，住民の受益と負担の関係が明確になり，課税の選択の幅を拡大することにも繋がることから，地方分権一括法による地方税法の一部改正により平成12（2000）年4月1日から制度化された。

法定外目的税を新設しようとする場合，法定外普通税と同様，総務大臣と事前に協議し，その同意を得なければならない（同法731条2項）。法定外目的税は使途を特定する必要があることから，税収の使途となる特定の費用を条例で定めるべきこととされている（同法731条1項）。この使途特定以外の規定については，基本的に法定外普通税と仕組みは同じである。

　目的税はその使途が特定されている点で普通税とは異なる。法定の目的税については，課税対象を特定する規定が地方税法に定められている（都道府県の法定目的税については地方税法4条4項，市町村の法定目的税については同法5条6項を参照）。一方，法定外目的税の場合，その使途となる費用については当該自治体の条例において定められ，自治体は条例で定められた費用にのみ税収を充当することができる。この場合，税源と使途との間には，直接の受益関係がないにしても何らかの因果関係が必要である。例えば，環境対策に充当する経費を賄うために環境を汚染している原因者に課税することは認められよう。それが副次的に環境破壊的行為を抑止する政策目的を有することも許されると考えられる。

　法定外目的税に関しても法定外普通税と同様，3つの消極要件をクリアしなければならない（同法733条）。例えば1号要件について，重複課税をできる限り回避し，納税者の担税力（税金を負担できる能力）を脅かさないようにする必要がある。法定外目的税も通常以上の税負担を求めるものであるから，国・地方を通じた税源配分，国民全体の税負担の均衡，国やその他自治体に及ぼす影響，国の経済施策への配慮等の要請と調整を図らなければならない。

　また，双方の法定外税では，非課税範囲として当該自治体の区域外への課税が排除されている（地方税法262条，672条，733条の2）。

　だが，税収確保が目的であるとしても，懲罰的に高い税率を設定した結果，一定の行為を事実上禁止に追い込むような課税は，納税者の担税力を脅かし，よって租税としての範囲を逸脱する恐れがある。それが反社会的行為であれば罰金等で対処すべきであろう。例えば東京都は，首都高速道路に乗

り入れる大型ディーゼル車に課税することで都心部への大型車流入を減らし排ガスを削減する目的で大型ディーゼル車高速道路利用税の導入を検討したことがあるが，「大型車の狙い撃ち」との反対を受けて頓挫した。こうした追い出し税的な性格を持った法定外目的税が認められるかどうかは議論の余地があるが，憲法の保障する居住・移転や職業選択の自由を事実上脅かすような極端な課税はやはり許されないというべきである。

第2節　主たる法定外税の事例

平成12（2000）年4月1日以降，新たにスタートした地方税法の下，総務大臣が同意した法定外税のうち主たるものとして三例を見ておきたい。

1　神奈川県臨時特例企業税（平成13（2001）年8月1日施行）

神奈川県ではバブル崩壊後の長期的な景気低迷により，法人事業税収支がピーク時の半分以下の水準にまで落ち込み，県税収入のみでは義務的経費すら賄えない不均衡な状況が続いていながら，行政サービスを受けつつもその対価として応益的な性格を有する法人事業税を負担していない法人が7割にも達していた。法人事業税は所得に応じて課税されるため，大規模な事業を行う法人であっても赤字であれば課税されない。そのため，景気変動により県税収入は不安定となる。そこでその解決策として，法人事業税への外形標準課税（法人が支払った給与や利子，資本等の金額など法人の事業活動規模を表す「外形基準」に対して法人事業税を課税する方式のことをいう）導入が図られたが，平成13（2001）年度の税制改正では見送られたため，外形標準課税が導入されるまでの臨時的・特例的措置として，当期利益が黒字になっているにもかかわらず，欠損金の繰越控除制度により法人事業税について税負担が生じていない法人（神奈川県内に事務所又は事業所を設ける資本金5億円以上の法人。事業は特定されない）に対し相応の税負担（3％）を求める法定外普通税として臨時特例企業税が新設された。

当該条例は，平成16 (2004) 年4月1日から外形標準課税が改正地方税法により導入されたことから（地方税法72条の12以下，後掲のコラムを参照），平成21 (2009) 年3月31日以前に終了する事業年度をもって廃止されることとなった。この導入により，課税対象となる欠損金については，平成16 (2004) 年3月31日以前に開始する課税期間において生じたものに限定され，税率は，同年4月1日以降に開始する事業年度分から2％に引き下げられている。この点，2008 (平成20) 年3月19日に横浜地裁は，臨時特例企業税条例に基づき納税した約19億円の全額返還をいすゞ自動車が求めた訴訟において，臨時特例企業税の課税処分を（欠損金の繰越控除を定めた地方税法の趣旨に反するとの理由で）無効と認定し，会社側の主張を全面的に認めた結果，約19億円の返還を神奈川県に命じた（2008年9月現在，県が控訴中）。法人事業税を臨時特例企業税と実質的に同じものであると考えるならば，臨時特例企業税を課すことが法人事業税の制限税率を超過するとも考えられよう。

2 河口湖町，勝山村及び足和田村（山梨県）遊漁税（平成13 (2001) 年7月1日施行）

山梨県の河口湖周辺では釣り客の増加に伴い，湖周辺における違法駐車，排泄行為による湖水汚染，ゴミの散乱，そして釣り糸放置による環境への悪影響等が深刻な問題を引き起こしていたため，周辺地域における環境保全，環境美化，駐車施設整備の財源とするために遊漁行為を行う釣り客（ただし中学を卒業していない者及び障害者は除く）に対し，法定外目的税として遊漁税を課すこととなった。

遊漁者は，特別徴収義務者（河口湖漁業協同組合や漁業監視員など）が遊漁税券を交付する際に税を徴収される（一人一日200円）。遊漁者は，遊漁行為を行っている間，遊漁税券を常に携帯し，漁業監視員の求めがあるときにはこれを提示しなければならない。

施設整備に加えて施設の維持管理等に費用が毎年生じることから，適用期

間の定めはないものの，条例施行後5年ごとの見直し規定が置かれている。

3　東京都宿泊税（ホテル税）（平成14（2002）年10月1日施行）

　東京都は，平成13（2001）年11月に「東京都観光産業振興プラン」を策定し，観光を主要産業として位置付けた。その施策遂行には毎年約20数億円の費用を要するが，東京都が巨額の財政不足を抱える厳しい状況にあることから，観光振興を図る施策に要する費用に充当するためにホテル又は旅館の宿泊者に一定の税負担を求める法定外目的税として宿泊税が新設された。

　大衆課税とはならないよう，修学旅行による宿泊，低廉料金の宿泊には課税されない。宿泊料金が1人1泊1万円未満の宿泊については課税免除とされている。税率は，1人1泊につき，宿泊料金が1万円以上1万5千円未満のものには100円，1万5千円以上のものは200円とされている。本税は法定外目的税であるため，その税収は，国際都市東京の魅力を高めると共に観光振興を図る施策に要する費用に充当される。なお，条例施行後5年ごとに見直しが行われる。

　平成12（2000）年4月以降，総務大臣が同意した法定外税のうち，新たに新設された法定外普通税は神奈川県の臨時特例企業税のみであり，その他は法定外目的税である。主要税源が法定税目とされている現状では，財源確保の側面が強い法定外普通税を新設することには困難が伴う。一方，特定範囲の税源に着目して納税者に対し合理的に説明しやすく，税収の使途が限定されるため納税者からの理解を得やすいという面に鑑みれば，法定外目的税の方が比較的導入しやすいという側面はあるだろう（なお，総務大臣からの同意を得られず，国地方係争処理委員会での協議を経て，市長の交代により頓挫した法定外目的税として横浜市の勝馬投票券発売税がある）。

　厳しい地方財政難を解消すべく各自治体は工夫を凝らして地域に相応しい税源の発掘に躍起であり，数は少ないながらも法定外税は徐々に導入され始めている。とはいえ法定外税の税源は極めて限られており，財源的に大きな

税収になることが確実なわけではない。地方分権を支える課税自主権の確立という観点からすればそれが大きな機能を果たすことに期待が寄せられて当然であるが，独自財源に対する首長の積極的な姿勢をアピールし，政策課題に積極的にコミットする上での政策シンボル的役割もそれは果たしているといえる。いずれにせよ財産権に対して犠牲を強いるものであることから，課税の公平や担税力を斟酌しつつ，納税者の権利・利益を過度に損なわないよう留意する必要がある。

コラム　外形標準課税

　平成10（1998）年に財政非常事態宣言を発表した東京都は平成12（2000）年4月，「東京都における銀行業等に対する事業税の課税標準等の特例に関する条例」を制定し，銀行業等に対して各事業年度の業務粗利益等（銀行法施行規則別表に掲げる業務粗利益等）を課税標準にして2％から3％の税率で課税することとした（5年間の時限条例。平成12（2000）年5月には大阪府もほぼ同じ内容の条例を制定している）。だがこの課税方式は，銀行業等という特定業種のみに限定したものであることや，銀行業等の中でも資本金5兆円以上の大手銀行をその対象とし，また課税対象を赤字銀行にまで拡大することで銀行業界から反発を招いたため，既に納付した税の還付を求めるなどの訴訟を銀行側が提起した。訴えに対して東京地裁（平成14（2002）年3月26日判決）は，銀行業等が外形課税を許す事業状況にないと判断し，東京高裁（平成15（2003）年1月30日判決）も，同条例による課税が，従前の税負担と比較して「著しく均衡を失することのないよう」（旧地方税法72条の22第9項。現行法の72条の24の7第8項）という規定に反すると判断し，いずれも当該条例を違法・無効とした。だが，東京都が最高裁上告中に税率を引き下げ，過去の徴収分の一部を返却することなどを内容とした和解を申し入れて銀行側もこれを受け入れたため訴訟は終了している。

　これら訴訟とは別に，積年の政策課題であった法人事業税における外形標準課税は，平成15（2003）年の税制改正により一部実現し，法律レベルでの枠組として平成16（2004）年度から実施されることとなった（地方税法72条の24の4）。資本金又は出資金が1億円超の法人は，所得基準（所得割）を4分の3，外形標準（付加価値割と資本割）を4分の1として税額が計算され，前者が7.2％，後者が付加価値割0.48％，資本割0.2％の割合で

課税される。

参考文献

自治総研ブックレット75『分権時代の自治体課税』(地方自治総合研究所,2003年)
石島弘『課税権と課税物件の研究』第五章(信山社,2003年)
碓井光明「法定外税をめぐる諸問題(上)(下)」自治研究77巻1号17頁,2号3頁
君塚明宏「平成16年度改正地方税法の政令・省令解説」(税2004年6月号20頁)
外川伸一『地方分権と法定外税』(公人の友社,2002年)
田中浩「課税自主権行使をめぐる法的諸問題-総論的課題-」(税2002年2月号34頁)
田村政志・桑原隆広編『分権時代の地方税務行政』(ぎょうせい,2003年)

(青山　豊)

第 2 部

各国の地方自治

1　イギリス：地方自治の再生と地方分権

はじめに

　古くは治安判事や慈善団体，新しくは PFI（Private Finance Initiative）方式による民間委託など，多様な主体を取り込み活用してきたため「地方自治の母国」とみなされるイギリスではあるが，不文憲法ゆえに団体自治は国会によって特権的に付与されているに過ぎない。また住民自治についても従来の委員会制度は，民主的な側面からその弊害を指摘されてきた。このように国会主権という一元的な原則の下での地方自治にも，ミレニアムを境に転換の兆しが見えている。

　本講ではまず，国会主権の下での地方自治を概観（第1節）した後に，住民自治再生への取り組みを報告（第2節），ついで地方分権の意義についてヨーロッパ統合との関連を述べる（第3節）。

　「民主主義の民主化（'Democratization of Democracy'）」をモットーとする現在の労働党政権による地方自治改革の根底には，住民の暮らしに密接する課題は住民に身近な場で，更に，より広範におよぶ課題は広域レベルでそれぞれ決められるべきであるとする「補完性（subsidiarity）の原則」がある。地方団体への包括的授権を嫌い一層制への改組を強行した保守党から一転，ヨーロッパ地方自治憲章（Council of Europe's 1985 European Charter of Local Self-Government）に署名したブレア政権が目指す現代の地方自治とはどのようなものであるのかを考える。その中で逐次，日本の地方自治との比較をし

たい。

第1節　国会主権と地方自治

1　複雑な地方構造

　正式名称「グレートブリテンおよび北アイルランド連合王国（United Kingdom of Great Britain and Northern Ireland)」と，単数形で示されるイギリスは単一国家（unitary state）である。とはいえ，イングランド，ウェールズ，スコットランド，北アイルランド各地域間には現在においてもなお民族・社会・文化の相違が見られ，中央政府はこれらの首都に直轄の本省を設置したり地域別の地方自治法（Local Government Act）を制定し，その差異に配慮してきた。現在，イングランドを除くこれらの地域には中央政府からの権限委譲が成り，広域地方政府が創設されている。その一つであるスコットランド議会は，国の権限に抵触しない限り，法律を制定する権限まで認められている（第3節参照）。

　四地域がそれぞれ独自の自治制度を有してきたことに加え，日本国憲法第8章のような地方自治の憲法的保障が存在しないため，政権変化（1979-1997年まで保守党，1997年から労働党）に伴っての度重なる合法的改組により地方構造は大変複雑である。都道府県レベルの「カウンティ」（county）と市町村レベルの「ディストリクト」（district）という二層制への移行は1972年地方自治法（Local Government Act 1972）によってなされているが，この結果，イギリスの基礎自治体の人口規模は平均118,440人を数える迄に急増，市町村の過半数が1万人を超えている日本を凌ぐ「ヨーロッパの異端児」である。そして85年に労働党勢力の強い大都市の二層部を廃止した保守党の下では更なる大合併が'95年から'98年にかけて強行され，イングランドの地方部とスコットランド，ウェールズには県市両機能を統合した単一自治体（UA; Unitary Authority）が導入されている。2002年現在，イギリスには合計469の地方自治体が存在し一層制と，二層制（イングランド地方部）が混

在している。

2 中央政府との関係

　イギリスでは，自然人に対しては，制定法による禁止以外の「市民的自由」を広く享受させてきたものの，行政庁に対しては固有の権能を認めることはなかった。即ち，自治体の権能のすべては国会の承認によるという国会主権原則は今日にあっても実質的に生きているのである。ゆえに成文法法人（statutory corporation）である地方自治体による，授権範囲を越える行為は裁判所によって権限踰越（Ultra vires；アルトラ・ヴァイリーズ）を宣言され違法となる。さらに同一事業を自治体間で分有することもなく，間接支配になじまない土壌が出来ていたと言えよう。このように個別的授権によって事務配分，行政責任ともに明確なシステムであることから，中央政府が自治体の実務に直接関与することは稀であり，両者の関係は永らく独立対等な「パートナーシップ」であると語られてきた。しかし第一次世界大戦中に乱立膨張した行政機構は財政の逼迫を生ぜしめ，サッチャー政権下では公共サービスの積極的な民間委託が既存の自治体の権限および財源の両面を侵食する形で進められたことから，中央政府と自治体の争いは司法闘争に発展した。しかし自治体有利の司法判断も，イギリスでは理論上いつも現国会が主権を有するため（後法の優位），新法律を制定すれば実質的に司法判断は無力となる。こうして両者の対立は泥沼の様相を見せるようになったが，それは制度保障を置かない国会主権の必然的帰結でもある。

　現在のブレア政権下ではこれほどの敵対は存在しないものの，行政の効率化は最大目標として維持されており，公共目的で財政余力の有る限りは支出の対象および額に制限のない日本からは想像しえないほど，その統制は厳しいものである。分散していく行政機構に対する中央統制は個別的授権と踰越法理の他にも，19世紀の救貧委員会（Boards of Guardians）等の特別団体（ad hoc authority）に始まる出先機関による直轄，監督（inspection），監査（audit）を通じてなされてきた。そのうち行政サービスの基準維持のための

1　イギリス：地方自治の再生と地方分権　　*231*

監督は社会福祉，教育，警察，消防の4分野について特に厳しい。監督は事業分野毎に任命された公的検査官（inspector）によってなされるが，最終的な認定は裁判官に継続し，陪審員団（jury）によるアメリカとは伝統的に異なっている。

　一方，財政について敷衍すれば，とりわけ目を引くのが中央財政の偏重である。イギリスでは日本のような標準税率による一斉課税ではなく，収支の帳尻を地方税率の上下によって均衡させるシステムが採用されてきたが，1984年レイト法（Rates Act 1984）は伝統的に制約のなかったこの課税自主権に対する抑制（rate-capping）権限を国務大臣に与えた。この他にも，それまで地方税であった事業所レイト（business rate/non-domestic rate）の1990年4月からの国税移管（Local Government Finance Act 1988），そして起債に関する総量規制の結果，自主財源比率は50％から20％以下に著しく低下している（2割自治）。

　さらに自治体の決算についても損失返還および事業の禁止命令権が外部監察官に付与されている。収支の適法性にとどまっていた会計チェックは'82年地方財政法（Local Government Finance Act 1982）によって自治体事業の合目的性や効率性という観点を加え，また88年監察委員会法（Audit Commission Act '88）は違法な支出が行われる恐れのある場合に事前差止（injunction）を認めるようになった（2000年地方自治法では監査委員会による助言通知（Advisory Notice）直後の凍結へ変更）。更に2000年4月からは戦略的経営の観点から自治体に，官民問わず最も効率的なサービスを選ぶための行政評価が課された（ベスト・バリュー制度）。いずれの施策も中央主導というきらいがあるものの，監督と事前差止めの制度（'inspection, injunction'）によってイギリスの地方財政は答責性を確保し，不正や汚職を免れている。

　このように見てくると，明確な事務配分の下に権限内の事柄については自治体裁量とされてはいるものの，実際の活動範囲はかなり狭く限定されていることがわかる。事務選択の自由の狭さは自治立法権としての条例（byelaw）の性質にも現れている。イギリスでは日本の自治体のように独自

の条例を制定してユニークな行政サービスを展開することは不可能であり，条例の大半は事務の執行細目にかかわる受任立法である。というのも，制度的には「善き支配と統治」というようにかなり広範囲に及ぶように見える条例制定権も，実際は権限踰越法理の存在と主務大臣による認可制によりその自由度に大きな制約を持つからである。条例の許可・否認については殆ど中央政府の自由裁量といわれ，否認についてはなんら条件・理由を付することを法律上求められていない。代りに条例作成の指針として条例モデル（Model Byelaws）が示される。

　成文法に明記されていない事務を執行しようとする場合は，個別に地方法（Private Local Act）を国会に発起することとなる。これは政府提案になる普遍的に適用される公共一般法（Public General Act）に対し，特定の地方自治体に特別な権限を付与するものであることから立法手続きが非常に繁雑で経費も発起人側の負担となることが自治体にとって難点である。さらに地方法案が必ずしも可決されないことを考えるならば，立法的統制として包括的付与方式とは比較にならない程厳しい枠組みであると言わざるを得ない。また司法審査の対象にならない国会制定法に対して，条例は補充的従属立法（subordinate legislation）としてこれに服する。イギリスにあって地方条例はモデル条例と司法審査という二つのチェックを課され，完全に国会の立法的統制下にあり，団体自治が弱体であることを物語っている。

第2節　住民自治再生に向けて

　強制競争入札制度に端的に示される徒な競争原理の導入は行政サービスの質と量の低下に終わり，現在では効率行政は自治体自身の能力の拡充にあるとの見方が一般である。ブレア政権下での機関分離型地方議会の設立や地域議会の設立はこの路線を踏むものであり，後者は国を基準とすれば分権にあたる。

　1986年に大ロンドン都議会（GLC）が廃止されて以来，組織と権限の混

乱や開発や環境に関わって全体を統括する指導力不足が指摘されていたロンドンではいち早く公選市長制度を導入し，2000年7月3日に発足した大ロンドン地方庁（GLA; Greater London Authority）ではイギリス史上初めて議会と執行機関が分離された。そもそもイギリスの自治体では住民選出の地方議員で構成される地方議会（Local Council）が行政の執行，審議，議決権を有しており，我が国のような公選の首長は存在しなかった。最高の意思決定機関は議会の本会議であるが，多くの仕事は議会に置かれる委員会（committee）に委任され，議長の役割は儀礼的色彩が強く，政治的実権は議会の多数党のリーダーにあったのである。このような委員会方式の自治体運営については，どのような大きさの自治体にも適用可能な柔軟なシステムであると同時に，制度内部に複数の実力者が存在する多元的な構造であることから，天下り支配が生じにくいという評価がある。一方，政策決定者が明らかでなく，また議員側からは委員会に多くの時間を費やさなければならず住民代表として機能しにくい等の批判も既に20世紀終わり頃から強くなっていた。ブレア政権は1997年にこの委員会制度の廃止を公式に打ち出し，①議院内閣型，②公選首長・内閣型，③シティー・マネージャー型という3つの方式を示しながら新しい運営機構を自治体の裁量で選定するように勧告し，2000年7月の地方自治法改正で，議会と執行機関の分離を規定，運営機構の改組を強制した。委員会方式の継続が許されている人口85000人以下の自治体では改組しないところが多いようであるが，今日ではかなり多くの自治体で議院内閣型が導入されている。

　内部組織改革と基礎自治体の広域化による政策統合により立案及び執行能力を強化されたはずの自治体ではあるが，大都市圏ではこの区域拡大によりかえって行政需要への対応が薄まったという声を聞くようになった。一層化によりサブ・ナショナルな自治体が存在しない地域における諸問題の解決策としてイギリスでは近年，地方圏に残るパリッシュ（parish）やコミュニティと呼ばれる地域自治組織が注目されている。

　パリッシュは遠く中世の教区に発し，1897年には法人格（Local Government Act 1894），そして1972年地方自治法によって議会としてその存在が再確認されている。これは又，イングランド田園部ではパリッシュ，都市部ではタウン（Town Council)，そしてウェールズではコミュニティ（Community council）と呼ばれ，その住民数も下は数十人から有り，人口1万人あるいは2万人というタウンはむしろ例外的な，非常に小さい基礎自治体である。しかしながら住民意見の代表者としてのパリッシュ議会の存在意義は大きく，都市計画など住民に関係のある政策案の決定に関しては必ず協議を受ける権限を特別法によって獲得しており，住民参加制度の代りとなってきた。ブレア政権はガイダンス「自治体への住民参加の拡充」を出し，1997年には地方自治・レイト法（Local Government and Rating Act 1997）により交通分野に関してさらにパリッシュの権限を拡充するとともに当該地域の有権者の10％以上からの請願に基づく議会の創設を定めている。

第3節 統合の中での分権

1 重視されるようになった「地域」

1970年代以降先進諸国に共通する経済的困難の中で，ヨーロッパでは地域主義（regionalism）が台頭していた。そうした国際的な自治・分権の波に乗らず，ひとり補助金の大幅削減によって中央集権を進めたイギリスでは80年代の行政の空白期を経て90年代に入ると地域レベルの行政制度が希求されていた。

一方，国家対立防止を設立目的のひとつとしているEUにとっても地域や市民は国家を牽制する力となる。地域格差拡大防止を懸案としてECは特に80年代後半から域内地域政策への関与を強めていた。冒頭に述べた1985年ヨーロッパ地方自治憲章の他，1989年単一欧州議定書（Single European Act）はEEC条約を改正し，その第三部［共同体の政策］に第5編［経済的および社会的結束］を追加して遅れた地域の発展に関するECの役割を130条の2に明記している。さらに市場統合を目の前にして域内に市場主義では拾い

きれない都市問題の発生が予想され，地域社会の自立的存続の為の各分野を横断する包括的な都市政策が必要になった。各政治レベルによるバラバラあるいは重複する政策に代えて，EU は特定地域に集積する傾向がある社会的弱者との共存を図った開発戦略を「持続可能な発展の戦略」と位置付けている。加盟国内に独自の行政機構を持たない EU がこのような政策を運営するには他の行政レベルとの連携が不可欠であり，開発援助は 5 つの援助形態に対する構造基金や欧州投資銀行を通して経済不振域への資金援助として行われる。かねてからサッチャリズム支持のイングランドへの嫌悪を募らせてきたスコットランドはいち早くロビー活動を開始し，EC の中でも最も欧州補助金の受益を受ける「ヨーロッパを抱え込んだ」地域として自立基盤を整えた。一方 EU は欧州理事会による二回の改革（88 年の基金総額倍増と受給対象区域の拡大及び 93 年財政規模の 40％増）を経て，個別プログラムの対象を広域に設定するとともに一定区域における経済指標を給付基準とし，パートナーシップを通じた多様な主体の参加を求めている。

2　分権の様相

スコットランドの成功と既存自治体より広域を設定する EU の方針は，イギリスにおいて資源集約のために生成しつつあった近隣自治体間協力と分権の後押しとなった。政策形成の分権的構造が翻って統合の推進力となり民主主義の発展に資するというブレア政権の信念の下での非中央集権化 (decentralisation) は，憲法改革の一環としてとり行われている。地方分権は保守党政権下でのいきすぎた中央集権をヨーロッパの地域主義という風潮の中で軌道修正するものと捉えられており，最終決定を民意（住民投票）に委ねた下からの分権ゆえに委譲範囲も各地毎に異なったものとなった。すなわち，立法権と一定の税率の変更権を有するスコットランド議会 (Scottish Parliament；'99 年 7 月発足) と北アイルランド議会 (Northern Ireland Assembly；'99 年 12 月内閣発足も，2002 年 10 月シン・フェイン党によるスパイ事件を契機に自治機能停止)，及び行政権と二次的立法権を有するウェ

ールズ議会（Welsh Assembly；'99年7月発足）である。複合民族国家であるベルギーは1993年に連邦制を採用するに至っているが，イギリスにおける分権はウェストミンスター議会（従来の国会）の権限が分割（divide）されるのではなく，委譲（devolve）されるという点で連邦制（Federalism）とは異なるものであると説明されている。すなわち委譲は主権の放棄を伴わない権限の委任であり，分権後もウェストミンスターは理論上，地域議会そのものの廃止を含む立法権を有する（住民投票により実際は困難）。

　委譲の方式については，「ウェールズ政府法」（Government of Wales Act 1998）によって限定列挙方式で授権されたウェールズ議会の権限に比べ，前二者のそれは留保事項（Reserved Matters）以外の一時的立法権を含む広範な授権である。ただ，留保事項には憲法問題，外交・安全保障，国境警備，入国管理，連合王国の財政・経済・金融システムの安定，財・サービスに関する共通市場政策，雇用関係立法措置が規定されており，外交権を中央と共有することについて，スコットランドではこれまでのEUとの関係を薄めるものではないかとの否定的見解も出された。しかしEU政策調整に関する協定（Concordat on Co-ordination of European Policy Issue）はEU政策の最終決定を担う閣僚理事会におけるスコットランド関連審議に，各国代表として政府閣僚の代わりにスコットランド議会閣僚の出席可能を定めている。また1992年，マーストリヒト条約198条aは欧州委員会と欧州議会の諮問機関としてヨーロッパ司法裁判所に提訴権を有する地域委員会（Committee of the Regions）を新設し，スコットランド議会欧州問題委員会委員長はこの地域委員会のメンバーである。それまでにも地方・地域の自治体は代表部をEU本部のあるブリュッセルに置き情報収集，欧州地方自治体連盟を結成しEC委員会を標的にしたロビー活動を繰り返していたが，正式には諮問理事会，中央政府，欧州議会議員といういわば首都経由でしかその声をEUに届け得ずにいた。EU政策形成の初期段階にある諮問機関への公式参加は最終決定への参加より影響力が大きく，今後はEUを通して逆に政府政策に影響を与えることが予想される。

各地方における分権に伴い非対称な意思反映（質疑した議員の選挙区名からWest Lothian Questionと呼ばれる）が問題とされ，いよいよイングランドにも民主的代表が必要となっている。地域議会を創設した地域の住民は地域議会及び従来の国会を通じた二重の意思反映が可能であるのに対し，存在しない地域では後者のみに限られるからである。しかし人口の8割が集中するイングランドでは南北格差（North-South Divide）を含め多様性に富んでおり，また仮に全域を対象とすれば既存のウェストミンスター議会に近いものになってしまう。こうした地域特性に対処するためブレア政権はイングランドの8つの広域圏別に保守党が設置した地方開発庁を統合，経済開発・雇用促進を担当する組織として'99年4月，地域開発公社（RDA; Regional Development Agency）を発足させ，併せて監視する機関としての地域会議（RC; Regional Chamber）を自治体や企業，NPOなどの代表で構成した。両機関は共にEU資金の受け皿である他，とくに後者は直接公選の地域議会（Regional Assemblies）設立への橋渡し的な任務を負っている。政府は2001年，包括的地域再生補助金（Single Regeneration Budget）の導入を決めたが税金投入には民主的基盤が必要とされ，このようにして公選の地域議会の設立を促していると考えられる。公選地域議会設置に際しては地方構造の一層制が条件とされ二層制に対する再考を促しているが地域によって温度差があり対応はまちまちである。

お わ り に

現政権になってから多用されているというレファレンダムの性質からも伺い知られるように，ブレア政権における一連の改革は単なる地方政府の復権とは別次元の国会主権からの原理的乖離を含んだ政体（constitution）に関わる大転換であり，団体自治を制度的に保障しようとしているヨーロッパに親和性を持つものであることは既に述べた。例えば2000年地方自治法は内部組織改革（第2節参照）の他にも，経済開発，社会福祉，環境対策の3分野

を制限列挙して権限踰越法理を修正,独自政策を実施する自治体の権限を拡充するという画期的な制度改革をなして「権力を民衆に近付け（To put the power closer to the people）」いる。上のことを体制変化に即して言えば,公共サービスを担う諸団体間に協調性を促し地域的課題の総合調整役として自治体の意義を見直すものであって,本来的に集権的な国会主権に基づく公的部門中心の地方自治構造から,集団生活の場としての市民社会中心の,国,自治体,市民社会という3つのセクターが協調的に資源を相互活用しながらそれぞれの役割任務を果たす体制への移行を進めたと言える。

既にサブナショナル・レベルの公選議会を具備する広域的自治機構に移行した先進諸国にも増して,日本は地域福祉の重要性と行政の効率化の双方の需要が高まる高齢化社会の到来が近い。効率行政のため広域化を進めながらも地域の実情に応じた自治の実現のために,基礎レベルの自治体の活性化を進め日常生活圏の行政を活性化した（第2節参照）イギリスに見習うべき点は多いのである。

参考文献

元山健・倉持孝司編『新版現代憲法－日本とイギリス－』（敬文堂,2000年）
Stephen Bailey, CROSS ON PRINCIPLES OF LOCAL GOVERNMENT LAW, Sweet & Maxwell, 1992.
山下茂「英国の地方自治」『自治研究』53巻12号～60巻11号,1977-1984年。
戒能通厚編『現代イギリス法事典』（新世社,2003年）
島袋純『リージョナリズムの国際比較－西欧と日本の事例研究－』（敬文堂,1999年）
若松邦弘「ヨーロッパ統合とイギリス－イングランドにおける地域制度の成立－」（宮島喬ほか編『ヨーロッパ統合のゆくえ－民族・地域・国家－』人文書院,2001年）
山田光矢『パリッシュ－イングランドの地域自治組織（準自治体）の歴史と実態－』（北樹出版,2004年）
山下茂・谷聖美・川村毅著『比較地方自治－諸外国の地方自治制度－』（第一法規,1992年）
金・佐藤英善「イギリスと日本の地方分権の比較分析」（比較法学36巻1号,2002年）
全英地方自治体協議会 http://www.lga.gov.uk/

（村山　貴子）

2 アメリカ合衆国の「地方自治」：
連邦制と直接民主制の浸透

はじめに

　2004年2月，就任して間もないサンフランシスコのニューゾム市長が，同性結婚を認める方針を発表し，市職員に同性カップルの婚姻を許可するよう命じた。このニュースは瞬く間にアメリカ中に広がり，婚姻の許可を求める同性カップルがサンフランシスコ市役所に殺到，同市役所周辺はさながら一大結婚パーティーの様相を呈した。これに対し同性結婚に反対する政治家や宗教団体は強く抗議し，同性結婚の是非を巡るディベートがメディアに氾濫した。また，カリフォルニア州知事や連邦政府のブッシュ大統領も，サンフランシスコ市の措置に反対する姿勢を表明した。しかし，サンフランシスコ市は同性カップルの婚姻を許可し続け，州裁判所が停止を命じるまでの間に4000組に上る同性カップルの結婚を許可した。そして，市の措置の是非は州裁判所の判断を待つところとなった。

　これは，アメリカの「地方自治」の構造を端的に示す出来事である。簡単に日本と比較してみよう。日本では，結婚の条件や手続について，全国一律の方針が適用される。中央，すなわち国会が定めた民法と，それを敷衍する中央政府（霞ヶ関）の政令や省令，通達に基づいて，都道府県，市町村による具体的な事務が行われる。市町村独自の判断で結婚の最低年齢を変更したり，同性結婚を認めることなどできない。

ところが，アメリカ合衆国は，連邦制を採用する国である。連邦制のもとでは，多くの政策分野で，各州の政府が主権を握り，連邦政府が介入することは原則的にできない。婚姻政策はその一つで，その条件は各州がそれぞれの州憲法及び州法で定めている。連邦政府の大統領といえども，それに口出しすることはできない。州の憲法や法律を変えられるのは原則として州民だけなのである。さらに，州の中でも，都市に強い自治権が認められていることが多い。だからこそ，サンフランシスコ市長は，州知事の意向に背いて，同性結婚の許可に踏み切ったのである。州知事といえども，市長の行為を覆すことはできない。結局，州知事としては，市長が州法に違反しているとして州裁判所に訴える道しかなかった[1]。

以下，こうしたアメリカの「地方自治」の現状について，1 連邦制，2 各州における地方自治制度，3 現在の課題，の順に紹介していきたい。

(1) カリフォルニアは州法で婚姻は両性間に限っている。州知事はこれを根拠として市長を訴えた。しかし，市長は，この州法自体が「法の下の平等」を定めた州憲法に違反し，無効であるとして，同性結婚が許可されるべきだとしている。

第1節 連邦制

アメリカ合衆国は，それまで別個に発展してきた北米大陸東部のイギリス植民地が徐々に連携していく形で形成された。イギリスに対する植民地の独立戦争後に制定されたアメリカ合衆国憲法（1787年制定）は，それぞれ主権を持つ13の州（現在は50の州へ発展）の上に，より強い中央政府（連邦政府）を創設するために，各州の代表が集って起草されたものである。

この憲法の採択に際しては，強い連邦政府の必要性を強調する勢力（federalist）と，州の主権を強調する勢力（anti-federalist）の間で激しい抗争が展開された。そこで，妥協策として，憲法採択直後に改めて連邦政府の力を制限する修正条項（「人権宣言」を含む，修正1条から10条まで）が加えられたのである。その後，今日に及ぶまで，アメリカ合衆国の政治の歴史は，連邦

政府と州政府の力関係を巡る抗争の歴史といっても過言ではない。

1　連邦制における連邦政府と州政府の関係

　アメリカ合衆国憲法は，連邦政府が創設された後も，各州が主権を有し，多くの分野で州が連邦政府から独立して統治を進めることを予定している。この憲法は，連邦政府に属する権限を限定列挙している。連邦政府の権限は，外国との通商あるいは州の間の通商の規制などに限られ，これらの分野で連邦議会が定めた法律を大統領が執行することになっている。そして，このように憲法に明記された事項以外についてのすべての権限は，州政府と人民が有するとしている。

　たとえば，日本で民法，刑法によって統一的に規制される家族制度や刑事制度も，50の州それぞれで異なる。州によって結婚の成立条件も異なるし，犯罪の定義や死刑の有無，裁判の形態も異なる。日本の感覚でいうと，これらの分野では，州と州の境を越えれば別の国も同然ということになる。

　こうしたことから，アメリカの中央政府と州政府の関係を表すときには，地方自治という言葉は必ずしも適当ではない。地方自治という場合には，中央政府がまずはすべての分野で権限を有していて，その中から一定の分野について自治体に条件付きの独立性を認める仕組みが思い起こされる。条件付きというのは，こうした独立性を認めるのも取り上げるのも中央政府の権限であり，地方自治体の政策が思わしくなければ最終的には中央政府がそれを覆すだけの力を持っているからである。

　これに対してアメリカでは，州がすべての分野で権限を有しているところを，合衆国憲法によって，中央（連邦）政府に一部譲渡した形となっている。そして，州が連邦政府に譲渡していない分野では，最終決定権は州政府にあり，連邦政府には州に対し強制をする権限はないのである。

　また，連邦制のもとでは，連邦と州の権限分配について憲法で明記するのみならず，その裁定には比較的中立な裁判所の役割が重視されることになる。というのも，権限の分配を決定する権限が連邦，州，いずれに偏ってい

ても，連邦制は維持できないからである。連邦政府が任意に権限を拡大し，州の権限を縮小できるようでは単一国家と変わりない。逆に，州政府が任意に権限を拡大し，連邦政府の権限を縮小できるようでは連邦が分解しかねない。

従って，アメリカのような連邦制国家における中央政府と地方（州）政府の関係は，政治部門から独立した連邦裁判所あるいはこうした判断をするための憲法裁判所を舞台に，憲法上の権限の根拠を巡って議論を交わし，裁判所が判断を積み重ねる形で展開していくことになる。本稿が憲法上の議論を重視するのも，アメリカでの政府間関係がそれに大きく規定されてきたからである。

2 連邦制の変容

合衆国憲法では連邦政府の権限が限定列挙されているものの，実態としては連邦政府の権限は拡大し続けてきた。その一大転換点は，南北戦争（1861-1865年）である。それまでは，合衆国憲法は奴隷制の是非について決着を付けず，州の判断に委ねてきた。しかし，合衆国の領土が拡大し，また州の間の通商，人の移動が盛んになるに連れ，新しく編入された領土に奴隷制を適用するのか，南部の黒人奴隷が奴隷制を否定する北部に移動した場合にどう取り扱うのかなどを巡る国を二分する争いは，ついに内戦に発展したのである。

南北戦争に北部（奴隷制否定側）が勝利した結果，合衆国憲法には，連邦と州の関係を大きく転換する修正条項（修正13条，14条，15条）が加えられた。この修正条項は，奴隷制など差別的な仕組みが再発しないよう，すべての人に財産権など市民的権利や法の下の平等，それに選挙権など政治的権利を保障することを<u>州に義務づけ</u>，またそのために必要な立法を<u>連邦議会自らが行う権限</u>も明記した。

これらの条項，特に修正14条は，人種問題を越えて活用されるようになり，様々な分野で州の立法権を制約し，連邦政府の干渉を強める機能を果た

してきた。特に，ウォーレン連邦最高裁長官の下での判例に象徴される1960年代の「市民権革命」以来，修正14条の拡大発展ぶりは著しい。たとえば，法の下の平等を保障する条項によって，人種差別のみならず，女性差別や障害者差別，非嫡出子差別や外国人差別など，あらゆる差別が違憲と判断され，こうした差別の起こる労働や教育，福祉，都市計画などあらゆる分野で，州の行動が制約されるようになった。こうして，合衆国憲法の本文では連邦の権限に属さない領域でも，修正条項の趣旨の実現という名目で連邦政府が介入する道が開かれてきたのである。

しかし，こうした連邦政府の権限拡大を合衆国の本来のあり方に反すると主張する勢力も根強く，1980年代以降，権限拡大にブレーキをかけようとする傾向が目立つようになっている。現在のアメリカの連邦と州の関係は，連邦政府に幅広い政策立案の余地があるというものの，依然としてその権限は手放しで認められるものではなく，絶えず州によって挑戦され，連邦政府は権限の根拠を証明しなければならない立場にある。合衆国憲法によれば，州はなお主権を有し，連邦政府に譲渡されていないあらゆる権限は州に属するのである。

第2節　各州における地方自治制度

アメリカの州と基礎自治体（都市）について日本との比較で考えるとき，まず特徴としてあげられるのは，日本のように画一的な人口規模についての議論（何万人以上で「市」昇格，あるいは何十万人でなければ幅広い権限は得られない，等々）は少なく，住民の意志によって様々な規模の基礎自治体が作られ，自治能力や創意が試されているということである。

たとえば州をとっても，カリフォルニア州は人口約3500万人で経済規模が世界のほとんどの国家を凌ぐほどである。他方，ワイオミング州は人口約50万人で，日本の政令指定都市並みである。しかしいずれも，連邦制の下での主権，すなわち幅広い統治権限を有する。

また，州の下の郡をみると，カリフォルニアでは58の郡のうち，人口が1万人に満たない所もあれば，人口が1000万人近いロサンゼルス郡もある。同様に，市の規模も様々で（カリフォルニアでは市町村の区別はない），中には人口数百人の市もある。

こうした小規模な自治体では，到底すべての住民サービスを独自に賄うことはできない。その場合，市（といっても規模では日本の村の集落程度であったりする）は，上位機構である郡と「サービス契約」を結び，郡に市のサービスを代行してもらう。そこに見られるのは，たとえ小規模でも住民が自治体を構成したい場合はそれが認められ，市の権限，サービスのうちどれを自分たちで賄い，どれを他に委託するかを住民自身が決めていくという，強い地域自治の仕組みである。

1　州，郡と基礎自治体

これまで述べてきたように，各州は合衆国という連邦制のもとで主権を有する。従って，各州の政治機構はその州の憲法によって規定され，全国一律ではない。州と自治体の関係も州ごとに異なる。

州はそれぞれに憲法，民法や刑法を持ち，また独自の司法機構を持つ。従って，カリフォルニア州内の法律に関わる事件は，カリフォルニア州最高裁判所を頂点とする州の裁判所で処理される。各州の司法機構とは別に，連邦最高裁判所を頂点とする連邦政府の司法機構があるが，それらは州法上の事件には原則的に介入できない。州内の事件が連邦裁判所に持ち込まれるのは，それが連邦法や合衆国憲法に関わる場合に限られる。

州内の統治機構では，各州とも州，郡，基礎自治体の三層制を採用する傾向にある。ただ，その実態は，州により様々である。州によっては郡を州の行政部門のように扱う場合もあれば，郡を独自の自治体のように扱い相当の権限を委譲しているところもある。また，郡を「市」などの基礎自治体に隈なく分割する州もあれば，郡の中に「市」として法人化された地域が点在するだけで，それ以外の「未法人化地域」(unincorporated areas) は郡が直接統

治し，二層制と三層制が混在する州もある。

　州内の自治制度では，州，郡，基礎自治体の間のトップダウンの関係が一般に弱い。州，郡，都市とも主要な公務員は住民の直接選挙で選ばれ，それぞれの職務に関して強い独立性を持つ。冒頭の同性結婚の事例でも，州知事が市長を相手取って州法の解釈を巡る訴訟を起こさなければならないほどである。また，自治の内容を見ても，日本では中央集権が進んでいる教育や警察について，アメリカでは基礎自治体がコントロールし，州や連邦政府は予算措置（補助金）を通じた間接統制をするのが限度である場合が多い。

　こうした強い地域自治は，徐々に発展してきたものである。カリフォルニアを例にとると，もともとは郡や市について州が行政機構の形態を定め，任意に設置し，必要に応じて境界や権限の変更を行えるものであった。しかし20世紀初頭以降，郡あるいは市の自治（ホームルール）を求める運動が浸透し，郡や市が自治憲章（チャーター）を制定して自ら行政機構の形態を決めることが州憲法上も認められるようになった。

　現在，多くの州では，憲章（チャーター）を持つかどうかは自治体住民の選択に委ねられている。郡や市が自ら憲章を持たない場合は，その行政機構は州法が定めたモデルに自動的に従う。

　郡や市の住民が自治憲章を定めることに決した場合は，その行政機構のあり方は州法に強く拘束されず，かなりの多様性が認められる。長を議会から独立させ，拒否権などを付与する「強い市長」制を採用する市もあれば，市長職は議員の持ち回りで議会から独立していない「弱い市長」制を採用する市もある。また，政治的に選ばれた市長とは別に，行政経験豊富なシティマネージャーを任命し，行政の監督責任を与えているところもある。この場合，市長の力が制約されるだけでなく，行政が議会からもある程度切り離され，効率性とプロフェッショナリズムが追及されている。しかし，政治的責任の所在や市長とマネージャーの力関係が問題となる可能性もある。

2 自治体における直接民主制の発展

　最後に，アメリカの州，また州内の自治体においては，直接民主制の発展が著しいことを指摘しておきたい。カリフォルニア州でデービス知事がリコールされ，シュワルツェネッガー氏が知事になった件は記憶に新しい。また，カリフォルニアでは選挙のたびに必ずといっていいほど，住民の発議（イニシアティブ）による州法の制定や，州憲法の改正が数件提起される。それに加え，同時に実施される郡や市の選挙でも，多数の役職が公選されるほか，独自のイニシアティブが加わる。結果として，有権者は多い時には一度に十を超える役職と，数十に及ぶイニシアティブに投票しなければならない。

　こうした直接民主制の発展の結果として，アメリカの地方政治では，利益団体やメディアの役割が非常に重要になっている。というのも，一度に州，郡，市合わせて数十件にも及ぶ項目に投票するとなると，一つ一つについて吟味することは難しい。そこで，選挙の前後になると，労働，環境，人権など各種の市民団体，あるいは業界団体が，各項目にどう投票すべきかを記した資料を盛んに配布する。また，新聞も，しばしば社説として各投票項目についての意見を掲げる。多くの有権者は，自分が共鳴する利益団体やメディアが発表したこれらの「マニュアル」を手に，投票場に向かうのである。

　イニシアティブ（住民発議による法律の制定），レファレンダム（議会の発議について住民の意志を問うこと），リコールのプロセスに加え，住民の参加を促す仕組みも多くの自治体で充実している。これには様々なメカニズムがあるが，重要なものとして自治体についての情報公開，開かれた議会運営，各種行政委員会への市民の登用の拡大が挙げられる。議会運営に関して言えば，本会議，委員会とも公開が州法や市の憲章で義務づけられているのが一般的で，ケーブルテレビやインターネットで会議を中継している自治体も多い。また，筆者が在住するカリフォルニア州バークレー市の例を取ると，毎週開かれる議会の冒頭では，住民なら誰でも，市政についての意見を自由に発言できる時間が設けられている（原則として冒頭30分で，希望者が多い場合

は開始前に抽選が行われる)。

　市政の各分野についての住民による行政委員会も一般的で，バークレー市の例をとると，こうした委員会は40以上もあり，各委員会合わせ約350人の住民が市の政策決定に直接携わっている。委員会の担当分野は，教育，市立図書館運営，歴史的建造物保存，障害者政策，警察監査，家賃安定，老年者政策，ホームレス政策，少年政策など，実に多様である。委員は空席が出るたびに公募され，議会により任命される。委員会の実質的な力は様々だが，たとえばゾーニング（土地の利用形態）を調整する委員会（Zoning Adjustment Board）は強力で，地域の開発計画が持ち上がるたびに利害関係者による激しい論争の場になる。

　行政委員会は老若男女問わず幅広く開かれていて，先に挙げたゾーニング調整委員会は市政の登竜門として，市内のカリフォルニア大学バークレー校の学生がしばしば委員に任命されている。なお，このように住民を多数登用した行政委員会を中心に市政が行われているため，議会自体はスリムである。バークレー市の議会は住民人口10万人に対して，議員8名に市長を含めた9名で構成される。市の政策はまず住民による行政委員会で吟味され，最終的な調整を議会が行い，市役所が実行するという形である。このように，市長は独自に選挙されるものの，議会の一員となって一票を行使するに過ぎず，拒否権もない。これは典型的な「弱い市長」制で，議会と住民が政策決定の中心になる仕組みである。

第3節　現在の課題

　最後に，アメリカの地方自治におけるいくつかの課題を指摘しておきたい。

　まず，自由や人権の保障と地方自治の関係である。歴史的には，アメリカは，強大な中央政府が人民の自由を侵すことを恐れ，連邦政府の権限を制約することに力点を置いてきた。特に，合衆国憲法の人権宣言は，州および人

民に対する連邦政府の介入を防ぐという観点から採択されている。しかし，南北戦争後加わった修正条項は，むしろ州政府による人権擁護の不足を念頭に，連邦議会の介入する権限を強化する内容となっている。この条項が1960年代の「市民権革命」以降多用され，結果的に州や地方自治体の立法権がより強く制約される展開になっている。このことに対して，州や人民の自治権を主張する勢力からの反発は根強く，アメリカ政治における不安定要因となっている。

　また，連邦政府が州政府の力を，さらに州政府が基礎自治体の力を奪う結果になっているとの批判が強いテクニックとして，財源の裏づけのない行政義務（unfunded mandate）が挙げられる。これは連邦法が州に対して一定の政策を義務付けながら，そのための予算措置を講じないことである。連邦議会にとっては，連邦の税金を使うことなく政策を推進できる，都合のよい話であるが，州政府にとっては，その実施のために州予算を切り詰めなければならない。もしこうした「押し付け」政策が増えるなら，州独自の政策を推進する予算が圧迫され，結果的に州政府の統治能力が弱まることになる。これと同じ現象が，州と基礎自治体の間にも見られる。このため，財源の裏づけのないまま自治体に政策を義務付けることを制限する州憲法改正が試みられている州もある。

　それから，住民自治と福祉政策の問題がある。特にアメリカの大都市圏では，スラム化した都市部の周辺を裕福な小規模自治体が取り囲んでいる場合が多い。これは，住居，医療，生活の保障などの福祉を必要とする住民層と，そのための財源（税金）を提供する住民層が同じ自治体内に居住せず，福祉政策の予算が不足するということでもある。また，都市部では学校を運営する予算すら不足し，劣悪な教育条件の下で育つ子どもたちと，周辺部の裕福な環境で育つ子どもたちの間の社会的経済的格差が再生産されるという悪循環に陥っている。こうした，住居とその社会的経済的条件の格差が，白人黒人の人種のラインに概ね符合することから，自治体間の格差と福祉財源の問題も，アメリカ政治において感情的な反応を引き起こす問題になってい

る。

　以上に挙げたいずれの問題にも，アメリカにおける基礎自治体レベルでの自治への住民の強いこだわりが見られる。規模の経済という観点からは一定の人口を確保することで政策がより効果的に実施できる場合もある。また，福祉政策を充実させるためには納税人口の拡大あるいは政府間での税収の再分配が重要である。しかし，こうした規模の拡大や再分配政策に抵抗し，身近な範囲での自治（self-government）にこだわる精神もアメリカ市民の間に根強い。アメリカの地方自治にとっての課題は，政治的経済的自由の実現というアメリカの憲法の基本精神と，そのための条件整備に必要な政府の介入とのバランスのあり方にあるといえる。

参考文献

K. C. Wheare, *Federal Government* [Fourth Edition] (Oxford University Press, 1964)

Arthur W. Macmahon, ed., *Federalism: Mature and Emergent* (Russell & Russell, Inc., 1962)

Arthur Maass, ed., Area and Power: A Theory of Local Government (The Free Press, 1959)

Robert G. McCloskey, *The American Supreme Court* [Third Edition] (The University of Chicago Press, 2000)

Lawrence M. Friedman and Harry N. Scheiber, eds., *American Law and the Constitutional Order* [Enlarged Edition] (Harvard University Press, 1988)

寄本勝美、『自治の形成と市民－ピッツバーグ市政研究－』（東京大学出版会，1993年）

森田徳、『アメリカの基礎自治体－メリーランド州のミニシュパリティー』（公職研，1999年）

中邨章、『アメリカの地方自治』（学陽書房，1991年）

また、カリフォルニア州の郡連合(California State Association of Counties)及びバークレー市(City of Berkeley)がそれぞれ公式ウェブサイトに掲載している情報を特に活用した。

（秋葉　丈志）

3　フランスの地方自治

はじめに——分権化と集権化の間

　フランスの地方制度は，フランス革命以後，二つの帝制・五つの共和制・二つの王制などそのときどきの体制に応じて地方分権化と中央集権化の間を揺れながら形成されてきた。フランス革命初期には83の県及び村の教会の鐘楼（clocher 教区）を中心とした44,000の市町村が設置され，また，市町村長の直接選挙による選出などが定められた。県・市町村は，現在も地方自治体（collectivités territoriales）として引き継がれている。第2次世界大戦後，県，市町村及び海外領土が，第4共和制憲法で地方自治体であると明記され，1956年，22州が誕生したが，社会経済的権限だけを行なう公施設法人にとどまった（その後，ド・ゴール大統領は，1969年に，上院改革と併せて，州を憲法上の地方自治体とするための憲法改正案を国民投票に委ねたが否決された）。
　市町村と県は，市町村・県当局の議決・決定等に対する事前の官選知事による認可・取消等の国の後見監督の下にあって，法人格をもっていても，自治的な意思決定をすることはできなかった。このようなフランス的中央集権的な地方制度は，1980年代の改革以前にも，歴代の政権によって，改革の努力が積み上げられ，ようやくミッテラン社会党大統領によって，根本的な改革に向けて動き出すことになる。

第1節　1982年以降の地方分権化改革

　フランスの地方制度は，1982年以降の地方分権化改革によって大変革を遂げる。「市町村，県，州の権利と自由に関する1982年3月2日第82-213号法」(以下「1982年3月2日法」)と後続の地方分権関連法によって，地方団体の構造，権限が大きく変わることになった。ミッテランの政権交代によって生まれたこの1982年法には三つの重要な点が含まれている。第一に，公施設法人であった州が，地方自治体となり，公選による州議会が設置され，州議会議員の互選で選出される州議会議長が州の執行機関とされた。第二に，それまで県に国から派遣されていた官選県知事が廃止され，公選された県議会議員の互選で選出される県議会議長が県の執行機関となった。第三に，中央政府が任命する官選知事が地方行政を後見監督するナポレオン以来の中央集権的行政構造にメスが入れられ，国による事前の後見監督が廃止され，国の代表たる地方長官の訴えにより行政裁判所が適法性を確保する事後的な行政監督となった。

　この改革により，フランスの地方自治体は，基礎的自治体の市町村，広域自治体の県，さらに広域的自治体の州の三階建て構造となり，そのいずれも直接選挙の地方議会をもち，議会内での互選により選出される議会の長が執行権をもつ完全な分権自治体となった。もっとも州，県のそれぞれにおいて州地方長官，県地方長官が国の政策の推進者として国を代表し，事後的に地方自治体を監督している。

　地方分権化 (décentralisation 権限移譲) は，国の権限の地方 (事務) 分散化 (déconcentration) と平行して行なわれた。地方行政組織の分権化改革と同時に，その後も引続き，国と地方の間の事務再配分，地方財政，地方公務員などの改革にも及んで，1983年1月7日法及び7月22日 (権限配分) 法により国から地方自治体への権限移譲が進められた。このような事務再配分に伴って財源の再配分も行なわれ，州・県税に移譲されたほか，国からの財源

移転が行なわれている。更に，1992年2月6日（地方行政指針）法によって，諮問的住民投票制度が定められ，国の地方出先機関へ国の権限を移管する地方分散化が推進されて，また広域行政は，1999年7月12日法によって，より一層整備再編されてゆく。

第2節　州・県・市町村制——分権自治体の三層構造

1　市町村（commune）の仕組み

(1)　市町村は，中世都市コンミューン，農村の司祭管轄区である教区（paroisse）等に起源を有する伝統的な地方行政区画である。フランス革命期にはその数38,000にも達し，現在，基礎的地方自治体となってからも，その数にそれ程変わりはない。また，その規模が極めて小さく，その約9割が人口2,000人未満で，10,000人以上の市町村は2％にすぎない（平均人口1,600人）。この数の極めて多いこと，規模が極めて小さいこと，そのように規模の異なる市町村が同等に扱われていることが，フランスの基礎的自治体の特徴である。まさに，この弱小な無能力者に対して，伝統的にフランス行政法は1982年まで行政的な後見をしてきたのである。

市町村の組織としては，自治体の議決機関として市町村議会とその執行機関として市町村長（maire）が置かれている。市町村議会議員は，直接選挙により選ばれ，議員任期は6年である。市町村長は，市町村議会議員選挙の後，議員の中から互選によって選出される。任期は同じく6年である（なお，州・県議会議長，欧州議員等との兼職が禁止されている。有力な中央政治家による議員職・議長職との兼職が批判されているが，ファビウスは市町村長と県議，ロカールは欧州議員と市町村議員，ジュペがボルドー市長など，下院議員の半数以上が市町村長を兼職してきた）。市町村長の権限としては，自治体の執行機関として，市町村議会の決定の執行，予算作成・執行などを，また市町村における国の代表として，司法警察，選挙・戸籍管理などを行なう（委任事務）。市町村の行政組織として，市町村長のもとに市町村部局が置かれて

いる。所管事務としては，分権改革以前から市町村は，公益上必要な公役務を創設できる一般的権限をもつとされ，市町村道，上下水道・電気・ガス，廃棄物処理，住宅，公共交通，保健福祉，初等教育等を伝統的に行なってきた。分権改革における事務再配分で国から市町村へ権限移譲されたのは，主に都市計画，教育文化（小学校，図書館），地域経済振興の分野である。

（2）　フランスの基礎的自治体である市町村は，その規模が小さく行財政能力が脆弱であるため，政府は，財政的優遇措置等を定めて，これまで何度か合併を進めているが，38,000から36,000程度の減少にとどまり，住民の地元コンミューンの鐘楼に対する歴史的・地理的愛着が強烈なこともあって（「鐘楼の自治」），合併への拒否反応につながった。その反面で，市町村間での広域行政組織の方式の利用は活発であり，かなりの成果を上げている。1999年7月12日法によって，広域行政組織が整備再編され，独自の財源と法定権限を与えられた市町村事務組合，市町村共同体，都市圏共同体，大都市共同体などが広域的な行政を展開させている。また市町村制度の特例として，パリ，マルセイユ，リヨンの三市について大都市制度がある。

2　県（Département）の仕組み

　広域自治体としては，県と州がある。県は，1789年に創設された古くからの地方行政区画である。その数は，フランス全体で100（本土に96，海外県4）県が存在する（平均人口60万人）。1982年3月2日法によって，県の執行権が官選知事（préfet）から県議会議長に移った。

　県議会は県の議決機関である。各県は選挙区のカントン（canton）に分かれ，そこからそれぞれ1名ずつ県議会議員を選出する（小選挙区制）。県議会議員の任期は6年，3年ごとに半数が改選される。選挙は全ての県について改選年の3月に統一して行なわれる（なお，他の州議会議長，市町村長，欧州議会議員等との兼職はできない）。比例代表制の州とは異なって安定多数派が存在するのが通常である。県議会議長は県の執行権を握る県の政策遂行者であり，県議会の議決を執行する。議長は3年ごとの議会改選の際選出され，

任期は3年である。議長は県行政を担う唯一の最高責任者であり,県の行政各部局を指揮する。議長は,議決事項の執行権のほか,社会福祉施設および事業の許認可等を行なう。

県は,1982年以前から市町村と同様,一般的権限を認められてきたが,82年以降,権限配分法によって国から多くの権限が県に移譲された。県の最も重要な所管権限は,社会福祉・保健衛生行政であり,教育(中学校),県道・港湾,公共(通学)輸送,都市計画(地域計画,住宅計画),環境・文化事業(自然保護,中央貸出図書館),商工業振興等々広範囲にわたる。支出は,社会連帯(高齢者,障害者)等の社会福祉にかかわる経常支出が最も多い(60%)。

3 州 (Région) の仕組み

州は,1982年3月2日法により創設された最も新しい自治体であり,県と同様の完全な地方自治体となった(フランス本土22,海外州4,平均人口270万人で,わが国の県と同レベル)。

1972年に公施設法人 (établissement public 特定の公役務の遂行のために設立された公法人) として発足した州議会は,国民議会(下院)議員,元老院(上院)議員,県議会議員及び市町村議会議員から構成され,州地方長官(官選知事)が議会決定事項の執行機関であった。1982年3月2日法によって州議会は,直接公選議会となり,州議会議員の任期は6年で,名簿式比例代表制によって選出される(なお,下・上院議員のいずれも,州議会議員等との兼職禁止が規定されているため,オーベルニュ州のディスカール=デスタン元大統領は,遅れて誕生した州が徐々に完全な地方自治体になってくるなかで,州議会議員職こそが欧州議会議員職とともにこれからの議員職であると考え,州議会議員職を選んだ)。比例代表制は,安定した議会多数派の形成がされにくく,18州で安定多数をうることができないことがあった。オート・ノルマンディ州では,議会で多数派が形成されないために予算を決定できず,2年連続して州予算が州会計検査院と州地方長官によって編成される事態となった。ま

た，選出選挙区の単位が県であるため，議員は州全体の利益よりも地元の県ばかりを擁護しがちである。

州議会は，通常年4回開かれ，予算を議決するとともに，州の政策とその実施方法を決定する。州議会議長は，州の執行機関である。議長は選挙後の議会で選出され，任期は6年である。議長の任務は，州行政の長として行政各部局を指揮し，州地方長官とともに州の行政部局と国の行政部局との総合調整を行なう。

公施設法人としての州の事務は，かつて経済社会開発分野に限定されていたが，現在，地方自治体となった州の事務は82年法で，州の経済的，社会的，衛生的，文化科学的発展，国土整備の促進と列挙されているが，その後，職業教育訓練，州交通計画，交通基盤整備，運河河川港，州経済計画，水源計画，高校，文化振興，環境（州自然公園）等の事務を所管している。州予算の基本的な収入源は，租税，国及び地方自治体からの移転財源，借入の3種類であるが，支出の最も大きいのは，教育，職業訓練，実務研修部門である (41%)。

このように，州は，職業訓練・実務研修等の分野における企画調整，計画作成，事業を行なうが，県や市町村は，社会福祉など住民生活により近い地域の実務的行政サービスを行なう。しかし，経済開発，国土整備，港湾・水路，公共輸送，教育文化，観光，環境等々の分野における両者の間の権限・事務配分は，法で定められているほど明確でないのが現状である。

第3節　国と地方自治体

1　地方における国の代表

国の地方行政区画としての州・県には，国を代表する州地方長官，県地方長官が置かれているが，州・県における国の代表である地方長官は，1982年以前のように自治体当局の議決・決定等に介入しない。しかしその一方で，地方分権化に伴って地方長官には新たな権限が与えられた（地方長官が

行政上，財政上，国の利益の擁護のために監督を行ない，自治体当局の権限行使についてその適法性を監視する権限については，後出2で述べる）。

　州・県地方長官は，国家上級公務員であり，閣僚会議の決定に基づく共和国大統領令によって任免される。州地方長官は国の権力の受託者であり，州における中央政府の直接かつ唯一の代表者として，国の出先機関の省庁間事業を指揮し，あるいは国土整備計画に文化・環境・観光がかかわってくる場合などにその総合プロジェクトの調整等を行なう。県地方長官も，国の代表者であるとともに県の執行機関であり市町村に対する後見的監督機関であるという二つの役割を担っていたが，1982年3月2日法によって後者の役割を失った。地方分権改革後の県地方長官の新しい役割は，県において国の権力・中央政府を代表して，その権威の下に国の行政各部局を指揮し，県内における省間事業の連絡調整を行なう。

　地方分権改革の進行後も，このように地方長官は，それぞれの地方行政の中で引き続き重要な役割を担っている。両地方長官の権限は異なっているものの（文化省，環境省等は州にしか出先機関がない），国の行政が州地方庁と県地方庁とで重複していることもある。

2　国と地方自治体との関係

　国は州・県の組織及び法的行為に対し，従来の事前の後見監督権に代わって事後的監督を行なう。1982年3月2日法は，これを行政監督（適法性監督），財政監督，技術監督の3つに分ける。地方自治体は議決・決定・処分等を地方長官に送付するが，地方長官が，行政監督としてその違法性を指摘しても当該自治体が決定を見直さなかった場合，地方長官は行政裁判所に提訴することができる（なお，各地方自治体当局の議決等は，「直ちに執行力を有する」と当初規定されていたが，憲法院の違憲判決後（72条3項），地方長官への送付後に執行力をもつと改正された）。さらに財政監督には，会計官（国家公務員）による収入・支出に関する適法性の監督，州会計監査院による予算の監督，財務管理の監督がある。

なお，議決機関である県議会，州議会が運営不能に陥ったとき，中央政府は閣議決定を経たデクレ（行政立法）により当該自治体議会の解散を決定できる。

第4節　2003年憲法改正による更なる分権化改革

　フランスの地方自治は，1982年法以降の地方分権化によって一定の到達点に達した。しかし，改革はまだ完了したとは言えない。現在フランスには，非常に数の多い市町村，県，州，国及び欧州連合，それに加えて，発達した県・州・市町村間の広域行政組織も存在する。このような重層的な行政の存在，それぞれのもつ権限の重層性は，複雑で住民に混乱を起こさせやすいだけでなく，国，欧州連合等の諸法規の繁雑さや度重なる修正が，地方自治体の効率的な事務執行を妨げ，法規制の繁雑性は今後も増大する一方である。地方分権も地方分散も，政策決定の場を住民に近づけるための手段であろう（以前はわずか50メートルの歩道の建設許可でもパリに申請をしに行かなければならなかったし，社会福祉施設も，地方長官，本省へ申請せねばならなかったが，今では県議会議長に申請するだけでよい）。しかし，地方分散化は，地方分権化の修正，中央集権への逆戻りであるともみられている。

　そのような分権改革の行き詰まりのなか，1982年から21年後の2003年3月，共和国の地方分権化に関する憲法改正が行なわれた。今回の憲法改正の特徴は，第一に，憲法冒頭の第1条に規定される共和国の不可分性と並列させて，共和国の地方分権化を規定して共存させたこと，第二に，国としてのまとまりと住民への身近な地方自治とを両立させる補完性（subsidiarité）の原則を定めたこと，第三に，州を法律上の自治体から憲法上のそれへと昇格させたこと，第四に，地方団体の財政自主権を更に強化したこと，第五に，地方自治体や広域行政組織が実験的な取り組みを行なえるようにしたこと，第六に，自治体の権限に属するものについて諮問的でない決定権を持つ住民投票を規定したことなど，「第12章　地方自治体」が大幅に加筆修正された

のである。1982年以降の立法による地方分権改革が社会党のミッテラン大統領のもと左翼主導で行われたのに対して，今回の地方分権に関する憲法改正は，2002年5月の大統領選挙再選後のシラク大統領のもと保守・中道（UMP，UDF）主導で行なわれたものである。1982年法とそれに続く一連の法律によって，地方自治体の組織，権限及び財源などが大幅に強化され，フランスの地方制度は分権化したが，今回の憲法改正により憲法的制度保障を得た地方分権化が一層推し進められるはずである。

おわりに——中央集権伝統の中での地方分権改革：日仏比較

　わが国の，現在の47の都道府県制の起源は，1871年の廃藩置県で，律令時代の「国」を基礎にして300余の府県が設置され，その後それが統合されたところにある。戦前の府県制は，自治体としての公選議会をもっていたが，そこには国の出先機関の長である官選知事（内務省官吏）が配置されており，自治体と国の出先機関という二重の性格を備えていた（後者の色彩が強かった）。このような点は，1982年以前のフランスの状況と類似している。戦後，わが国の知事は直接公選となったものの，その後も引続き，国の出先機関として国の事務を処理させられてきて（機関委任事務），自治体としての側面と国の出先機関としての側面とが，戦前と同様，融合されていた。

　ところが，日仏ともに歴史的な政権交代を契機にして地方分権改革が進むことになる点も同じである。一足早く，フランスでは1981年のミッテラン社会党政権によって，遅れて，わが国では38年に及ぶ自民党の長期単独政権を終わらせた1993年からの細川・村山連立政権以降によってである。わが国では1999年の地方分権一括法によって，機関委任事務の多くは自治体の事務となり，国の事務を処理する出先機関ではなくなり，都道府県は完全な広域分権自治体となった。

　しかし，基礎的自治体である市町村合併の進行等により，市町村の区域が

拡がり，その能力が増してくれば，府県制の役割が減少する（二つの政令指定都市を抱える神奈川・福岡県等）。そうした中で地方行政区域を拡大する道州制の議論が出てきている。フランスでも州・県・市町村の三層構造が，統合が進み国家の敷居が低くなる欧州の中で，弱小すぎる市町村・県・国の権限が縮小し，将来的には，市町村間広域行政組織・州・欧州連合が重要性を増し，新たな三層構造に整理されると予想されている。

参考文献

小早川光郎「フランス地方制度改革とその背景」自治研究 57 巻 11 号 3 頁以下（良書普及会，1981 年）

村上　順『フランス地方分権改革法』（地方自治総合研究所，1996 年）

下條美智彦『フランスの行政』（早稲田大学出版部，1999 年）

山口俊夫『概説フランス法』上（東京大学出版会，1978 年）

自治体国際化協会 HP　http://www.clair.or.jp

（大河原良夫）

4　大韓民国の地方自治制度

第1節　はじめに

1　沿　革

　大韓民国における地方自治の沿革は，制憲憲法に地方自治に関する規定が置かれ（第8章），1949年に地方自治法が制定された。しかし，地方議会の設置は，朝鮮戦争によって遅延し，1952年に初めて開設された。第2共和国（1960年～1961年）においては，地方自治法が改正され本格的な地方自治が実施される前に，軍事クーデターによって地方議会が解散され地方自治法の効力が停止された。その後，1987年の第9次憲法改正によって地方自治は復活し，1988年に地方自治法の全面改正が行われた。これに従って1991年には地方議会議員選挙が行われたが，地方自治体の首長選挙は政府によってその実施が無期限に延期された。しかし，1994年3月に制定された公職選挙及び選挙不正防止法（付則7条）が，地方自治体の首長選挙を1995年6月27日までに実施するよう規定したことによって本格的な地方自治時代が開かれた[1]。

2　現行憲法規定

　現行憲法には地方自治に関する二つの規定が定められている。憲法117条1項は，「地方自治団体は，住民の福祉に関する事務を処理し，財産を管理し，法令の範囲内において，自治に関する規定を制定することができる」と

し，地方自治団体の職務と条例制定権の範囲を定めている。同条 2 項は「地方自治団体の種類は，法律でこれを定める」とし，地方自治団体に関する法律主義を定めている。憲法 118 条 1 項は，「地方自治団体に議会をおく」と定め，同条 2 項は，「地方議会の組織，権限，議員選挙および地方自治団体の長の選挙，方法，その他地方自治団体の組織および運営に関する事項は，法律でこれを定める」とし，地方自治団体に議会を置くことと，地方自治団体の構成に関する法律主義を定めている。

(1) 崔昌浩『地方自治の理解［第 3 版］』(三英社，2002 年) 70-73 頁。権寧星『憲法学原論［2005 年度版］』(法文社，2005 年) 242 頁。

第 2 節　地方自治団体の類型

1　地方自治団体

地方自治体は，基礎地方自治団体と広域地方自治団体に区別される。基礎地方自治団体というのは，地域住民と直接的な関係を有する事務を処理する自治体であり，市，郡，自治区がある。そして，広域地方自治団体というのは，基礎地方自治団体の能力では処理できない事務，あるいは複数の基礎地方自治団体にまたがる広域的な事務を補完的に処理するともに，中央政府と基礎地方自治団体の間の連絡事務を行う自治体であり，道，特別市，広域市がある (地方自治法 2 条 1 項)。基礎地方自治団体と広域地方自治団体は互いに同等の公法人であり，上下服従関係ではない。

2　特別地方自治団体

特別地方自治団体は，一般の地方団体以外に特定の目的の遂行のために必要な場合に別途設置される団体であり，その設置・運営に必要な事項は大統領令で定められる (地方自治法 2 条 3 項・4 項)。しかし，現在これに従って設置された特別地方団体はない。これ以外に，二つ以上の地方自治団体が一

つまたは二つ以上の事務を共同で処理する必要がある場合に設置される地方自治団体組合がある（同法149条）が，現在は首都圏埋め立て地運営管理組合だけである[2]。広域自治団体の区域変更・廃置・分合は法律で，基礎自治団体の区域変更・廃置・分合は大統領令で行う（同法4条1項）。

(2) 洪性邦『憲法学［改訂版］』（玄岩社，2003年）724頁。

第3節　地方自治団体の機関

地方自治団体の機関としては議決機関である地方議会と，執行機関である地方自治の長がある。その他にも，広域自治団体には教育等に関する議決機関として教育委員会と執行機関である教育監があり，その下級教育行政機関として教育庁（教育長）がある。

1　地方議会

地方議会は，地方自治団体の議決機関として住民によって選出された議員で構成される。その任期は4年であり，毎年2回定例会が開かれる。選挙人名簿作成基準日現在において，地方議会の管轄区域内に住民登録された20歳以上の住民は選挙権を，そして25歳以上の者で選挙日現在，継続して60日以上その地方自治団体の管轄区域内に住民登録された住民は被選挙権を有する。地方議会の権限は，条例の制定及び改廃，予算の審議・確定，決算の承認その他住民負担に関する事項の審議と議決権（地方自治法35条），行政事務監査・調査権（同法36条），行政事務処理の報告を受ける権限と質問権（同法37条），内部組織・議員の身分・会議及び懲戒に関する規則等を定める自律権である。しかし，現在のところ地方自治団体の長に対する不信任議決権は認められていない。

2　地方自治団体の長

　地方自治団体の長は，当該地方自治団体を代表し，その事務を統轄し，所属職員を指揮・監督し，地方議会に議案を発議することができる（地方自治法96条）。しかし，機関委任事務を遂行する際には国家の地方行政機関としての地位を有するとともに，国家の指揮・監督をも受ける地位にある。

　住民の普通・平等・直接・秘密選挙によって選出される地方自治団体の長には，特別市長，広域市長，道知事，郡守，自治体区長がある。地方自治団体の長の任期は4年であり，その継続在任は3期に限る（同法86条，87条）。その権限は，地方自治団体の統轄・代表権，②自治事務の管理・執行権，③所属職員の任免及び指揮・監督権，④規則制定権，⑤地方議会の臨時会要求権，⑥条例公布権，⑦地方議会の議決に対する再議要求権，⑧地方議会への議案発議権，⑨住民投票付議権等である。

　地方自治団体の副団体長は住民による選出職ではなく任命職である。すなわち，特別市・広域市の副市長，道の副知事は，政務職または一般職国家公務員として任命されるがその職級は大統領令で定められる。但し，特別市の副市長3人，広域市の副市長及び道の副知事2人（人口800万人以上の広域市及び道は3人）を置く場合に1人は大統領令に従い政務職または別定職地方公務員として任命されるが，その資格基準は当該地方自治団体の条例で定められる（同法101条2項）。これに従って任命される政務職または一般職国家公務員として任命される副市長・副知事は市・道知事の提請（＝提示して任命するよう請求すること）で行政自治部長官を経て大統領が任命する。この場合，提請された者に法的欠格事由がない限り，30日以内にその任命手続きが終了しなければならない（同法101条3項）。そして，基礎地方自治団体の副団体長は，一般職地方公務員として当該地方自治団体長によって任命される[3]。

　地方自治団体の副団体長は，当該地方自治団体長を補佐して事務を総括し，所属職員を指揮・監督し，地方自治団体長の職務代理権を有する（同法101条5項）。そして，地方自治団体長が欠位または公訴提起による拘束や，

60日以上の長期入院中の場合，そしてその職をもって当該地方自治団体長の選挙に出馬した場合には，その自治団体長の権限を代行する（地方自治法101条の2）。

3 地方教育自治機構

地方教育自治に関する法律は，広域自治団体である市・道に地方教育自治を行うよう教育専門議決機関として教育委員会を，そして教育専門執行機関として教育監を定めている（地方教育自治に関する法律3条，20条）。教育委員会は，地方教育に関する議決機関として地方教育に関する主要事項を議決し，行政事務調査権と監査権等の教育について地方議会と同一の権限を有する（同法8条2項）。但し，条例案，予算案，決算，住民の財政負担に関する事項については，市・道議会の議決事項の前審機能を行う（同法8条2項）。

そして，教育監は先決処分権をはじめ市・道議会及び教育委員会の議決に対する再議要求権と再議決に対する大法院への提訴権等を有する（同法31条）。しかし，教育人的資源部長官の提訴指示ないし直接権（同法31条3項）と職務移行命令及び代執行権（同法48条）による監督を受ける。

(3) こうした地方自治団体の類型による副団体長の任命方式の二元化は，地方自治の本旨に照らして妥当するものではないという批判がある。すなわち，地方自治法上の副団体長は当該自治団体長を補佐する一種の補助機関にすぎないので，広域自治団体の場合その副団体長を国家公務員として大統領が任命する必要がないという。従って，地方自治団体の副団体長は基礎自治団体と広域自治団体を区別する必要なしにその身分を地方公務員に一元化し，当該自治団体長が地方議会の同意を得て任命する方が望ましいと述べる。また，その方が副団体長の自治団体長の職務代理ないし権限代行の際に要求される民主的正当性も確保されるということである。許營『韓国憲法論［新2版］』（博英社，2002年）782-783頁。洪性邦・前掲書注(2)725頁。

第4節　地方自治団体の権限

憲法117条2項は，「地方自治団体は，住民の福祉に関する事務を処理し，

財産を管理し，法令の範囲内において，自治に関する規定を制定することができる」と定めている。これにより，地方自治団体は，自治行政権，自治財政権，自治立法権を有する。

1　自治立法権

　地方自治団体[4]は「法令の範囲内」[5]で自治に関する規則を制定することができる。これが自治立法権である。自治立法には，地方議会が法令の範囲内で議決として制定する条例（地方自治法35条1項1号）と，地方自治団体の長が法令または条例が委任した範囲内で制定する規則（同法16条）がある。条例の制定は地方議会の固有事項であるが，地方議会が条例で規定できる事項は自治事務と団体委任事務であり，機関委任事務は除外される。また，条例で住民の権利制限・義務賦課・罰則を定める場合には必ず法律の委任がなければならない。条例の制定または改正・廃止は広域自治団体の場合は行政自治部長官に，基礎自治団体は市・道知事にその全文を添付して報告しなければならない（同法21条）。地方自治団体の長は，地方議会で議決された条例案について異議がある場合は，移送を受けた日から20日以内に地方議会に還付し，それについて再議を要求することができる（同法19条3条）。そして，その条例案が地方議会で在籍議員過半数の出席と出席議員3分の2以上の賛成により再び議決された場合には，その条例案は条例として確定される。しかし，地方自治団体の長は，再議決された事項が法令に違反すると判断される時には，再議決された日から20日以内に大法院に提訴することができる（同法159条）。

2　自治行政権

　地方自治団体は，住民の福利のために事務処理権（固有事務処理権）を有する。地方自治団体はその事務を処理するにおいて住民の便宜及び福利増進のために努力すべきであり（同法8条1項），法令や上級地方自治団体の条例に違反して事務を処理してはならない（同法8条3項）。そして，地方自治団

体は，固有事務以外に委任事務も処理する。委任事務には団体委任事務と機関委任事務がある。

団体委任事務とは，法令によって国または上級地方自治団体から委任された事務をいう。すなわち，地方自治法9条1項の「法令によって地方自治団体に属する事務」が団体委任事務である。団体委任事務に対する国家の監督は消極的監督以外に合目的性の監督まで許容されており，団体委任事務の所要経費は当該地方自治団体と国が負担する。

機関委任事務とは，全国的に利害関係がある事務として，国または道等の広域自治団体から地方自治団体の執行機関に委任された事務をいう。この事務を委任された執行機関は国（上級自治団体）の下級機関と同等の地位で事務を処理し，所要経費は全額を原則的に国（上級自治団体）が負担する。

3　自治財政権

地方自治団体は，行政目的の達成または公益上必要な場合には財産を保有し，特定の資金運営のための基金を設置することができる（地方自治法133条）。従って，地方自治団体は，自治に必要な経費を住民に賦課・徴収することができる（同法126条）。また，法令の範囲内で公共施設を設置して使用料を徴収することや，事務に関する手数料やその他の分担金を徴収することができる（同法127乃至130条）。

4　住民投票回付権

地方自治団体の長は，地方自治団体内の配置・分合または住民に過渡な負担を与えることや，重大な影響を及ぼす地方自治団体の主要決定事項等を住民投票に付することができる。住民投票の対象・発議者・発議要件・その他投票手続き等については別途法律で定める（地方自治法13条の2）。これに基いて，2004年1月29日に住民投票法が制定（2004年7月30日から施行）された。その主な内容は次のとおりである。第一に，住民投票権は20歳以上の住民であり，外国人も一定の資格を有する場合には住民投票権が付与され

うる（住民投票法5条）。第二に、住民投票の対象は住民に過渡な負担を与えることや、重大な影響を及ぼす地方自治団体の主要決定事項の中で条例で定めるが、予算及び財産管理に関する事項、租税に関する事項、行政機構の設置・変更等はその対象から除外されている（同法7条）。第三に、中央行政機関の長は主要施設の設置等の国家政策の樹立についての住民意見を聴取するために必要な場合には、地方自治団体の長に対し住民投票の実施を要求することができる（同法8条）。第四に、住民は住民投票請求権者の総数の20分1以上、5分の1以下の範囲内で条例が定める数以上の署名で住民投票の実施を請求することができる。また、地方議会は在籍議員の過半数の出席と出席議員3分の2以上の賛成で住民投票の実施を請求することができるが、地方自治団体の長が住民投票を実施しようとする時は、事前に地方議会の同意を得なければならない（同法24条）。第五に、住民投票に付された事項は、住民投票権者3分の1以上の投票と有効投票数の過半数の得票で確定される（同法24条）。第六に、住民投票に関する事務はその効率的処理と客観性・公正性を保つために管轄選挙管理委員会がこれを担当する（同法3条）。

(4) 通説・判例は、地方自治権の本質（大韓民国憲法には日本国憲法のように「地方自治の本旨に基いて」という文言がない）が何かについて制度的保障説をとる。憲法裁判所は、「地方自治制度の憲法的保障は、国民主権の基本原理から出発して主権の地域的主体である住民による自己統治の実現と要約できるので、こうした地方自治の本質的内容である核心領域は立法その他中央政府による地方自治の本質の侵害はいかなる場合にも許容されてはならない」と判示している。憲裁1999.11.25,宣告,99憲ba28。

(5) 大法院は、地方自治団体の自治立法権について、「地方自治団体は法令に具体的委任根拠がなくても法令に違反しない範囲内でその事務に関する条例を制定することができる。但し、住民の権利制限または義務賦課に関する事項や罰則を定めるときには法令の委任がなければならない」と判示している。大判1997.9.26, 97chu43。

第5節　住民の権利と義務

地方自治団体の住民は，所属する地方自治団体の財産と公共施設を利用する権利とその地方自治団体から均等に行政サービスを受ける権利を有し，地方議会議員及び地方自治団体長の選挙に参加する権利を有する。その反面，住民は法令に従いその所属する地方自治団体の費用を分担する義務もある。

1　住民の権利

(1)　選挙権・被選挙権

地方自治団体の区域内に住所をもつ地域住民は当該地方議会議員と地方自治団体長を選挙する権利を有するのみならず，地方議会議員と地方自治団体長に選任される被選挙権を有する。選挙日現在20歳以上の国民として選挙人名簿作成の基準日現在に当該地方自治団体の管轄区域内に住民登録されている者は，その地方自治団体で実施される地方選挙の選挙権を有する（公職選挙及び選挙不正防止法5条2項）。被選挙権は選挙日現在継続して60日以上当該地方自治団体の管轄区域内に住民登録されている住民として25歳以上の国民はその地方議会議員及び地方自治団体の長の被選挙権を有する（同法16条3項）。

(2)　公共施設利用権

地域住民は当該地域内の公共施設を利用し，均等に行政サービスを受ける権利を有する（地方自治法13条）。

(3)　条例制定・改廃請求権

地方自治団体の20歳以上の住民は20歳以上の住民の総数の20分の1の範囲内で大統領令が定める20歳以上の住民数以上の連署によって当該地方自治団体の長に対し，条例の制定や改廃を請求することができる。地方自治団体の長はその請求を受理した日から60以内に地方議会に付議するべきであり，その結果を請求人代表に通知しなければならない（地方自治法13条の

3の1項)。

(4) 監査請求権

　20歳以上の住民は20歳以上の住民の総数の50分の1の範囲内で，当該地方自治団体の条例が定める20歳以上の住民数以上の連署で各級団体長に対し，当該地方自治団体とその長の権限に属する事務の処理が法令に違反するか公益を顕著に害したと認められる場合は監査を請求することができる（地方自治法13条の4の1項）。

(5) 住民召還制度・住民訴訟制度

　現存の地方自治法には住民召還制度と住民訴訟制度は採択されていなかった。しかし，2004年に制定された地方分権特別法は，住民の地方自治への参加を活性化するために住民召還制度と住民訴訟制度の導入方策を講じるように定められた（第14条第1項）。それによって，制定された住民召還に関する法律（2006.5.24制定）は，選出職の地方公職者である地方自治団体の長または地方議会議員の違法・不当な行為，職務遺棄または職権濫用などを統制し，住民の直接参加を拡大し，地方自治行政の民主性・責任性の原則を明らかにして住民福利の増進を図る，ことを目的としている。

　また，住民訴訟制度は，2005年1月の地方自治法の改正によって導入され，2006年1月から施行されている。住民訴訟は，住民監査請求を行った住民がその結果に不服がある場合に，一定の財務会計事項について当該地方自治団体の長などを相手にして提起できる訴訟である。

2　住民の義務

　住民は法令に従い地方自治団体の費用を分担する義務を負う。地方自治法は住民が分担する費用として地方税の賦課（地方自治法126条），使用料及び分担金の徴収（同法127条乃至129条）等を定めている。

第6節　地方自治と住民参与の拡大

　盧武鉉政権（いわゆる参与政府）は，2004年1月16日，国政目標の一つである国家均衡発展と地方分権の実現のために，地方分権3大特別法（5年限時法）である「地方分権特別法」，「国家均衡発展特別法」，「新行政首都の建設のための特別措置法」を制定し，地方分権の推進に拍車をかけている。特に，地方分権特別法によると，住民参与を活性化するために住民投票制度，住民召還制度，住民訴訟制度の導入を予定している。住民投票制度は，すでに2004年1月29日に住民投票法が制定（2004年7月30日から施行）されており，住民召還制度及び住民訴訟制度の導入は2004年から2005年を目標としている。また，新行政首都の建設のための特別措置法は，首都圏集中による副作用を是正し，グローバル化・地方化という時代的潮流に乗るために新行政首都の建設の方法と手続きに関して規定することによって，国家の均衡発展と競争力強化に寄与することを目的として制定されている。しかし，莫大な財政的負担と地方均衡発展に対する疑問等から野党側の反対に直面し，国民の中でもその賛否世論が分かれている。

参考文献

金哲洙『憲法学概論（第15全訂新版）』（博英社，2003年）
権寧星『憲法学原論（2005年度版）』（法文社，2005年）
許營『韓国憲法論（新2版）』（博英社，2002年）
洪性邦『憲法学（改訂版）』（玄岩社，2003年）
金東煕『行政法II（第10版）』（博英社，2004年）
崔昌浩『地方自治の理解（第3版）』（三英社，2002年）
徐元宇「韓国の地方自治制度」（独協法学第32号，1991年）
成楽寅「現行地方自治制度の憲法的診断」（憲法学研究第1輯，2002年）

（閔　炳老）

事項索引

あ　行

アメリカ合衆国の地方自治 ……………239
イギリスの地方自治 ……………………228
一部事務組合 ……………………………35
一般職 ……………………………………74
一般的拒否権 ……………………………55
伊藤博文 …………………………………6
イニシアティブ …………………………97
委任事務 ………………………………129
井上毅（こわし）………………………6
植木枝盛 …………………………………17
上乗せ条例 ……………………………150
大阪府水道部食料費情報公開訴訟 ……181
大阪府知事交際費情報公開訴訟 ………181
オンブズマン ………………44, 204, 206

か　行

海区漁業調整委員会 ……………………69
外形標準課税 ……………………222, 225
外国人の公務就任 …………………77, 93
外部監査人 ……………………………182
外部監査制度 …………………………180
外務省秘密漏洩事件 …………………112
神奈川県臨時特例企業税 ……………222
川崎市市民オンブズマン ……………208
川崎民商事件 …………………………121
監査委員 ………………………65, 180, 198
監査委員監査 …………………………180
関与の基本原則 ………………………135
関与の基本類型 ………………………134
関与の法定主義 ………………………135
管理委託制度 …………………160, 163
議員・長の解散請求 ……………………92
議会の解散請求 …………………………91
議会の活動 ………………………………44

議会の議員 ………………………………39
議会の権限 ………………………………40
議会の性格 ………………………………46
議会の組織 ………………………………38
機関委任事務 ……………10, 129, 148
議決権 ……………………………………40
議事機関 …………………………………46
客観訴訟 …………………………102, 199
教育委員会 ………………………………62
行政委員会 ………………………………60
行政機関個人情報保護法 ……………107
行政機関の多元主義 ……………………60
行政行為説 ………………………………77
行政（事件）訴訟 ……………………204
行政指導 ………………………………124
行政事務 …………………………129, 148
行政相談委員 …………………………205
行政手続条例 …………………………125
行政手続法 ……………………………121
行政手続保障 …………………………118
行政不服審査 …………………………204
勤務関係の法的性質 ……………………77
区町村会法 ………………………………7
グナイスト ………………………………6
国地方係争処理委員 …………………141
国地方係争処理委員会 ………………220
郡制 ………………………………………9
景観条例 ………………………………154
決算 ……………………………………197
現業公務員 ………………………………75
建築審査会 ………………………………70
公安委員会 ………………………………63
広域連合 …………………………………35
公共事務 …………………………129, 148
公社方式 ………………………………175
公聴会 ……………………………102, 123

公の施設 …………………… *157, 166*
公平委員会 ………………………… *66*
公法契約説 ………………………… *77*
公務員の守秘義務 ………………… *111*
公務員の政治的行為 ……………… *81*
国民主権 …………………………… *16*
国立景観訴訟 ……………………… *154*
個人情報の保護 …………………… *105*
個人情報保護法 …………………… *107*
固定資産評価審査委員会 ………… *70*
個別外部監査契約 ………………… *185*

さ　行

再議 ………………………………… *55*
財産区 ………………………… *28, 36*
再選挙 ……………………………… *55*
財務監査 …………………………… *198*
三割自治 ……………………… *12, 193*
シーエス …………………………… *16*
試験任用 …………………………… *77*
自己情報コントロール権 ………… *113*
市制町村制 ………………………… *9*
自治事務 ……………… *128, 132, 148*
自治紛争処理委員 …………… *70, 142*
市町村 ……………………………… *29*
市町村合併特例法 …………… *25, 99*
市町村税 …………………………… *193*
執行機関 …………………………… *50*
執行機関の多元主義 ……………… *50*
指定管理者 ………………………… *163*
指定管理者制度 ……………… *161, 163*
指定都市 …………………………… *32*
事務監査 …………………………… *198*
事務の監査請求 …………………… *90*
収入役 ……………………………… *53*
住民監査請求 ………… *83, 101, 187, 198*
住民基本台帳ネットワーク（住基ネット）
　………………………………… *114*
住民基本台帳法 ………………… *84, 114*
住民自治 ………………… *4, 21, 84*

住民訴訟 …………… *83, 101, 187, 199*
住民投票 ……………………… *24, 99*
住民の意義 ………………………… *84*
住民の参政権 ……………………… *83*
収用委員会 ………………………… *68*
主観訴訟 …………………………… *199*
首長制 ……………………………… *51*
守秘義務 …………………………… *81*
主要公務員の解職請求 …………… *92*
情報公開 …………………………… *105*
情報公開条例 ……………………… *106*
情報公開法 ………………………… *106*
条例 …………………………… *12, 146*
条例制定権 ………………………… *146*
条例の制定改廃請求 ……………… *89*
職務執行命令訴訟 ………………… *138*
職務専念義務 ……………………… *80*
副市町村長 ………………………… *52*
処理基準 …………………………… *139*
自律権 ……………………………… *44*
知る権利 …………………………… *106*
審議会 ……………………………… *70*
審査会 ……………………………… *70*
人事委員会 ………………………… *66*
申請に対する処分 ………………… *122*
人民主権 ……………………… *13, 16*
人民主権論 ………………………… *5*
出納帳 ……………………………… *53*
請願 ………………………………… *103*
成績主義（メリット・システム）… *77*
是正の勧告 ………………………… *137*
是正の指示 ………………………… *137*
是正の要求 ………………………… *136*
選挙管理委員会 …………………… *64*
選挙に参与する権利（選挙権・被選挙権）
　………………………………… *83*
専決処分 …………………………… *58*
選考任用 …………………………… *77*
総計予算主義 ……………………… *194*
租税条例主義 ……………………… *192*

事項索引

あ 行

アメリカ合衆国の地方自治 ………… 239
イギリスの地方自治 ………… 228
一部事務組合 ………… 35
一般職 ………… 74
一般的拒否権 ………… 55
伊藤博文 ………… 6
イニシアティブ ………… 97
委任事務 ………… 129
井上毅（こわし） ………… 6
植木枝盛 ………… 17
上乗せ条例 ………… 150
大阪府水道部食料費情報公開訴訟 …… 181
大阪府知事交際費情報公開訴訟 …… 181
オンブズマン ………… 44, 204, 206

か 行

海区漁業調整委員会 ………… 69
外形標準課税 ………… 222, 225
外国人の公務就任 ………… 77, 93
外部監査人 ………… 182
外部監査制度 ………… 180
外務省秘密漏洩事件 ………… 112
神奈川県臨時特例企業税 ………… 222
川崎市市民オンブズマン ………… 208
川崎民商事件 ………… 121
監査委員 ………… 65, 180, 198
監査委員監査 ………… 180
関与の基本原則 ………… 135
関与の基本類型 ………… 134
関与の法定主義 ………… 135
管理委託制度 ………… 160, 163
議員・長の解散請求 ………… 92
議会の解散請求 ………… 91
議会の活動 ………… 44

議会の議員 ………… 39
議会の権限 ………… 40
議会の性格 ………… 46
議会の組織 ………… 38
機関委任事務 ………… 10, 129, 148
議決権 ………… 40
議事機関 ………… 46
客観訴訟 ………… 102, 199
教育委員会 ………… 62
行政委員会 ………… 60
行政機関個人情報保護法 ………… 107
行政機関の多元主義 ………… 60
行政行為説 ………… 77
行政（事件）訴訟 ………… 204
行政指導 ………… 124
行政事務 ………… 129, 148
行政相談委員 ………… 205
行政手続条例 ………… 125
行政手続法 ………… 121
行政手続保障 ………… 118
行政不服審査 ………… 204
勤務関係の法的性質 ………… 77
区町村会法 ………… 7
グナイスト ………… 6
国地方係争処理委員 ………… 141
国地方係争処理委員会 ………… 220
郡制 ………… 9
景観条例 ………… 154
決算 ………… 197
現業公務員 ………… 75
建築審査会 ………… 70
公安委員会 ………… 63
広域連合 ………… 35
公共事務 ………… 129, 148
公社方式 ………… 175
公聴会 ………… 102, 123

公の施設 …………………………… 157, 166
公平委員会 ………………………………… 66
公法契約説 ………………………………… 77
公務員の守秘義務 ………………………… 111
公務員の政治的行為 ……………………… 81
国民主権 …………………………………… 16
国立景観訴訟 …………………………… 154
個人情報の保護 ………………………… 105
個人情報保護法 ………………………… 107
固定資産評価審査委員会 ………………… 70
個別外部監査契約 ……………………… 185

さ 行

再議 ………………………………………… 55
財産区 ………………………………… 28, 36
再選挙 ……………………………………… 55
財務監査 ………………………………… 198
三割自治 ……………………………… 12, 193
シーエス …………………………………… 16
試験任用 …………………………………… 77
自己情報コントロール権 ……………… 113
市制町村制 ………………………………… 9
自治事務 ……………………… 128, 132, 148
自治紛争処理委員 ………………… 70, 142
市町村 ……………………………………… 29
市町村合併特例法 …………………… 25, 99
市町村税 ………………………………… 193
執行機関 …………………………………… 50
執行機関の多元主義 ……………………… 50
指定管理者 ……………………………… 163
指定管理者制度 ……………………… 161, 163
指定都市 …………………………………… 32
事務監査 ………………………………… 198
事務の監査請求 …………………………… 90
収入役 ……………………………………… 53
住民監査請求 ………………… 83, 101, 187, 198
住民基本台帳ネットワーク（住基ネット）
  …………………………………………… 114
住民基本台帳法 …………………… 84, 114
住民自治 …………………………… 4, 21, 84

住民訴訟 ………………… 83, 101, 187, 199
住民投票 …………………………… 24, 99
住民の意義 ………………………………… 84
住民の参政権 ……………………………… 83
収用委員会 ………………………………… 68
主観訴訟 ………………………………… 199
首長制 ……………………………………… 51
守秘義務 …………………………………… 81
主要公務員の解職請求 …………………… 92
情報公開 ………………………………… 105
情報公開条例 …………………………… 106
情報公開法 ……………………………… 106
条例 …………………………………… 12, 146
条例制定権 ……………………………… 146
条例の制定改廃請求 ……………………… 89
職務執行命令訴訟 ……………………… 138
職務専念義務 ……………………………… 80
副市町村長 ………………………………… 52
処理基準 ………………………………… 139
自律権 ……………………………………… 44
知る権利 ………………………………… 106
審議会 ……………………………………… 70
審査会 ……………………………………… 70
人事委員会 ………………………………… 66
申請に対する処分 ……………………… 122
人民主権 …………………………… 13, 16
人民主権論 ………………………………… 5
出納帳 ……………………………………… 53
請願 ……………………………………… 103
成績主義（メリット・システム）……… 77
是正の勧告 ……………………………… 137
是正の指示 ……………………………… 137
是正の要求 ……………………………… 136
選挙管理委員会 …………………………… 64
選挙に参与する権利（選挙権・被選挙権）
  …………………………………………… 83
専決処分 …………………………………… 58
選考任用 …………………………………… 77
総計予算主義 …………………………… 194
租税条例主義 …………………………… 192

事項索引　273

存否応答拒否 …………………… 109

た　行

第一号法定受託事務 …………………… 133
大韓民国の地方自治 …………………… 260
代議制民主主義 …………………… 16
第三者所有物没収事件 …………………… 120
第三セクター …………………… 160, 175
代執行 …………………… 138
第二号法定受託事務 …………………… 133
タウン・ミーティング …………………… 96
高根町簡易水道事業給水条例無効確認等請求訴訟 …………………… 167
宅地開発指導要綱 …………………… 166
団体委任事務 …………………… 148
団体自治 …………………… 4, 21
地方開発事業団 …………………… 28, 36
地方公営企業 …………………… 75, 157, 170
地方公営企業法 …………………… 157
地方公共団体 …………………… 27
地方公共団体の組合 …………………… 28, 34
地方公共団体の事務 …………………… 147
地方公共団体の種類 …………………… 27
地方交付税 …………………… 193
地方公務員 …………………… 73
地方公務員の義務 …………………… 79
地方公務員の権利 …………………… 79
地方公務員法 …………………… 73
地方債 …………………… 194
地方自治特別法 …………………… 99
地方自治の本旨 …………………… 4, 11, 13, 21, 84
地方自治法 …………………… 12
地方譲与税 …………………… 194
地方税 …………………… 7
地方道路譲与税 …………………… 194
地方道路税 …………………… 194
地方独立行政法人法 …………………… 175
地方分権一括法 …………………… 12, 40, 148, 219
地方分権推進委員会 …………………… 130
地方分権推進一括法 …………………… 130

地方分権推進法 …………………… 12, 130
地方労働委員会 …………………… 67
中核市 …………………… 32
懲戒処分 …………………… 79
調査会 …………………… 70
町村総会 …………………… 38
長の権限 …………………… 51
長の地位 …………………… 48
聴聞 …………………… 124
直接請求権 …………………… 83, 88
直接民主主義 …………………… 16
直接民主制 …………………… 95
定住外国人の参政権 …………………… 86
適正手続 …………………… 119
デュー・プロセス …………………… 126
東京都管理職試験選考受験訴訟 …………………… 93
東京都公害防止条例 …………………… 151
東京都宿泊税（ホテル税） …………………… 224
道州制 …………………… 17, 28
トクヴィル …………………… 13
徳島市公安条例事件 …………………… 151
特別区 …………………… 28, 29, 34
特別権力関係 …………………… 78
特別職 …………………… 74
特別地方公共団体 …………………… 28
特別的拒否権 …………………… 55
独立委員会 …………………… 61
独立行政法人等個人情報保護法 …………………… 107
特例市 …………………… 33
都道府県 …………………… 30
都道府県税 …………………… 193
届出 …………………… 124

な　行

内申書裁判 …………………… 115
内水面漁場管理委員会 …………………… 69
ナショナル・ミニマム …………………… 126, 149, 151
成田新法事件判決 …………………… 121
日本国憲法と地方自治 …………………… 11
日本の地方自治制度 …………………… 5

任用	75
農業委員会	67
納税者訴訟	101, 199

は 行

PFI	161, 162, 228
非現業公務員	75
百条調査権	46
副知事	52
府県制	9
不信任決議権	58
附属機関	70
普通税	193
普通地方公共団体	28
普通地方公共団体の事務	128
プライバシー権	107
フランスの地方自治	250
不利益処分	123
分限処分	79
弁明の機会	124
包括外部監査契約	183
包括外部監査人	184
法定外税	218
法定外普通税	193, 219
法定外目的税	193, 219
法定受託事務	132, 148
法定税	193
ホーム・ルーム原則	14
補助機関	52

ま 行

マグナ・カルタ	119
松下圭一	31, 144
マディソン	14
みなし公務員	182
美濃部達吉	10
民衆訴訟	102, 199
武蔵野市給水拒否事件	166
明治憲法と地方自治	5
目的税	193
モッセ	7, 20

や 行

山県有朋	10, 20
遊魚税	223
要項	216
ヨーロッパ自治憲章	15
ヨーロッパ地方自治憲章	228
横だし条例	151

ら 行

リコール	97
利用料金制	162
例規集	216
レファレンダム	97
労働基本権	81
労働契約説	78

判 例 索 引

最大判昭 33・10・15 刑集 12・14・3305 …150
最大判昭 36・11・28 刑集 16・11・1593
　（第三者所有物没収事件）……………120
最大判昭 38・3・27・刑集 17・2・121 ……29
大阪地判昭 45・3・20 判時 609・29 ……174
最大判昭 46・10・28 民集 25・7・1037……120
最大判昭 47・11・22 刑集 26・9・554（川崎民
　商事件判決）……………………………121
東京地判昭 49・1・31 判時 732・12（外務省秘
　密漏洩事件）……………………………112
最大判昭 50・5・29 民集 29・5・662 ………121
最大判昭 50・9・10 刑集 29・8・489 ………152
最判昭 53・6・23 判時 897・54 …………200
最判昭 62・2・20 民集 41・1・122 ………200

最大判平元・11・7 判時 1328・16（武蔵野市給
　水拒否事件）……………………………166
最大判平 4・7・1 民集 16・11・1593（成田新
　法事件）…………………………………121
最小判平 6・1・27 民集 48・2・255 ……181
最判平 7・2・28 民集 49・2・639（金正圭地方
　参政権訴訟）………………………………86
甲府地判平 9・2・25 判時 161・34 ………174
東京高判平 9・10・23 判時 176・65 ………174
最判平 10・12・18 民集 52・9・2039 ……200
東京高判平 14・10・22 判時 1806・3（高根町
　簡易水道事業給水条例無効確認等請求訴訟）
　………………………………………………167

編著者・執筆者紹介

編著者紹介

後藤 光男（ごとう みつお）

現在：早稲田大学大学院法学研究科博士課程を経て，早稲田大学社会科学部教授。
社会科学部では行政法総論，行政救済法，国際人権法演習，大学院社会科学研究科では現代人権論研究指導を担当，法学部では行政法演習を担当。
世田谷区情報公開・個人情報保護審議会委員（副会長・会長），財務省研修所講師などを務める。兼担，東京外国語大学講師。
主著：『国際化時代の人権』『共生社会の参政権』（単著，成文堂），『憲法』（単著，ナツメ社），『現代法学と憲法』（編著，北樹出版），『人権保障と行政救済法』（編著，成文堂），『J・ルーベンフエルド　プライヴァシーの権利』（共訳，敬文堂）など。

執筆者紹介（執筆順）

北原　仁（きたはら ひとし）	駿河台大学教授
高島　穣（たかしま みのる）	文教大学講師
平岡章夫（ひらおか あきお）	国立国会図書館職員，早稲田大学エクステンションセンター講師
三浦一郎（みうら いちろう）	関東学院大学講師，鎌倉女子大学講師，桐蔭横浜大学講師
村山貴子（むらやま たかこ）	武蔵野音楽大学講師，流通経済大学講師
山本克司（やまもと かつし）	聖カタリナ大学教授
佐藤裕弥（さとう ゆうや）	総務省自治大学校監査専門課程講師，浜銀総合研究所地域経営研究室長
青山　豊（あおやま ゆたか）	早稲田大学講師
大河原良夫（おおかわら よしお）	福岡工業大学教授
秋葉丈志（あきば たけし）	（秋田県・公立）国際教養大学講師
閔　炳老（みん びょんろ）	全南大学校法科大学助教授（法学博士）

地方自治法と自治行政〔補正版〕

平成17年12月1日　初　版第1刷発行
平成20年11月1日　初　版第2刷発行
平成21年4月25日　補正版第1刷発行

編著者　後　藤　光　男
発行者　阿　部　耕　一

〒162-0041　東京都新宿区早稲田鶴巻町514番地
発行所　株式会社　成　文　堂

電話 03(3203)9201(代)　☆振替 00190-3-66099
Fax 03(3203)9206

製版・印刷　藤原印刷　　　　　　製本　弘伸製本
© 2005　Printed in Japan
☆乱丁・落丁本はおとりかえいたします☆
ISBN978-4-7923-0457-7　C3032　　　　検印省略

定価（本体2700円＋税）